AF341754

VIE

DE

L'ABBÉ NICOLLE

VICAIRE GÉNÉRAL ET CHANOINE HONORAIRE DE PARIS

ANCIEN RECTEUR DE L'ACADÉMIE,
ANCIEN MEMBRE DU CONSEIL ROYAL D'INSTRUCTION PUBLIQUE,
OFFICIER DE LA LÉGION D'HONNEUR, CHEVALIER DE L'ORDRE DE SAINTE-ANNE
DE DEUXIÈME CLASSE, DE RUSSIE, ETC.

PAR

L'ABBÉ FRAPPAZ

CHANOINE HONORAIRE D'AGEN, DU CLERGÉ DE PARIS

PARIS

JACQUES LECOFFRE ET Cⁱᵉ, LIBRAIRES-ÉDITEURS

RUE DU VIEUX-COLOMBIER, 29.

VIE

DE

L'ABBÉ NICOLLE

PARIS. — IMP. SIMON RAÇON ET COMP., RUE D'ERFURTH, 1.

VIE

DE

L'ABBÉ NICOLLE

VICAIRE GÉNÉRAL ET CHANOINE HONORAIRE DE PARIS

ANCIEN RECTEUR DE L'ACADÉMIE,
ANCIEN MEMBRE DU CONSEIL ROYAL D'INSTRUCTION PUBLIQUE,
OFFICIER DE LA LÉGION D'HONNEUR, CHEVALIER DE L'ORDRE DE SAINTE-ANNE,
DE DEUXIÈME CLASSE, DE RUSSIE, ETC.

PAR

L'ABBÉ FRAPPAZ

CHANOINE HONORAIRE D'AGEN, DU CLERGÉ DE PARIS

PARIS

JACQUES LECOFFRE ET Cᵉ, LIBRAIRES-ÉDITEURS

RUE DU VIEUX-COLOMBIER, 29.

—

1857

A

MADAME VEUVE ROUX

NÉE

NICOLLE

Madame,

Permettez-moi de vous offrir ce petit ouvrage sur M. l'abbé Nicolle, votre oncle.

J'ai reçu de votre bienveillance les papiers qui concernent son histoire, et, avec ces matériaux, je lui ai redonné la vie : je le rends à votre tendresse.

Agréez, madame, l'hommage de mes sentiments les plus respectueux.

FRAPPAZ.

Paris, avril 1857.

PRÉFACE

———

Il y a déjà près de quinze années que j'avais écrit une Notice sur la vie de M. l'abbé Nicolle, et, depuis ce long temps, elle était restée dans le silence d'une composition destinée à la simple satisfaction de ma reconnaissance ; peut-être même y serait-elle demeurée pendant plusieurs années encore, si deux circonstances ne m'avaient engagé à ne plus retarder la publication de cette vie.

La première est la guerre de Crimée. Cette guerre, à jamais mémorable, me rappelait des lieux que M. l'abbé Nicolle avait connus, qu'il avait parcourus en y laissant des souvenirs, et dans lesquels il avait exercé une influence puissante.

a.

Elle me rappelait aussi des hommes qu'il avait élevés, et qui lui continuèrent jusqu'à sa mort la plus constante affection ; elle fut dès lors pour moi une occasion toute naturelle de relire ma Notice. Je relus en même temps tous mes matériaux, et je résolus de la refaire, tant elle me parut incomplète. Que de noms j'avais passés sous silence, parce qu'ils étaient inconnus, et que cette guerre a immortalisés en France ! Que de lettres qui me paraissaient d'un intérêt médiocre, et qui doivent à ce grand événement d'être lues avec plaisir ! Que de personnages enfin dont on aurait pu me dire : Pourquoi ces longues pages sur leurs études, sur leurs joies, sur leurs douleurs? ce sont pour nous des étrangers. Aujourd'hui ce reproche ne peut m'être adressé. La plupart des élèves de M. l'abbé Nicolle auxquels je consacre des souvenirs, nous sont connus : plusieurs commandaient les soldats dont nous admirions la valeur, alors même que nous les combattions. Nous nous sommes habitués à les voir en face, et nous les aimons. Dans les jours de leur première jeunesse, ils connurent la France par la fidélité, la science et la vertu de ses nobles proscrits, et, dans les années qui commencent leur vieillesse, la France leur a été connue par la vaillance de ses soldats. Ces hommes sont maintenant de la famille : leurs lettres et leurs actions sont donc des souvenirs qui nous sont chers. Je les cite avec plaisir, et j'aime à me faire la douce illusion que les lecteurs de la *Vie de l'abbé Nicolle* les liront avec une égale satisfaction.

Ce peu de mots explique comment une notice a pu devenir un livre, et comment cette notice, composée en 1839 pour être une simple mémoire du cœur, a pu devenir l'ouvrage que je livre en 1857 à ceux qui, fidèles au culte des souvenirs, ont gardé de l'homme qui fut leur maître, leur protecteur ou leur ami, une pensée de bienveillante affection.

La seconde circonstance qui m'a engagé à rendre publique la vie de M. l'abbé Nicolle est la lecture d'un livre que je n'ai connu que dans ces derniers temps. En faisant paraître les intéressants *Mémoires* d'un Ecclésiastique qui a laissé dans Paris d'impérissables souvenirs de son zèle et de sa vertu, l'éditeur trace de M. l'abbé Nicolle un portrait si peu conforme à la vérité, que j'ai voulu prendre en main sa défense. Ce droit m'appartenait, et par l'affection que me portait celui que j'aimais comme un protecteur, et par les nombreux témoignages que je puis produire du bien qu'il a fait, autant que de l'estime universelle qui le suivit jusqu'à son dernier jour.

Du reste, les mots qui terminent la page que l'éditeur des Mémoires consacre à M. l'abbé Nicolle sont le plus bel éloge de celui qu'il a jugé sans le connaître, et justifient pleinement, à mon avis, le vénérable Supérieur de Sainte-Barbe de toutes les accusations qui ont pu être portées contre lui :

« Mais nous devons rendre à M. Nicolle la jus-
« tice de dire que s'il avait soulevé contre lui les
« mauvaises passions des élèves, travaillés par la
« grande maladie de l'époque, il avait donné aux
« études une active impulsion. »

On sait quelle était la grande maladie de l'époque, maladie d'impiété, maladie de révolte contre l'autorité, maladie de révolution. Tous les bons esprits de ce temps en ont fait la peinture, et plusieurs même l'ont faite avec des couleurs si sombres, qu'on serait presque tenté de les accuser d'exagération, si l'histoire ne les appuyait de son jugement impartial et sévère. De là, naturellement, il faut conclure que si les mauvaises passions des hommes se soulèvent, s'irritent, s'exaltent, c'est parce qu'il s'est rencontré un homme qui les a combattues : le mal n'est point l'ennemi du mal, il ne hait que le bien. Je ne flétrirai donc pas l'homme courageux qui osa soulever contre lui tant de mauvaises passions, mais bien plutôt je l'en féliciterai ; car il fallait du courage pour essayer de ramener les âmes à Dieu et à la religion, alors que tous se *précipitaient dans les eaux du torrent.*

Quant à l'active impulsion que M. l'abbé Nicolle donna aux études, elle est réelle, et, pour arriver à un résultat aussi généralement reconnu, il faut être doué d'un esprit peu ordinaire. Un homme *à systèmes, à vues étroites, à moyens vulgaires,* ne sera jamais l'être que Dieu donnera à un peuple pour lui imprimer l'impulsion d'un bien. Il faut à cet homme des qualités précieuses. Avec une imagination ardente on peut créer, mais l'imagination seule ne soutient pas ce que seule elle a pu créer, et, pour me borner à la question de l'enseignement, je répéterai, avec l'oracle de la vérité, qu'un arbre bon ne produira jamais de mauvais fruits, comme un arbre mauvais n'en peut produire de bons. Un système faux ne peut féconder que des idées fausses; l'impulsion qu'il donne ne peut donc être que dangereuse, et surtout ne peut être que de quelques jours. C'est à un maître, chargé de former la jeunesse, que convient, avant tout autre mérite, un esprit juste et ferme; car celui-là seul est capable de donner aux études une impulsion heureuse et utile, qui fait briller la vérité à tous les esprits et fait aimer la vérité à tous les cœurs. Tel fut M. l'abbé Nicolle.

Maintenant j'ai satisfait au sentiment de ma reconnaissance, et j'offre cette Vie aux souvenirs bienveillants de ceux qui furent ses amis. Que ne peuvent-ils tous agréer cet hommage! Hélas! un grand nombre d'entre eux n'est plus! Ceux qui

restent comprendront que j'aie pu goûter quelque
bonheur à retracer une aussi honorable existence ; ils me liront avec plaisir, et, comme c'est
pour eux que je l'ai écrite, c'est aussi dans la satisfaction de leurs cœurs que je veux trouver, pour
mon livre l'indulgence, de leur charité, et, pour
moi, la récompense de mon travail.

[illegible]

[illegible]

[illegible]

[illegible]

[illegible]

[illegible]

[illegible]

VIE

DE

L'ABBÉ NICOLLE

CHAPITRE PREMIER

Sa naissance. — Ses premières études. — Son arrivée à Sainte-Barbe. — Ses succès. — Troubles de la France. — Constitution civile du clergé. — Refus de serment. — Départ de l'abbé Nicolle pour l'Italie avec le jeune Raoul de Choiseul. — Lettres de l'abbé Nicolle et de l'abbé Septavaux. — Lettre de la duchesse de Brissac. — Nouvelles affligeantes de la France. — Départ pour la Grèce. — Arrivée à Constantinople. — M. de Choiseul cesse ses fonctions d'ambassadeur de la France, et part avec l'abbé Nicolle pour la Russie.

Dominique-Charles Nicolle naquit le 4 avril 1758, au village de Poville, près Rouen. Les plus heureuses dispositions ne tardèrent pas à se manifester en lui, et chacune des années de son enfance, en accroissant ses forces physiques, donnait à ces dispositions un déve-

1

loppement qui faisait la joie de sa famille. Jeune encore, il fut mis au collége de Rouen, où bientôt sa piété aimable, autant que son application, lui concilia à la fois l'estime de ses maîtres et l'affection de ses camarades. Des succès flatteurs couronnèrent des commencements aussi heureux, et, tous les ans, son front s'ombrageait de lauriers, noble prix de victoires achetées par les fatigues de longs jours.

Ce fut à cette époque de ses premières études, que Dieu fit servir aux desseins de sa providence sur le jeune Nicolle un événement, en apparence bien ordinaire, mais qui fut décisif pour son avenir.

Un de ces hommes de science qui faisaient alors la réputation et la gloire de Sainte-Barbe était venu visiter Rouen : il se rendit au collége. Le jeune Nicolle attira son attention. Séduit par les éloges que faisaient de son cœur et de son esprit les maîtres qui l'élevaient, le savant professeur conçut l'idée de le faire admettre au nombre des boursiers de sa communauté. Depuis longtemps le studieux enfant nourrissait silencieusement dans son cœur le désir de continuer ses études dans l'un des colléges de la capitale, il accepta avec joie la proposition qui lui était faite, et, fort de l'assentiment de ses parents, il se prépara courageusement aux chances d'un examen qui devait combler ses vœux. Dieu bénit son travail, et peu de jours après il entrait à Sainte-Barbe. Là ses succès furent si brillants et si persévérants, qu'à l'achèvement de ses études ses maîtres lui proposèrent de prendre part à la direction des élèves. Il adhéra à leur demande, et le 1er octobre 1782 il commença à exercer dans l'ancien collége la charge de maître de conférences, puis celle de maître d'études, et enfin celle de préfet d'études. Il occupa cette place jusqu'en 1790 : *J'ai dans moi*, disait-il à cette époque, *comme un feu qui me dévore. C'est une fièvre de bien public.* Ce mot, qui résume toute sa vie, explique l'universelle confiance dont il était dès lors entouré. Il la méritait. Fidèle disciple de cette sage philosophie, qui ne se propose, dans l'instruction et l'éducation des enfants, que de les rendre plus aptes à la vertu, il employa tous ses efforts pour parvenir à cette noble fin. Déjà, du reste, il avait consacré à Dieu toute son existence, et l'accomplissement des devoirs d'un ministère qu'il avait embrassé avec toute l'ardeur d'une âme pleine de foi devenait chaque jour pour lui comme une source féconde, à laquelle il puisait l'énergie toujours croissante de son zèle. Dans un acte daté de 1783 et signé du cardinal de la Rochefoucauld, il était dit « *qu'il doit jouir de toute estime et de toute* « *considération, étant un prêtre de mœurs et de vie* « *exemplaires, ami des sciences et des saines doctrines,* « *enfant très-docile aux constitutions de l'Église et des* « *Souverains Pontifes.* » Un dernier trait complétera ce tableau des qualités de sa jeunesse. Il avait reçu de la Providence une bonté de cœur si pleine de charme, qu'un de ses amis d'enfance confessait, après plus de quarante années d'une affection constante, qu'*il était impossible de connaître l'abbé Nicole sans l'aimer.* Le nombre de ses amis fut grand, et il devait l'être, grâce à l'heureuse habitude qu'il avait contractée, dès ses plus jeunes années, de ne distinguer dans ceux qu'il aimait ni la naissance, ni la fortune, ni les avantages extérieurs de position sociale. Toute âme capable de s'ouvrir au sentiment du bien trouvait accès près de la sienne. *L'apparence est trompeuse,* disait-il souvent à ce sujet, *la vertu ne l'est jamais.*

Pendant que s'écoulaient, paisibles et silencieuses, les années qu'il appelait *le temps heureux de sa vie,* la France était menacée d'un désastre universel. Le désir d'une liberté sans limites, le désordre des finances, la faiblesse de l'autorité, la hardiesse de quelques hommes, la haine dans les uns, l'opposition dans les autres, et dans tous le plus inexplicable aveuglement, tout faisait pressentir un malheur immense. Dans cette affreuse situation, le roi assembla les Etats Généraux. De graves discussions agitent bientôt les divers ordres de cette assemblée. Pour aller plus promptement à son but, le Tiers État se nomme un président et des commissaires, devant lesquels il appelle, pour la vérification de leurs pouvoirs, les députés des trois ordres. Les uns se rendent à cet appel, les autres refusent d'obéir. Le Tiers a dès lors senti toute sa force, et à cette nouvelle réunion est donné le nom d'*Assemblée nationale.* Elle fait plus : la nouvelle Assemblée se rend au Jeu de Paume, et jure de ne se séparer que *lors-que la constitution du royaume et la régénération pu-blique seront établies et affermies.*

Les événements marchent rapides comme les coups de la foudre. La Bastille est prise ; l'émigration commence ; la faux du nivellement se promène sur toutes les classes de la société. Le clergé passe aussi par l'épreuve. L'Assemblée envahit ses biens. Le 2 novembre 1789, Mirabeau fait décréter que *tous les biens du clergé sont à la disposition de la nation*, et pour pallier, par une apparence de généreuse sollicitude, une aussi étrange spoliation, un nouveau décret règle le salaire qui sera la compensation de cet envahissement. Toutefois ce salaire est lui-même mis en question. L'État souffre ; le clergé doit être le premier à se sacrifier pour lui, et, pour alléger le trésor public d'une charge trop lourde, l'Assemblée avise au moyen de diminuer le nombre des évêques et des prêtres. Pour y réussir, elle enfante une œuvre digne de ce temps de grandes tempêtes, la *Constitution civile du Clergé*. Dans cette Constitution toutes les règles canoniques sont méprisées ; l'autorité du chef de l'Église est méconnue ; les traditions les plus anciennes sont foulées aux pieds, et pour compléter la destruction tant désirée, l'Assemblée impose à tout ecclésiastique un serment de fidélité à la Constitution. Il y a de nobles résistances : le clergé refuse. La persécution s'arme de ses fureurs contre les *réfractaires* : les uns meurent, les autres se cachent ; le plus grand nombre quitte le sol qui les a vus naître.

Sainte-Barbe eut son tour. La Révolution impose à ses membres le serment, mais, jalouse de garder intactes sa foi et son antique gloire, la communauté tout entière se lève, et aux cris proférés autour d'elle : « *Le serment ou la mort !* » elle répond par le refus et l'acceptation de tous les sacrifices.

L'abbé Nicolle fut du nombre de ces hommes de courage et de dévouement au devoir. Tour à tour menacé par la misère, épié par la délation et poursuivi par la haine révolutionnaire, « *Je me confiais en Dieu,* disait-« il en parlant de ce temps désastreux, *et Dieu ne me* « *manqua jamais.* » Il eut bientôt la récompense de son abandon si filial à la paternelle et céleste bonté du Seigneur.

Madame la comtesse de Choiseul-Gouffier était restée en France avec ses enfants ; mais, redoutant pour eux les impressions des funestes exemples qui leur étaient perpétuellement offerts, autant que les dangers auxquels les exposait leur position de naissance et de fortune, elle forma le projet de les éloigner de leur patrie, jusqu'au jour où il lui serait permis à elle-même de rejoindre le comte, son mari, alors ambassadeur à Constantinople. Il lui fallait un homme instruit, vertueux, capable d'être à la fois le maître et l'ami de son second fils, et elle le trouva dans l'abbé Nicolle. L'enfant fut confié à sa garde, et tous les deux firent, à regret, leurs adieux à la France. Ils partirent pour l'Italie.

Un beau ciel, de riches campagnes, des peuples qui chantent les joies de la vie, remplacent le ciel, le sol attristé et les chants de douleur de la patrie. Pauvres exilés! sans famille, sans amis, sans foyers, ils ne peuvent que souffrir et se soumettre. La terre étrangère, avec toutes ses merveilles, sera toujours pour eux une terre étrangère : ils la béniront de l'hospitalité qu'elle leur donne ; ils l'aimeront comme on aime un bienfaiteur qui protége, mais ils pleureront! c'est que rien n'est beau comme la patrie! c'est que rien n'est triste comme l'exil !

A l'exemple du jeune abbé, de nombreux proscrits sillonnaient, à cette époque, les routes de la France : ils allaient dans des contrées lointaines et hospitalières, porter leur science, leurs vertus et la gloire de leurs fidélité courageuse. Partout la charité leur ouvrait un asile protecteur, et les accueillait avec respect et bienveillance. Parmi ces martyrs de leur devoir était un jeune prêtre, camarade d'enfance de l'abbé Nicolle, son rival dans les concours, le confident de ses pensées les plus intimes, l'abbé Septavaux. Comme ses collègues de Sainte-Barbe, il avait dû fuir la terre natale, et chercher dans une éducation particulière les moyens de subvenir aux besoins de son existence.

Il habitait alors Aix-la-Chapelle, soupirant après les nouvelles de la France et de ses amis, lorsque le nom de son cher Nicolle vient frapper son oreille. Il apprend ses occupations, le lieu de sa retraite, la société qui l'entoure ; aussitôt l'exilé jette à l'exilé ce cri de joie et d'amitié : « Tu vis encore, mon ami, oh ! que Dieu « soit béni ! mille fois j'ai pensé à toi et tremblé pour « tes jours ! »

Il était en effet permis de trembler sur le sort de ceux qu'on aimait, alors que chaque pas, chaque parole, chaque soupir de proscrit, étaient épiés par mille regards ennemis, alors que la mort planait menaçante sur la tête de tout prêtre. Cette heureuse nouvelle du salut de son ami d'enfance a passé dans son cœur comme un éclair de joie ; mais l'incertitude de sa propre position, les troubles toujours croissants de la France, les douleurs de tant de familles honorables qui l'entourent, ramènent perpétuellement son âme à de mélancoliques idées. Sa joie s'efface bientôt devant des infortunes si grandes, et à ce premier cri de bonheur succède un épanchement de profonde douleur :

« Je suis triste, mon ami, n'ayant ici d'autre distrac- « tion que les épouvantables nouvelles que je reçois de « la patrie. Elle est dans l'abîme, à Dieu seul de la « relever maintenant ; mais, quand viendra le moment « de sa délivrance ? Nous serons peut-être vieux alors, « mon cher Nicolle, et voilà ce qui m'afflige. Il faudra « donc se faire une patrie nouvelle ! J'avoue que je ne « puis me familiariser avec cette idée : j'aime la « France, malgré ses torts et mes malheurs ».

Au milieu de ces regrets, de ces inquiétudes, de ces mille angoisses qui l'agitaient, l'abbé Septavaux avait toutefois entrevu un rayon de consolante espérance. Ainsi il avait rêvé la possibilité d'une réunion prochaine avec son ami ; il le savait à Padoue, *dessinant des vues, traçant des plans, dérangeant toutes les bibliothèques, dévorant la science de l'Italie*, et son amitié s'en réjouissait : *Ce sont*, disait-il, *autant de trésors qu'il amasse et qu'un jour il partagera avec moi*. Illusion qui le flatte ! songe qui lui apporte momentanément l'oubli de sa douleur ! Une lettre arrive. Son cœur bat d'avance, que renferme-t-elle ? ô déception ! Loin de se rapprocher, son ami s'éloigne. L'abbé Nicolle lui annonce ses projets de voyage, peut-être même ce voyage s'étendra-t-il jusqu'à la Grèce. A ce mot, il lui répond, il le presse, il le conjure au nom de leur vieille affection :

« O mon ami ! dis-moi que tu n'iras pas visiter la
« patrie de Pylade et d'Oreste. Que ne prends-tu plutôt
« ton vol et ton essor vers le ciel de la Flandre ? Viens,
« ami, et au sein de ces belles contrées, ressuscitons à
« nous deux leur amitié antique. Sparte, Athènes, Ar-
« gos et Mycènes, seront là, tout près de nous. Ensem-
« ble nous les visiterons tous les jours, et sans sortir de
« notre solitude, ensemble nous dirons : C'est là qu'é-
« tait la Grèce ! Les cartes de ce pays classique ne me
« feront plus éprouver alors que de délicieuses émo-
« tions, et cette Grèce que je redoute, je l'aimerai

1.

« doublement, et parce que là auront vécu Socrate,
« Platon et tant d'autres génies, et ensuite parce que tu
« n'y seras pas ! »

L'amitié de l'abbé Septavaux était assurément bien
douce au cœur de l'abbé Nicolle. Elle avait été pour lui,
dans le cours des années de son enfance, une source
de jouissances de cœur, et il en gardait un précieux
souvenir ; mais une main invisible semblait le pousser
ser en avant, et dans sa confiance immense en la Providence, il marchait, docile à sa divine impulsion.

L'abbé Nicolle quitta Padoue, parcourut avec son
élève les villes principales de l'Italie, et arriva enfin à
Rome.

Que n'ai-je pu retrouver les lettres que traçait, sous
l'inspiration de son enthousiasme, cette âme si ardente
et si pieuse ! Le malheur des temps n'a pas permis de
conserver les précieuses impressions de ce voyage.
Prêtre et savant, il avait éprouvé à Rome ce charme
qui séduit l'âme et la captive. Il y passa sans doute des
jours pleins de douceur, mais que cette douceur dut
être mêlée de profonde amertume ! Il lui eût fallu, pour
être heureux, qu'il oubliât la France, et il ne pouvait,
hélas ! ni l'oublier, ni perdre le souvenir de tous ceux
qu'il y avait laissés.

De tristes et affligeantes nouvelles arrivaient incessamment à Rome et portaient la désolation dans tous
les cœurs.

« Nos affaires ne vont pas bien, lui écrivait un de

« ses amis, mal au dedans, mal au dehors; tout se dis-
« pose à la guerre. L'empereur d'Autriche s'alarme,
« le roi de Suède quitte Aix-la-Chapelle, et prétend re-
« venir en bonne compagnie. Le roi de Prusse ordonne
« aux régiments de Westphalie de se tenir prêts à
« marcher. La Russie ne peut entrer dans la ligue; sa
« paix n'est faite avec les Turcs. L'Angleterre, dit-on,
« reste neutre. L'Europe est en mouvement. »

Pendant toutes ces agitations, Robespierre, Marat et
Danton faisaient peser leur joug de fer sur la France.
Le sang coule, et la mort est partout où plane le soupçon
de royalisme : « *Pour vaincre nos ennemis,* avait dit
« Danton, *il faut de l'audace, encore de l'audace, tou-*
« *jours de l'audace.* » Le mot est mis à profit. Le 2 septembre, une troupe armée se précipite sur les Carmes,
l'Abbaye, la Conciergerie et Saint-Firmin. La province
a ses massacres comme la capitale.

« La mort de mon pauvre mari aura sans doute dé-
« chiré votre cœur, écrivait à M. Nicolle, de Sistri,
« près Gênes, en décembre 1792, la malheureuse du-
« chesse de Brissac; sa mort est la ruine de ma fille,
« déclarée-émigrée : elle est privée de tous ses biens et
« de tous droits à la succession de son père. Moi-même,
« quoique je sois sortie de France en 1787, pour cause
« de santé, quoique mes rentes m'aient été payées la
« veille de la mort de mon mari, on veut me dépouiller
« aujourd'hui. On met en doute ma non-émigration,
« on en convient dans la conversation; mais on me re-

« fuse la décision légale. La peur de se compromettre
« en disant une vérité favorable à une aristocrate qui a
« toute la physionomie d'une émigrée arrête toutes les
« langues... Pleurez avec moi cette mort cruelle de
« M. de Brissac, et pardonnons à ceux qui l'ont tué. »

Le duc Louis-Hercule-Timoléon de Cossé-Brissac était,
en 1791, commandant général de la garde constitution-
nelle de Louis XVI. Son attachement inviolable au roi
dut le rendre suspect; il fut accusé, mis en état d'arres-
tation et transféré à Versailles : c'était peu de jours
avant les massacres de septembre. À cette époque, le
peuple, ivre de sang, court à la prison, en ouvre les
portes et frappe chaque prisonnier à son passage. Le
duc de Brissac résiste, il se défend : mille cris demandent sa tête ; mille fers sont sur sa poitrine : il se défend
toujours. Un coup de sabre le fait tomber, et il meurt.
On cite un mot digne de lui. Son dévouement au roi
était cité avec éloge, il répond avec noblesse : « *Je
« ne fais que ce que je dois à ses ancêtres et aux
« miens.* »

Cette nouvelle affligea profondément le cœur de
l'abbé Nicolle. Au même moment, une autre mort le
frappa de stupeur, ce fut celle d'un de ses amis, le comte
Desqueyrac, d'une famille noble du Quercy ; à la tête
d'une petite troupe de gentilshommes, ses voisins, il
avait voulu défendre contre le pillage ses propriétés et
celles de ses amis. La garde nationale s'en indigne, elle
s'arme et vient à leur rencontre. Desqueyrac est ar-

rêté : aussitôt il tombe percé de coups de sabre. Les nobles hommes qui l'accompagnaient sont massacrés à leur tour, coupables du crime de résistance à l'État, qui voulait leurs biens.

Pendant que, triste de ces lamentables catastrophes, le jeune abbé cherchait à Rome une diversion forte à ses pensées, une lettre du comte de Choiseul vint l'arracher à ses préoccupations douloureuses ; elle l'appelait à Constantinople avec son élève, et l'itinéraire du voyage y était tracé. L'ambassadeur voulait qu'ils visitassent la Grèce.

Le voyage était beau ; il devait plaire à l'ardente imagination du jeune précepteur ; mais il était périlleux dans un temps où le danger naissait partout et presque à chaque pas. De nobles amis, exilés comme lui, s'efforcent de le retenir sous le beau ciel de l'Italie. Le comte Durfort de Chastellux s'en fait l'interprète. Sa lettre est de 1792.

« Je vous sais bon gré, cher monsieur l'abbé, de me
« donner de vos nouvelles et de celles de votre élève.
« Ce cher enfant manque à notre petite société, et, si
« ce n'était battre un homme à terre, je vous repro-
« cherais son absence et la vôtre. Il est certain que,
« sans mon respect pour votre religion à suivre les
« moindres désirs de ses parents, j'aurais cherché à
« vous détourner de votre résolution. Sous aucun rap-
« port, ce départ ne peut vous procurer la tranquillité
« et les ressources que vous trouvez ici. J'en suis si

« persuadé, que je ne doute pas que sa famille elle-
« même ne vous le dise, et ainsi je ne perds pas l'es-
« poir de vous revoir tous les deux. »

Vains efforts de l'amitié ! Le cœur de l'abbé Nicolle
est inflexible, et cependant que n'a-t-il pas lui-même à
sacrifier en quittant Rome et l'Italie? Les consolations
de la foi, les charmes d'une société qui l'affectionne,
les douces émotions que lui procure sa passion pour
l'étude, rien ne le fait hésiter. Il a résolu de triompher
de ses propres affections, pour apprendre à son élève à
sacrifier tout intérêt personnel à l'accomplissement de
son devoir. L'abbé Septavaux lui-même écrit, insiste,
presse. Il était alors à Soignies, près du château d'Ha-
vré, où se trouvaient, partageant son exil, M. de Ca-
lonne et monseigneur l'archevêque de Bordeaux; de sa
solitude il accable de ses anathèmes le pays qu'il abhorre
aujourd'hui, et qu'autrefois il appelait si poétiquement
la terre de ses amours :

« Laisse là, mon ami, et c'est l'amitié qui t'en con-
« jure, laisse là la Grèce et ses ruines. Quel plaisir
« vaut celui d'attendre ensemble que viennent les
« beaux jours de la France! Non, tu ne sens pas cela
« comme ton ami. »

L'abbé Septavaux se trompait. Peu d'hommes
avaient autant que M. Nicolle le sentiment du cœur ;
il comprenait le langage de son ami, et sans doute il
eût triomphé, si une voix plus forte n'eût parlé à sa
conscience ; cette voix prévalut. Obéissant à la volonté

d'un père, le maître et son jeune élève quittèrent Rome, arrivèrent à Venise, et, profitant d'un vent favorable, ils partirent pour la Grèce.

Le navire qui les transportait en ces contrées lointaines était vénitien et commandé par un homme de cette nation. Pendant le trajet, le temps changea ; le vent devint violent, et bientôt la tempête devint menaçante ; les passagers, l'équipage lui-même, étaient terrifiés. Calme au milieu de l'agitation des flots, l'abbé Nicolle cherche à rassurer les esprits :

« *Courage, mes amis !* s'écrie-t-il, *Dieu est avec* « *nous.* »

A ce mot, le capitaine ne dissimule pas sa frayeur, et il jette, en réponse à la parole de l'abbé, cette autre parole qui explique son trouble :

« *Dieu peut-il être avec les pécheurs ?* »

Il y a dans la vie de l'homme certains moments où Dieu, toujours patient et plein de bonté, révèle cependant la terreur de sa justice. Le courage le plus intrépide ne tient pas contre cette révélation redoutable ; le cœur s'en émeut, il s'en trouble, il en est comme accablé ! Malgré lui l'homme sent qu'il y a un Dieu dont il relève.

Le temps, devenu plus calme, permit au navire de continuer sa course, et bientôt apparut la patrie des grands hommes, la terre de la poésie et des arts, la Grèce !

De toutes les impressions que dut sans doute ressentir l'abbé Nicolle en mettant le pied sur ce sol qui réveillait en lui tant d'antiques souvenirs, une seule nous est restée, écrite et racontée par lui-même : elle n'en est que plus précieuse. Un jour, accompagné de son élève, il sort d'Athènes : le soleil éclairait les campagnes où se pressait, aux temps anciens, un peuple nombreux, actif et intelligent, et où l'œil du voyageur ne voyait plus alors que stérilité et misère. Tous deux s'assirent sur le sommet du mont Hymette. La vue d'abeilles bourdonnant autour de quelques fleurs éparses sur cette terre autrefois si féconde donna à leurs pensées, tristes comme la solitude qui les environnait, une agréable diversion. Aussitôt tout reprend vie, tout se peuple et s'anime autour de lui, et, dans son enthousiasme, s'inspirant du génie de Virgile, l'abbé se lève, et, nouveau cygne de Mantoue, il chante les admirables vers que sa muse consacra aux abeilles de l'Attique.

Cette illusion fut courte. Exilé de sa patrie, il ne pouvait contempler les ruines de la Grèce sans penser à la France. Le bruit des troubles qui l'agitaient avait d'ailleurs pénétré jusque dans ces régions éloignées, et il ôtait tout charme à tant de distrayantes et instructives excursions ! Comment se plaire avec le passé, quand le présent ramène l'âme à de tristes réalités ? Non, quelle que soit la terre qui accueille l'exilé, il ne peut être de joie pour lui, quand sa patrie est dans la souffrance : il ne peut plus que gémir, et nos deux proscrits gémissaient ! Chaque nouvelle était pour eux une nouvelle douleur. C'était l'incendie des châteaux, c'était la guerre intérieure, c'était le massacre des prêtres et des nobles, c'était la captivité de l'infortuné Louis XVI. A leurs oreilles arrivèrent même de vagues rumeurs sur le rappel de l'ambassadeur de France à Constantinople. De si justes inquiétudes hâtèrent le départ des deux voyageurs, et, s'embarquant immédiatement sur un bâtiment qui faisait voile pour cette ville, ils arrivèrent en peu de jours au terme de leur voyage.

M. le comte de Choiseul reçut l'abbé Nicolle avec cette affectueuse cordialité que lui méritait son dévouement pour son fils.

M. de Choiseul est connu, et toutefois je dois à la mémoire de celui dont j'écris ici la vie de dire quelques mots de l'homme distingué dont la protection et l'amitié lui furent d'une si grande utilité.

Il naquit à Paris, le 27 novembre 1752. Sorti du collége d'Harcourt, il acheva le cours de ses études sous la direction de l'aimable et savant abbé Barthélemy, dont l'esprit, *aussi athénien que français*, a dit M. de Feletz, trouva, dans l'esprit de son jeune élève, des dispositions conformes aux siennes, un cœur généreux, une imagination ardente et l'amour de l'indépendance. Les lettres, les sciences et les arts furent les passions de sa jeunesse. Les leçons et l'intimité du célèbre auteur du *Voyage d'Anacharsis* influèrent sur la détermination qu'il accomplit après son mariage. Il publia, sous le nom de *Voyage pittoresque*, la relation de cette scientifique excursion. L'Académie le reçut en 1784; il y succéda à d'Alembert. Ce fut dans cette même année que le roi le nomma son ambassadeur à Constantinople.

Heureux dans ses négociations politiques, le nouvel ambassadeur assura dans le Divan l'influence de la France; il fit refleurir le commerce français dans le Levant; il protégea contre les vexations des mahométans les chrétiens, ses compatriotes, et souvent même il étendit sa protection sur les chrétiens de toutes les nations. Le premier, il apprit aux Turcs à respecter le droit des gens, et peut-être est-il permis d'ajouter qu'il fut le premier moteur des idées de réforme qui germèrent plus tard dans l'empire ottoman; nous en connaissons aujourd'hui les heureux résultats. Par ses conseils, des officiers français furent appelés à Constantinople dans le but d'instruire les Turcs dans la science militaire, et, dans son zèle éclairé pour les lettres, il fonda une imprimerie dans le palais de France.

Le noble comte passait ainsi ses jours dans les travaux de l'homme d'État et dans les études de l'académicien, lorsque la Révolution française vint l'arracher à sa douce vie, et lui créer des embarras infinis. Sa position devenait critique, mais sans crainte du danger, il attendit des ordres de son gouvernement, et il resta fidèle à son poste. Bientôt après il connut son sort. Une correspondance avec les Frères du roi fut saisie dans sa retraite de Champagne, et le 22 décembre 1792, un

décret d'accusation fut porté contre lui. Peu disposé à
en subir les conséquences, il ne songea plus qu'à se
retirer. Il pouvait en effet prévoir ce que lui réservait
le comité qui régissait la France, s'il eût tenu à venir
lui-même justifier sa conduite. Coupable ou innocent,
l'homme ainsi décrété était voué à l'échafaud, et dès
lors tout en lui était crime pour le perdre, crime dans
son silence, crime dans sa justification, crime dans sa
fuite ou dans son courage à braver ses ennemis. M. de
Choiseul était noble, il était riche, il était l'ami dévoué
de Louis XVI : il devait mourir. Sa réponse à l'ordre de
la Convention qui le rappelait en France fut un refus,
et malgré l'universelle estime que lui avaient acquises
en Turquie ses relations politiques avec le Divan, il
projeta son départ de Constantinople, et tourna ses
yeux vers la Russie. Sa réputation l'y avait précédé.
Catherine admirait en lui l'écrivain distingué, le voyageur instruit, le négociateur habile ; plusieurs fois elle
lui avait fait connaître cette admiration, et cette bienveillance de l'Impératrice permit aux nobles exilés de
concevoir l'espérance d'un accueil hospitalier dans son
empire. Il se confia à cet espoir, et dans les premiers
jours de 1793 il quitta Constantinople. Bientôt après
il eut lieu de comprendre que la pensée de sa retraite
en Russie était une inspiration du ciel : des frontières
de l'empire russe jusqu'à Saint-Pétersbourg, la plus
généreuse hospitalité accueillit le noble comte et l'abbé
Nicolle.

CHAPITRE II

Lettres de l'abbé Nicolle à l'abbé Septavaux. — Sa mission providentielle en Russie. — Commencement de l'institut. — Nouvelles lettres des deux amis. — Arrivée de l'abbé Septavaux à Saint-Pétersbourg. — Épreuves. — L'abbé Septavaux à Moscou. — Noble conduite de M. de Schoppinck. — Joie de M. Nicolle. — Naissance de Nicolas. — Nouveaux succès de l'Institut. — Examens mensuels. — M. de Plescheyeff et la grande-duchesse. — Nouvelle épreuve, et fermeté de M. Nicolle. — Dieu le protége dans un danger. — Événements de Dresde. — Les Français en Allemagne. — Mesures de prudence du gouvernement russe. — Retour de l'abbé Septavaux à Saint-Pétersbourg. — Sa maladie. — Sa mort. — Succès toujours croissants de l'institut. — Lettre de l'impératrice Marie. — Lettre de Bernardin de Saint-Pierre. — Départ de l'abbé Nicolle pour Moscou.

Au mois de décembre 1793, l'abbé Nicolle écrivait à son ami, l'abbé Septavaux, ces lignes affectueuses :

« Après avoir échappé aux fureurs de la mer Adria-
« tique, à la perfidie du Pont-Euxin, aux brigands du
« mont Hémus, aussi redoutables aux voyageurs que
« furent les Ménades pour Orphée, enfin à l'ennui de
« traverser, à petites journées, quatre à cinq cents
« lieues de déserts, je me trouve, depuis six mois, sur
« les bords de la Néva, au milieu d'une ville que le

« génie et le caprice ont élevée sur des marais, au
« 60ᵉ degré de latitude septentrionale, à six degrés et
« demi du cercle polaire arctique, voisinage qui nous a
« valu, la semaine dernière, vingt-trois à vingt-quatre
« degrés de froid. Que j'étais loin de prévoir autrefois
« qu'un jour viendrait où je m'estimerais heureux de
« vivre sous les glaces de l'Ourse ! Je rends tous les
« jours des grâces au ciel, qui m'a transporté dans un
« climat, à la vérité un peu rigoureux, mais où la bien-
« veillance de l'Impératrice pour M. de Choiseul m'as-
« sure des ressources infinies… C'est dans ce pays qu'il
« faut venir chercher un asile : je m'entretiens tous
« les jours de toi avec le chevalier de Bernes, et déjà
« j'ai parlé à tous ceux que je connais ici de l'exécution
« d'un projet qui n'est jamais sorti de mon cœur, et
« se réalisera, j'en ai la douce espérance, si nos maux
« sont sans remède… Si tu n'es pas lié par des nœuds
« que tu ne puisses rompre… ne sois pas effrayé par la
« crainte du froid : il est beaucoup moins sensible ici
« qu'en France, grâce aux précautions multipliées
« qu'on prend, soit dans l'intérieur des maisons, soit
« au dehors, et c'est pour cela que les Russes désirent
« l'hiver, comme ailleurs on désire le printemps. C'est
« la saison des plaisirs et des divertissements de tout
« genre. Tu sens bien, sans que je te le dise, que nous
« n'y prenons pas une grande part. Nous vivons ici
« comme des exilés, comme il convient à des gens qui
« gémissent sur les malheurs de leur patrie et qui

« tremblent, à chaque instant, pour la vie de leurs
« parents, de leurs amis, de tout ce qui leur est cher. »

L'inquiétude agitait le cœur du solitaire et triste
abbé Septavaux, que les événements avaient conduit à
Bruxelles. Là se trouvaient, exilés comme lui, les ab-
bés Borderies, Dubois et Mercier. A cette époque, où,
de jour en jour, arrivaient des nouvelles de mort, toute
amitié était craintive, et celle de l'abbé Nicolle était
chère à tous ces proscrits. Cette lettre leur fut une
douce consolation ; l'abbé Septavaux se hâte de lui dire
sa joie :

« Janvier, 1794.

« Avec quel plaisir j'ai reçu ta lettre, mon ami. Je
« le vois, les glacés du Nord n'ont refroidi ni ton amitié
« ni ton style. Après avoir traversé les mers, visité les
« Romains et les Turcs, les Grecs et les barbares, te
« voilà donc à Saint-Pétersbourg, comme à Paris, avec
« ta santé, tes projets, ton esprit et ton cœur. Dieu
« soit loué ! Placé maintenant à l'extrémité du monde
« pour en voir la chute sans en être ébranlé, tu m'ap-
« pelles à partager ta tranquillité ; je t'en remercie.
« Cette idée me pénètre de plaisir et de reconnaissance
« pour Dieu, puisqu'elle me montre toujours en toi
« un bon et tendre ami, et l'enfant gâté de la Provi-
« dence. »

La France attirait alors sur elle les yeux de tous les
gouvernements ; ils s'en préoccupaient et redoutaient

avec raison pour eux-mêmes les conséquences des funestes principes qui l'avaient jetée dans l'abîme. Des asiles furent ouverts pour en recueillir les malheureuses victimes, et de toutes parts s'exerça la plus délicate hospitalité. Dieu avait pris soin de préparer lui-même, dans la Russie, une retraite assurée à tous les proscrits de la France, et il allait faire, d'un prêtre inconnu, mais fidèle, l'instrument de sa miséricorde : ce prêtre était l'abbé Nicolle. Une pensée de bienveillance pour la patrie qu'il aimait était alors dans tous les cœurs des Russes ; il eut mission de la développer, et par l'éducation d'une grande partie de la jeunesse confiée à ses soins, et par l'instruction profonde que répandaient dans ces jeunes intelligences les prêtres savants qu'il appela à concourir avec lui à ce grand ouvrage, enfin par les exemples de vertus, de fidélité au devoir, de courage dans le malheur, qui brillèrent à tous les yeux, pendant leur long exil, il est permis d'affirmer que sa mission fut remplie Puis, quand vinrent les jours où de formidables armées couvrirent le sol de la patrie, tous ces chefs de vaillantes troupes, autrefois ses élèves et toujours ses amis, montrèrent à la France qu'ils n'étaient point ingrats, et il put dire avec vérité « qu'*en élevant de jeunes Russes*, *il avait* « *travaillé pour la France.* »

Catherine II régnait alors en Russie. Elle dut repousser avec horreur les principes d'où sortit la Révolution française ; mais, pleine d'un intérêt tout bienveillant pour les infortunés dont le crime était leur fidélité aux principes conservateurs de l'ordre, elle leur ouvrit dans ses États une retraite sûre, et les couvrit de sa puissante protection. M. de Choiseul fut surtout l'objet de cet intérêt. M. Nicolle le partagea. Dieu avait ainsi préparé la voie : il inspira à son serviteur l'exécution des projets qu'il avait conçus. Là sera désormais toute sa pensée ; là seront tous les efforts de son zèle et de sa charité. Il en fait part à son ami.

« Mai, 94.

« Nous avons, hélas ! la triste certitude que les por-
« tes de notre patrie nous seront fermées pour long-
« temps ; peut-être même nous faudra-t-il passer dans
« l'exil le reste de nos jours. Est-ce que ton cœur ne
« te dit pas que, pour en adoucir les rigueurs, nous
« devons les supporter ensemble dans le même climat,
« dans la même ville, sous le même toit ? Donne-moi
« cette espérance qui animera mon ardeur. Je t'expli-
« querai quels sont tous mes projets ; tu verras qu'ils
« ne sont pas chimériques ; que tôt ou tard tu peux et tu
« dois t'y associer, qu'alors notre mission sera remplie.
« En s'opposant à notre réunion, la Révolution n'aura
« servi qu'à la reculer de douze degrés vers le Nord. »

L'amitié ne connaît pas d'obstacle ; mais la Providence a ses desseins, et souvent même dans les œuvres qu'elle a formées, elle déjoue les plus douces espéran-

ces, ou retarde les projets qu'elles font naître. L'abbé
Septavaux était faible et délicat, mais à la voix de son
ami, son courage se ranime ; il allait se rendre à son
appel, quand dans la Pologne un mouvement éclata.
Croyant y voir l'influence des principes qui agitaient la
France, l'Impératrice exprima, en termes énergi-
ques, les sentiments qu'elle éprouvait à ce sujet : sa
parole jeta la crainte dans le cœur de tous les Français
exilés. Cette crainte était légitime : un mot pouvait les
jeter dans de nouveaux et incalculables malheurs, mais
Dieu, qui dispose du cœur des souverains, comme il
dispose de tous les événements, maintint dans celui de
l'Impératrice ce bon vouloir qui, jusqu'alors, avait été
pour les proscrits un gage de sécurité, et l'abbé Nicolle
en profita, pour mettre, sans plus de retard, à l'œuvre
qu'il méditait, une main courageuse; il commença son
projet. Dieu bénit ce premier essai.

Tout joyeux, il en fait part à son ami.

« 1794.

« Depuis que je ne t'ai écrit, cher ami, j'ai agi, et
« grâce à Dieu, je me trouve, en ce moment, directeur
« d'un institut composé de six élèves, payant une as-
« sez forte somme, dont une partie est naturellement
« affectée aux besoins du directeur actuel et de son fu-
« tur coopérateur, l'abbé Septavaux... Je me flatte
« toutefois que ces avantages inespérés au milieu des
« malheurs qui nous entourent, ne seront pas l'unique

« motif qui te déterminera à venir partager mes fati-
« gues. Je connais ton cœur, mon ami, et je suis sûr
« que depuis que tu me sais en Russie, il se tourne
« sans cesse vers l'étoile polaire. Combien il me tarde
« que ton âme ne cherche plus la mienne, et que la
« mienne ait trouvé celle qui lui manque depuis quatre
« ans ! Quelles jouissances Dieu nous prépare ! quelles
« actions de grâces ne mérite pas, de notre part, une si
« aimable Providence, qui nous fait trouver un tel bon-
« heur au milieu de tant de douleurs ! Non, tu ne seras
« pas surpris de la vivacité de ma reconnaissance en-
« vers le Ciel, quand tu jugeras par toi-même combien
« le succès de ce petit établissement naissant est assuré,
« quand tu connaîtras les parents qui nous ont confié
« leurs enfants. Déjà ils t'estiment et ils t'aiment : ta
« présence augmentera leur estime et leur affection
« pour toi. »

L'institut que fondait l'abbé Nicolle était le premier
établissement de ce genre qui eut jamais existé en Russie ; il était, selon lui, le plus authentique témoignage
de l'immense confiance que lui accordaient les plus
grandes familles de l'empire. De temps immémorial, il
était reçu dans la Russie que les enfants appartenant à
la haute classe ne devaient jamais sortir de la maison
paternelle. Ils étaient élevés par des maîtres particuliers, et sous les yeux de leurs parents. Séduits par les
talents de l'abbé Nicolle, et par la méthode d'éducation

qu'il avait adoptée pour son élève, quelques pères de famille, illustres dans l'empire, proposèrent au comte de Choiseul d'adjoindre à son fils leurs propres enfants, pour les faire participer avec lui au grand bienfait de l'enseignement de l'abbé Nicolle. M. de Choiseul agréa leur offre, et le précepteur de son jeune fils devint le directeur d'un pensionnat de six enfants. Cette éducation réunissait à la fois les avantages de l'éducation publique et particulière; les essais en furent heureux, et l'institut naissant acquit, en peu de mois, une célébrité telle, que de nombreuses et illustres familles sollicitèrent le bonheur d'y voir également admettre leurs enfants. Un obstacle s'y opposait : le nombre des élèves était limité. D'après des conventions formelles, l'institut ne devait avoir que six élèves, mais les sollicitations devinrent si pressantes, que les familles qui avaient fait les conditions de ce nombre résolurent de le rendre illimité. Dès ce moment les élèves affluèrent, et en peu de temps l'institut pût être signalé dans Saint-Pétersbourg comme l'une des écoles les plus distinguées de la Russie.

Un succès si prompt ne pouvait être qu'*un coup du Ciel* : l'abbé Nicolle ne cessait de le répéter, mais son ami manquait à son bonheur. L'abbé Septavaux avait des talents incontestables : à Sainte-Barbe, comme en exil, il les rehaussait par l'éclat de la vertu la plus pure : le malheur semblait même l'avoir rendue encore plus parfaite. L'ascendant de sa supériorité devait tout na-

turellement être d'un utile secours à son ami. Il résolut
donc de partir. Une lettre précéda son arrivée :

« 1794.

« Tu t'es occupé si généreusement de moi, cher ami,
« que je devrais bien te dire un tout petit mot de ma
« reconnaissance. Il semble que tu aies voulu, par tou-
« tes sortes de marques d'amitié, accroître le plaisir
« que j'aurais à te revoir. Nous allons donc être réunis,
« et pour bien longtemps, je l'espère! Qu'importe quel
« air on respire, quand on est avec ses amis? On ne
« perd pas son caractère pour vivre dans une peau
« d'ours. Les glaces hyperboréennes ne peuvent attein-
« dre ni l'esprit ni le cœur. J'avais pensé d'abord
« qu'un tempérament froid comme le mien n'était pas
« propre à supporter les rigueurs d'un pareil climat,
« mais en y réfléchissant bien, je trouve que ce doit être
« tout l'opposé. Ce sont les contraires qui se détruisent.
« Peut-être est-ce un heureux don de la nature et un
« indice sûr de la voie que je dois suivre? Il est pour-
« tant bien vrai que je n'en eusse jamais entrepris une
« aussi longue, si je n'avais dû te trouver au terme où
« elle conduit. Cette idée m'en fera supporter gaiement
« les fatigues, et toutefois je ne m'accoutume pas en-
« core à la pensée de te revoir : ce bonheur me paraît
« un songe, et le plus agréable de tous les songes. Ne
« te semble-t-il pas bizarre à toi-même qu'un projet
« parti d'une allée du Luxembourg, à Paris, où il a été

« conçu, traverse la France, les Pays-Bas, l'Allemagne,
« l'Italie, échappe à la peste et aux tempêtes, et s'en
« aille par Constantinople s'exécuter à Saint-Péters-
« bourg? Sais-tu bien qu'il y quelque chose de grand
« et de providentiel dans cette constance invariable au
« milieu de tant de changements? On aurait tort vrai-
« ment de chercher ailleurs le *Justum ac tenacem pro-*
« *positi virum.* Tout cela est d'un excellent augure pour
« moi; il me donne l'espérance de te retrouver tel que
« je t'ai laissé, avec ton esprit, ton cœur et ta santé. »

Ces paroles, expression de la plus confiante amitié,
avaient été le premier élan de son cœur, mais la réflexion était venue modifier sa résolution. L'ignorance
de la langue russe, la longueur du voyage, la rigueur
du climat, effrayaient l'exilé de Bruxelles : la délicatesse
de sa santé le rendait parfois timide et craintif. Il n'ose
enfin se décider. Alors de Saint-Pétersbourg arrive
cette lettre où l'amitié s'épanche en tendres et spirituels
reproches.

« 3 janvier 1795.

« Je viens de recevoir ta lettre de délai, cher ami,
« et je t'avoue qu'elle me peine. En vérité qui recon-
« naîtrait là l'abbé Septavaux? Décidément il faut le
« confesser à ta honte : tu es poltron comme un
« abbé de l'ancien régime. Tu ne songes donc pas qu'en
« perdant nos priviléges nous avons aussi perdu le

« droit de nous effrayer des obstacles. Ne semble-t-il
« pas qu'un voyage à Saint-Pétersbourg soit un voyage
« autour du monde? Achète pelisse fourrée, bottes
« fourrées, bonnet et gants fourrés, et tu n'auras plus
« rien à craindre du froid le plus rigoureux. Tu ne
« sais pas, dis-tu, la langue du pays : eh! mon ami,
« ne sais-tu pas la langue des signes? Je n'en ai point
« employé d'autre de Constantinople au Niester. D'ail-
« leurs, tu sais un peu l'allemand, ce peu te suffit, car
« l'allemand est la langue naturelle des Courlandais,
« des Livoniens... Au reste, les parents de l'un des en-
« fants qui nous sont confiés ont compati à ta faiblesse,
« et ils viennent de faire écrire à Hambourg, au mi-
« nistre de Russie, qu'un abbé, accompli en tous points,
« et à qui il ne manque que le courage, se présentera in-
« cessamment chez lui, qu'il doit être expédié le plus
« promptement possible, avec toutes les précautions
« que sa délicatesse exige, en un mot qu'il faut faire
« pour lui au delà même de ce qu'il peut désirer. Je
« me flatte, mon bon ami, qu'après cela tu partiras
« le lendemain de la réception de ma lettre, que tu tra-
« verseras rapidement l'Allemagne malgré les lenteurs
« germaniques, et qu'au moyen de traîneaux bien cou-
« verts, tu nous arriveras sain et sauf. Adieu, si tu
« m'aimes, si tu t'aimes toi-même, regarde le moindre
« délai comme une faute. Je n'ai nul besoin de te répé-
« ter que tu trouveras ici un ami qui sera heureux de
« te recevoir, un établissement non-seulement formé,

« mais dans la plus grande splendeur, enfin que tout
« ce que je t'ai annoncé est solide, permanent, béni
« du Ciel. »

Cette lettre coupa court à toutes les hésitations de
l'abbé Septavaux : il partit. La réunion des deux amis
fut utile à l'institut. Le zèle, la science, l'expérience de
la jeunesse, étaient des dons que tous les deux avaient
également reçus de Dieu. Dévoués à leur œuvre, ils je-
tèrent la bonne semence dans ces jeunes cœurs, capables de la faire fructifier; et grâce à leur concours réci-
proque, grâce à l'aide des prêtres savants et proscrits
que le zélé fondateur avait appelés à le seconder, l'institut attira sur l'abbé Nicolle une confiance, une estime, un dévouement dont il put dire avec vérité que
c'était là un vrai prodige.

Un des seigneurs les plus distingués de l'empire lui
écrivait un jour ces lignes flatteuses, qui résument cette
opinion si favorable qu'il inspirait à tous :

« Monsieur l'abbé, je me persuade de plus en plus,
« chaque jour, que la Providence vous a conduit en Rus-
« sie pour le soulagement et le bonheur de plusieurs.
« Les bienfaits que vous répandez sur ceux qui vous en-
« tourent et qui dépendent immédiatement de vous,
« influent et agissent puissamment, quoique indirecte-
« ment, sur le moral de tous ceux qui voient votre
« marche, qui en connaissent les principes et qui sont
« insensiblement séduits par votre exemple.

« Tout ce que vous avez jugé convenable à Alexan-
« dre ne peut qu'être approuvé par ceux qui s'intéres-
« sent si vivement au sort de cet enfant. Vous êtes son
« ange gardien, et par conséquent vous êtes celui qui
« possède le plus de moyens de le sauver et de lui être
« utile sous tous les rapports. Je souhaite seulement
« que le jeune homme sache apprécier la grande fa-
« veur que le Ciel lui a faite en le conduisant auprès
« de vous. Ma sœur m'écrit qu'elle s'inquiète infini-
« ment moins pour son fils, qui se trouve sous vos ai-
« les paternelles, que pour sa fille qu'elle a sous sa
« propre surveillance. »

Ce seigneur, si dévoué à l'abbé Nicolle et à son œuvre, était de la maison des Plescheyeff, d'où sortit
Alexis, métropolite de Moscou, qui contribua puissamment à la centralisation du pouvoir dans l'empire,
et que l'Église russe a rangé au nombre de ses saints.
Ses reliques reposaient, dit-on, au Kremlin.

Au milieu de cette joie universelle, l'épreuve tomba
comme la foudre au milieu d'une fête de famille. L'é-
preuve a sa puissance salutaire. Trop de bonheur en-
dort l'âme ; un coup de tonnerre la réveille ; elle est le
creuset où s'éprouvent les âmes fortes : Dieu y retrouve
ses élus. L'histoire de la Providence en fournit d'innombrables exemples ; on les retrouve jusque dans les
œuvres qui émanent d'elle ; il faut que les hommes y
reconnaissent le doigt de Dieu, et, pour que Dieu y
apparaisse protégeant son ouvrage, il faut que l'orage

gronde, que le nuage crève, que la foudre éclate et tombe; en un mot l'homme doit disparaître, et quand l'homme a reconnu sa faiblesse, Dieu arrive : ce qu'il a frappé, il le guérit; ce qu'il a brisé, il le reconstruit; c'est là sa gloire.

L'institut subit à cette époque prospère une épreuve terrible. La maladie se déclara parmi les élèves ; plusieurs en furent atteints. La frayeur s'empara des enfants ; les parents partagèrent l'effroi général, et la plus grande partie des élèves quittèrent momentanément l'institut. Ce départ fut une épreuve sensible au cœur de l'abbé Nicollè, et toutefois elle ne fut pas la plus pénible. Dieu versa sur lui le calice des tribulations. Oui, le Seigneur est plein de miséricorde, et cependant, quand l'épreuve frappe, et frappe toujours, presque sans espoir de retour de jours plus heureux, l'âme faible hésite; mais l'âme fortement enracinée dans sa foi lutte contre l'apparent délaissement de Dieu; plus elle lutte, et plus son courage s'excite, et dans son énergie elle a trouvé l'espérance qui console. L'exil et le climat qu'il habitait avaient profondément altéré la santé de l'abbé Septavaux. Il fut forcé de se séparer de son ami. Le pauvre malade se rendit à Moscou, où le reçut la noble famille des Kascheloff. Tous les soins que peut inspirer une cordiale et bienveillante hospitalité lui furent prodigués. Le Ciel avait ainsi mis la consolation à côté de la douleur.

De si rudes coups auraient brisé tout autre courage

que celui de l'abbé Nicolle ; mais loin de l'abattre, il puisait dans ces épreuves une force nouvelle. L'institut semblait en outre menacé dans son existence même, et cette crainte pesait sur son cœur. La maladie régnait toujours ; les élèves ne rentraient pas encore, et tous, professeurs et enfants, attendaient la fin de l'épreuve. Cependant elle ne finissait pas, et dans la crainte qu'une durée plus longue de l'épreuve ne le jetât dans des embarras infinis, il plaça les maîtres chez les élèves sortis de l'institut, et lui-même il songea à se créer une position. Des propositions avantageuses lui étaient faites par la princesse Dolgorouki : elle désirait ardemment lui confier l'éducation de ses deux fils. M. Nicolle avait accepté, mais, tout en acceptant, son cœur et ses vœux étaient pour son institut ; c'était là sa plus chère prédilection : « *C'était ma vie*, disait-il, « *et j'ai confiance que Dieu me le rendra.* » A cette époque arrivaient presque journellement à Saint-Pétersbourg des prêtres français et proscrits, attirés par la bienveillance du gouvernement et la réputation de l'abbé Nicolle ; à ce moment arrivait aussi dans la même ville M. de Schoppinck, noble Russe, dont les enfants étaient confiés aux soins de *son cher abbé*. Il apprend le départ des élèves, la maladie et le départ de son ami, la nouvelle position des professeurs, et enfin la résolution du fondateur.

Affligé de ces nouvelles, il court à l'institut et se présente chez le directeur :

« Cher abbé, lui dit-il, pourquoi ces changements?
« pourquoi ces résolutions extrêmes?

« — Les élèves sont partis, lui répond le fondateur
« attristé : ceux qui restent ne peuvent suffire aux be-
« soins ; leur nombre est trop restreint.

« — Ce nombre, je le compléterai, je m'en fais le
« garant.

« — Mais les charges sont immenses, et le déficit
« est déjà grand.

« — Je le comblerai de ma propre bourse et vous
« aiderai à supporter ces charges.

« — Mais la princesse et mes engagements?

« — Je ferai moi-même votre affaire. »

M. Nicolle se laissa facilement vaincre. « M. *de*
« *Schoppinck*, disait-il, *m'a remis dans ma vocation.* »
Il fut pour lui comme le bienfaisant rayon de soleil dont
la douce chaleur ranime la fleur agitée par l'orage ;
elle se couche sous la pluie qui la frappe, mais quand
elle a senti la vie renaître en elle, sa tige se redresse,
ses feuilles reprennent leur fraîcheur, et le parfum
qu'elle exhale embaume de nouveau les airs. M. Nicolle
est libre : ce n'est plus une espérance qui soutient son
courage, c'est une réalité. M. de Schoppinck a parlé, il
a agi. Sa main généreuse a fait de nobles dons ; sa parole a captivé de nouvelles familles, et des enfants nouveaux remplissent les places vacantes. Dans sa joie, le
directeur l'annonce à son ami : « *L'institut est ressus-*
« *cité! Dieu soit loué! mais tu manques à mon bon-*

« *heur.* » De nouveaux professeurs sont choisis ; d'anciens barbistes, MM. Chenels, Lavoisier et Salandre lui donnent leur aide ; les études reprennent leur cours. Dieu a couronné enfin la soumission courageuse de son serviteur. « *Avec moi, mon ami, remercions Dieu,* « continue l'abbé Nicolle, *et offrons à notre bienfaiteur* « *les mille actions de grâces de notre reconnaissance.* » Ce bienfaiteur inattendu, M. de Schoppinck, était aussi grand par sa naissance que par la générosité de son cœur. Il descendait de ces anciens chevaliers de Courlande, connus dans le monde sous le nom de *chevaliers porte-glaive*, ordre tout à la fois religieux et militaire, fondé au treizième siècle. M. de Schoppinck était protestant, mais son esprit élevé avait compris la mission du prêtre catholique, et il avait confié aux mains de l'abbé Nicolle plusieurs enfants, héritiers du dévouement affectueux de leur père pour celui qui dirigea leur jeunesse.

Les jours se passaient ainsi dans ces alternatives de douleur et de consolation, lorsque, le 6 juillet 1796, la Russie vit naître un nouveau prince, c'était Nicolas. Des députés furent choisis dans la haute noblesse pour aller porter cette nouvelle dans les différents royaumes de l'Europe. L'institut eut sa part de gloire dans le choix de ces envoyés. Parmi les jeunes seigneurs que la cour impériale nomma pour cette mission honorable, fut un élève même de M. Nicolle, le jeune de Wolkoff, que son maître se glorifiait, en riant, de saluer *ambas-*

sadeur de toutes les Russies près trois cours d'Allema-gne. C'était un heureux augure pour son œuvre.

La force des études et les progrès des élèves en assuraient du reste le succès d'une manière encore plus durable. Le premier lundi de chaque mois, un examen avait lieu devant les parents assemblés et en présence des étrangers de distinction que le sage directeur ne manquait jamais d'inviter pour ces époques. Ces examens excitaient l'émulation et étaient en quelque sorte la vie de l'institut. Déjà, dans l'ancienne Rome, ils étaient établis dans le même but. « Et quels efforts ne faisions-« nous pas pour remporter la palme! dit Quintilien, « parlant des jours de son enfance ; se distinguer des « autres par son travail, telle était l'ambition de tous. « Celui qui avait été vaincu un jour ne perdait pas « l'espérance de triompher de son vainqueur un autre « jour, et l'émulation n'en devenait que plus animée, « car dans l'attente d'un nouveau combat le triom-« phateur de la veille n'oubliait rien pour se conserver « l'honneur de son triomphe, et le vaincu trouvait dans « sa honte et dans sa douleur de nouvelles forces pour « se relever de sa défaite. »

L'un des grands mérites d'un maître est, sans contredit, celui d'animer dans le cœur de ses élèves cette noble ardeur au travail. Des palmes, des honneurs, des éloges donnés à propos, soit en particulier, soit en public, flattent le cœur, réveillent l'intelligence, aiguillonnent toutes les facultés de l'enfant ; il sent alors qu'il veut apprendre, qu'il veut se distinguer par son zèle, qu'il veut entrer dans la vie de l'homme. Quand un maître attentif et vigilant a pu réussir à donner à l'émulation de ses élèves cette noble impulsion du devoir, le succès des études est assuré. M. Nicolle en fit l'heureuse expérience dans son institut.

Il y a sur la terre des êtres d'une nature telle, que tout en eux captive : c'est l'esprit, c'est le cœur, c'est l'ascendant de la vertu. Pour connaître et apprécier les hommes, il faut généralement du temps, et souvent un temps bien long ; quant aux hommes que Dieu a doués de cette nature privilégiée, il suffit d'un jour : on les voit, on les entend et on les aime : tel était le charme que répandait autour de lui l'abbé Nicolle. Dans son air paraissait une gracieuse affabilité ; dans son langage, une finesse et une urbanité exquises ; dans ses sentiments, une franchise qu'on sentait partir du cœur. Foi vive envers Dieu ; dévouement à toute épreuve pour ses amis ; zèle sans bornes pour l'instruction de la jeunesse : ces mots résument le caractère de l'abbé Nicolle et justifient cette parole d'un de ses amis, « qu'il *fallait* « *absolument l'aimer.* »

A la lecture d'une lettre qu'il écrivait à M. de Plescheyeff, la Grande-Duchesse s'était écriée : « *Oh ! que ce* « *Français écrit bien !* » Depuis ce jour, cette Princesse ne cessa de porter à l'institut et à son fondateur un intérêt plein de bienveillance ; elle se plaisait même à saisir toutes les occasions de lui en donner des témoi-

gnages : tantôt, à sa recommandation, c'étaient des secours donnés à des familles malheureuses ; tantôt, c'é-
taient de nobles bienfaits accordés à des prêtres exilés.
A ce sujet, M. de Plescheyeff écrivait à l'abbé Nicolle :

« J'ai lu votre lettre à S. A. I., et le témoignage que
« vous lui donnez de la joie touchante que ses bontés
« ont procurée à vos respectables compatriotes en a
« versé une bien douce dans son excellent cœur. Elle
« éprouvait toutefois des regrets de ne pouvoir faire
« mieux, et elle daigna m'exprimer avec une grande
« sensibilité les vœux qu'elle formait pour leur bon-
« heur. »

Dans le post-scriptum de cette lettre, M. de Plescheyeff ajoutait :

« J'attends avec impatience le moment où je rece-
« vrai de vous le témoignage de l'application de mon
« cher Alexandre et *ses observations profondes*, dont
« l'annonce, que vous m'en faisiez, a beaucoup amusé
« S. A. I., qui a voulu que je lui donnasse immédia-
« tement un détail exact de tout ce qui regarde l'institut
« du *célèbre abbé Nicolle* (c'est l'expression dont s'est
« servie S. A.), et elle ajouta aussitôt : *Par tout ce que*
« *vous m'en dites, et par la lettre qu'il vous écrit, cet*
« *abbé me paraît être un homme distingué sous tous*
« *les rapports.* A ces mots, cher abbé, ma langue fut
« muette ; mais mes yeux et mes mains, levés au ciel,
« répondaient pour moi. »

Le silence a son éloquence : celui de M. de Plescheyeff exprimait, avec délicatesse, le plus bel éloge de celui dont il se plaisait à se dire l'ami.

Le succès prodigieux et inespéré de l'institut, aussi bien que le nombre toujours croissant des élèves, exigea bientôt un emplacement plus vaste.

« La maison est bouleversée, écrivait l'abbé Nicolle « à son ami; j'ai abattu des murs, j'en ai construit « d'autres; pendant longtemps nous avons vécu parmi « des ruines. »

De tout ce bouleversement et du milieu de ces ruines sortit une magnifique maison, avec billard, musée et bibliothèque.

« Et toutefois, comme tu dois le penser, ajoutait-il « dans la même lettre, malgré cette magnificence, c'est « toujours l'institut, avec sa même solidité de prin- « cipes et sa même discipline. Nos enfants sont si bien ! « Ils sont si laborieux, si aimables, si dociles, qu'en vé- « rité je dois compter pour rien toutes mes peines, quel- « que grandes qu'elles soient, et ne songer qu'aux jouis- « sances du cœur qui me sont préparées. Viens donc « encore les partager avec moi; tu le vois, mon ami, « c'est là l'éternel refrain de mes lettres et le souhait « le plus habituel de mon cœur. »

A ces riants tableaux du bonheur de son ami, à ces invitations affectueuses de revenir à l'institut, l'abbé Septavaux répondait par ces lignes, empreintes d'une douce mélancolie :

« Ma solitude est ici complète. Heureusement pour

« moi, j'aime le grand air et la campagne; le chant
« des oiseaux ne trouble pas même le silence de
« nos bois. Tout est muet; tout dort; tout est mort
« pour moi, hors deux personnes et demie, auxquelles
« je suis dévoué et avec lesquelles je puis du moins
« parler : *Pauca, sed bona*. Leur société est douce et
« parfaite, et te voir au milieu de nous eût été pour moi
« un bonheur immense. Ta vue et ta conversation
« m'eussent fait du bien, car ma santé est toujours fai-
« ble, et mes nerfs toujours malades.

« Mais parlons de toi, mon ami : oui, bénissons Dieu
« de tes succès, ils nous ont tous réjouis; mais, à chaque
« ligne de ta lettre, nous nous arrêtions pour conve-
« nir, d'une voix unanime, que tu te ruinais au train
« que tu mènes; que tu as les défauts de la jeunesse,
« parce que tu en as la santé et la vigueur ; en un mot,
« que tu pouvais travailler beaucoup pour la gloire,
« mais qu'assurément tu travaillais fort peu pour le
« repos de tes vieux jours. C'est un beau défaut, du
« reste, et je ne sais, en vérité, pourquoi nous ne l'a-
« vons pas glorifié du nom de vertu. Est-ce que le dé-
« sintéressement n'en serait une que chez les gens opu-
« lents, dont la fortune est à l'abri des revers, c'est-à-
« dire lorsqu'il a moins de mérite? Ce qui nous
« rassure toutefois, c'est que, lisant et relisant ta lettre,
« nous n'y trouvons aucune exagération dans ta manière
« d'annoncer ces changements et ces embellissements
« nouveaux. On peut s'en rapporter sur cela à ton goût

« et à l'incroyable activité de ton esprit. Tu n'as pas
« coutume de te contenter du médiocre. Adieu : viens
« plutôt un instant te reposer ici ; on t'y désire et je
« t'en supplie : viens ! »

Vœux inutiles ! Dieu attachait l'abbé Nicolle à son
poste, et, tout en l'y attachant par les liens d'un dévouement absolu, il lui ménageait encore une occasion
de montrer sa force d'âme dans l'épreuve. Quelques
paroles, envenimées par la jalousie, avaient été mali-
gnement jetées dans le public ; elles étaient parvenues
jusqu'à l'oreille de l'abbé. Il fut dans cette nouvelle
peine ce qu'il fut dans toutes celles qui le frappaient
au cœur : il garda le silence. Descartes disait autrefois
ce beau mot : « *Quand on m'offense, j'élève aussitôt*
« *mon âme si haut, que l'offense ne m'atteint pas,* »
et cette petite épreuve d'un moment donna lieu à M. Nicolle d'écrire à son ami ces quelques lignes où se retrouvent, comme dans la parole de Descartes, le vrai
philosophe et le vrai chrétien :

« On me persécute encore une fois, mais cette per-
« sécution ne m'effraye pas. On se familiarise insensi-
« blement avec tout, avec le mal comme avec le bien ;
« et puis un peu d'orage ne nuit pas ; sans cela on s'en-
« dormirait dans le calme. Dieu y a sagement pourvu :
« Je m'incline devant sa volonté. »

Il avait puisé dans sa foi ce calme de l'âme, aussi
grand dans l'épreuve que dans les jours prospères, et
Dieu ne manqua jamais à sa confiance. Un jour entre

autres il en sentit la protection d'une manière si visible,
que, jusque dans sa vieillesse, il en gardait le plus précieux souvenir : « *En le racontant*, disait-il alors, *je
« fais à Dieu un nouvel acte de reconnaissance.* » Il allait pour affaires en un lieu peu éloigné. Sur son passage se trouvait une rivière, dont le froid rigoureux avait
glacé les eaux. Les Russes intrépides passaient et re-
passaient sur ce chemin de glace. Russe de caractère,
M. Nicolle passa. Dix hommes le suivaient, et ils chan-
taient. Tout à coup un cri se fait entendre ; à ce cri se
joint un effroyable craquement de la glace : elle s'ouvre,
et les infortunés disparaissent ! Il n'était qu'à quelques
pas de ces pauvres Russes. Cette protection de la Providence ranima son courage, et il se dévoua avec un zèle
plus actif encore à son cher institut ; on disait même de
cet institut et de son fondateur, que « *c'étaient les deux
« objets de la prédilection de Dieu.* » En effet, écrivant
à son ami, l'heureux abbé l'assurait que, malgré la fécondité de son imagination, il ne pouvait même concevoir la possibilité d'une prospérité plus grande. « Rien
« ne nous manque plus, ajoutait-il ; je me trompe, cher
« Septavaux, car tu n'es pas là ! » Alors nouvelles instances, nouveaux motifs pour hâter son retour :
« Sainte-Barbe afflue ici, et Sainte-Barbe te réclame,
« comme un rayon de sa gloire. » Il n'en fallait pas
tant pour décider l'abbé Septavaux : une seconde fois il
voulut que l'amitié triomphât de lui. Il annonça son
prochain départ. Sa lettre était datée de Dresde, où sa

santé l'avait obligé de se rendre pour essayer de l'efficacité des eaux de Carlsbad.

Divers événements avaient signalé son voyage. Il arrivait à Vienne la veille du 13 avril 1798, jour où Ber-
nadotte arborait sur le balcon de l'ambassade de France
le pavillon tricolore. Cette nouveauté avait attiré tout
naturellement des spectateurs; le nombre s'en était ac-
cru rapidement. Un murmure de mécontentement commence à circuler dans les rangs, les têtes s'exaltent, les
cris : « *A bas le drapeau! Vive François II!* » se font
entendre, et bientôt le balcon est escaladé ; le drapeau
est mis en pièces et brûlé; toutes les vitres sont cas-
sées. La force armée arrive enfin, mais tout était rentré
dans l'ordre. Le lendemain, l'ambassadeur français fit
ses paquets, et, le dimanche, il partit avec sa suite, es-
corté par un détachement de cavalerie, plutôt par honneur que pour le défendre, car, ajoute l'abbé, racontant
ce fait à son ami, « *nul homme n'en voulait à sa per-*
« *sonne.* » A cette époque, tout l'univers était agité.
Les armées françaises avaient pénétré en Allemagne.
Elles menaçaient d'envahir le pays entier, mais avec
elles pénétrait également une autre puissance, plus ré-
doutable pour les États que celle des armes, puissance
invisible qui attaque l'esprit, aveugle la raison, déna-
ture les mots en usage ; puissance immense qui soulève
les passions et prépare des ruines, la liberté. La démo-
cratie française avait fait de ce mot sacré la base de ses
principes ; mais pour elle la liberté était le droit donné

au peuple de tout faire, de mépriser tout frein d'autorité, de fouler aux pieds toute loi, et de proclamer enfin, pour tous les hommes, une égalité aussi absurde qu'elle est impossible. En 1797, Babeuf avait osé écrire dans le *Tribun du peuple*, feuille périodique dont il était le rédacteur, ces mots que le peuple accueillait comme maximes de vraie liberté :

« La société est une caverne : l'harmonie qui règne « est un crime. Que vient-on vous parler de lois et de « propriétés? Les propriétés sont le partage des usur- « pateurs, et les lois, l'ouvrage des plus forts. Allez, « mes amis, déranger, bouleverser, culbuter cette so- « ciété qui ne vous convient pas; prenez partout ce « qui vous conviendra ; le superflu appartient de droit « à qui n'a rien. Si l'on s'oppose à vos glorieux efforts, « renversez les barrières des constitutions, égorgez les « tyrans, les patriciens, le million doré. Vous êtes seul « le vrai peuple. La justice du peuple est grande et ma- « jestueuse comme lui. Tout ce qu'il fait est légitime ; « tout ce qu'il ordonne est sacré. »

Ces principes de liberté, non, ne profanons pas un mot qui repose sur la base première et sacrée du devoir, et disons plutôt, ces principes de sauvage licence volaient rapidement de contrée en contrée. De nobles sentiments existaient encore dans l'armée : les chefs en avaient donné des preuves durant la guerre; mais il était à craindre que des hommes mal intentionnés ne répandissent ces funestes doctrines partout où ces

3.

troupes dirigeaient leur marche. Les souverains veillaient, et quelques-uns portèrent la vigilance jusqu'à fermer l'entrée de leurs États à tout Français inconnu. La Russie imita ce sage exemple. L'empereur, qui avait succédé à Catherine II, donna à tous les gouverneurs des frontières l'ordre de ne laisser pénétrer dans l'intérieur de l'empire aucun émigré de France. Cette mesure rigoureuse, mais prudente, atteignait l'abbé Septavaux.

M. Nicolle en informa son ami :

« Juillet, 98.

« Tu connais sans doute l'édit impérial qui défend
« l'entrée de l'empire à tout Français : il n'y a d'excep-
« tion que pour quatre à cinq personnes ; les autres,
« c'est-à-dire, plus des trois quarts et demi de ceux qui
« avaient fait la traversée, ont été renvoyés en Allema-
« gne. L'Empereur a de fortes raisons pour en agir ainsi,
« car sa bonté et sa générosité sont assez connues ; mais
« on peut espérer que les effets cesseront avec la cause ;
« ce qui veut dire, qu'après avoir effrayé les hommes
« dont tout le but était de propager leurs infernales
« doctrines, on admettra de nouveau à pénétrer dans
« l'empire les hommes honnêtes, dont on sera parfaite-
« ment sûr. Alors la porte s'ouvrira pour toi, car tu ne
« manqueras pas de trouver des garants de tes princi-
« pes. Il me tarde que tu viennes, mon ami, partager

« mes travaux et mes joies. Tout le monde sait ici com-
« bien je te désire : je le dis à qui veut l'entendre ; je
« l'ai dit aux puissances, et déjà tu serais ici si des cir-
« constances particulières ne retardaient l'exécution du
« seul vœu que je forme maintenant. J'habite une mai-
« son charmante ; tous mes enfants prospèrent ; la con-
« fiance dont je suis honoré augmente tous les jours.
« Il ne se passe pas de semaine que je ne refuse quel-
« que nouvel élève. Quand donc tu seras des nôtres,
« Dieu aura béni mes vœux, et je serai satisfait; prends
« donc patience. J'obtiendrai pour toi l'exemption du
« passe-port, d'abord parce qu'elle est juste, et parce
« qu'avec une volonté forte on vient à bout de tout. »

Ce mot dépeint le caractère de l'abbé Nicolle. Con-
fiant dans la justice de sa demande, il sollicita avec
tant d'instance la faveur qu'il ambitionnait pour son
ami, que le Czar consentit à excepter l'abbé Septavaux
de la proscription générale. L'Empereur voulut même,
à cette occasion, témoigner à M. Nicolle l'estime qu'il
avait conçue pour sa personne, et, par son ordre exprès,
M. le général de Palhen, alors gouverneur de Saint-Pétersbourg, autorisa le gouverneur de Courlande à donner à *l'ami du célèbre fondateur de l'institut* le passe-
port qui devait le rendre à tant de vœux. Peu de jours
se passèrent, et les deux amis se retrouvèrent habitant
de nouveau le même toit, respirant le même air, cou-
lant ensemble des jours pleins d'affection. Hélas! tant

de bonheur ne devait pas être de longue durée. L'abbé
Septavaux tomba malade ; la rigueur du froid, le changement de ses habitudes, une irritation toujours croissante de ses organes, avaient entièrement détruit sa
santé, et, quoiqu'il ne remplît à l'institut que des fonctions très-douces, cependant sa faiblesse extrême le força
de les interrompre. Il y eut même des craintes sérieuses
pour sa vie. Le cœur du triste abbé Nicolle était brisé.
Toujours à ses côtés, le consolant, l'encourageant, priant
avec lui, il semblait que sa propre existence fût menacée dans celle de son ami. Cependant les jours du sacrifice s'approchaient. M. Nicolle sentit alors qu'il
n'était pas seulement un ami : il était prêtre aussi, et
de graves paroles furent prononcées. Le malade les
comprit ; prêtre fidèle, il accepta la dernière volonté de son ami, et M. l'abbé Maselet, curé de l'église
catholique, fut appelé. Il entendit sa confession ; il répandit l'huile sainte sur ses membres ; il posa, comme
un sceau divin, sur son âme le Dieu qui donne l'espérance, et à ce moment suprême le mourant, heureux,
prend la main de son ami, la met sur son cœur, et
d'une voix défaillante il lui dit : « *Touche là, mon cher*
« *Nicolle, car ce cœur n'est pas encore mort pour toi.* »
Sa vie s'écoula dans ces tendres paroles ; il expira le
15 septembre 1800.

Sur sa tombe on grava ces mots, qui résument toute
sa vie :

HIC JACET

NICOLAUS-GUILLELMUS SEPTAVAUX,

PRESBYTER GALLUS, QUI, ANNOS QUADRAGINTA

NATUS, OBIIT INTER AMICORUM AMPLEXUS, DISCIPULORUM

DESIDERIA, OMNIUM COLLACRYMATIONES; CUI TENERA IN DEUM

PIETATE, RARA ERGA AMICOS FIDE, AMŒNISSIMA MORUM COMITATE, SUA-

VISSIMA ORIS FACUNDIA, INGENIO OMNIBUS DISCIPLINIS INSTRUCTO,

VIX ULLUM INVENIAS PAREM; QUI EXUL A PATRIA,

PATRIAM IN RUSSIA INVENIT ALTERAM,

INVENIT AMICOS QUIBUS ET

FLEBILIS OCCIDIT

Quoique préparé depuis longtemps à cette dure séparation, l'abbé Nicolle fut anéanti. Sa douleur fut grande comme son amitié. En lui ravissant son ami, Dieu lui ravissait la moitié de sa vie, et toutefois, pour le distraire d'une aussi profonde amertume, il lui ménagea la plus douce consolation dans l'estime, j'oserai presque dire l'affection bienveillante des familles les plus illustres de la Russie, dont il élevait les nobles rejetons. Dans l'institut se groupaient en effet, autour de leur maître et de leur ami, les descendants de toutes les hautes renommées de l'empire, les Orloff, *Alexis* et *Michel*, les Galitzin, les Narischkin, les Gagarin, les Menschikoff, les Schoppinck, etc., et d'autres de races non moins distinguées. Le duc Louis de Würtemberg ne croit pas pouvoir donner à celui qu'il appelait *son chérissime ami* une plus grande marque de sa confiance que de placer sous sa tutelle paternelle l'objet de toutes ses affections, son fils Adash.

« Toutes les puissances de la terre, disait-il, n'au

« raient pu m'obliger à m'en séparer ; mais je le remets
« entre des mains auxquelles mon cœur le confie avec
« une aveugle assurance de son bonheur. »

On était alors en 1802 ; cette époque était celle de la
plus grande gloire de l'institut. La réputation de
l'abbé, son fondateur, était devenue universelle.

Le comte de Rostopsin, dont le nom est devenu im-
mortel dans l'histoire de Russie, lui écrivait, dans cette
même année, ces lignes flatteuses :

« Je conçois les éloges que vous me donnez, monsieur
« l'abbé, car vous ne me connaissez que par ma sœur,
« la princesse de Solitzin ; mais ceux que je me plais à
« donner au vénérable abbé Nicolle, je les sais fondés,
« car je le connais. Je l'estime et je ne puis mieux
« faire, pour le bien de mon pays, que de désirer que
« son institut fleurisse le plus longtemps possible. Sa
« renommée est en tous lieux. Volontiers je consulterai
« M... et M... sur le blason ou sur la qualité des vins ;
« mais, quand il s'agira d'éducation, je ne m'adresserai
« qu'à vous, monsieur l'abbé, et croirai par là vous
« montrer combien j'aime mon enfant. »

Un témoignage d'estime et de bienveillante protection que lui donna dans ces mêmes temps l'Impératrice
Marie dut flatter encore davantage, et consoler surtout
plus efficacement, le cœur toujours attristé de M. Nicolle.

Le général de Benkendorf avait ses fils, Alexandre et
Constantin, placés dans l'institut. Le temps des études

était achevé pour le premier, celui du service militaire allait commencer. Le jeune Aléxandre fut obligé de quitter un maître *qu'il chérissait comme son père.* Son regret était vif, sa reconnaissance était profonde. L'Impératrice, qui lui portait un intérêt plein de bienveillance, se chargea d'être l'interprète de ses sentiments. Elle le fit avec dignité. Un magnifique présent accompagnait la lettre suivante :

« Monsieur l'abbé, j'ai été charmée de voir dans
« votre lettre les éloges que vous donnez au fils du géné-
« ral Benkendorf; mais, tout en rendant justice au bon
« naturel et à l'application du jeune homme, je me
« plais à vous rappeler que les progrès de l'élève prou-
« vent aussi en faveur du zèle et des bons soins du
« maître. Je vous remercie de tout mon cœur de ceux
« que vous avez donnés au jeune Alexandre, et, quoiqu'il
« vous quitte en ce moment, vous pouvez être assuré
« que vous n'avez pas à craindre de diminution dans
« l'intérêt que je prends à votre établissement. Pour
« preuve de ma disposition invariable, je vous prie
« d'accepter le cadeau que je me fais un vrai plaisir de
« vous envoyer.

« Votre affectionnée,

« MARIE. »

« Mai, 1802. »

La réputation de l'abbé avait franchi les frontières de l'empire : elle avait pénétré dans la France. Une

seule lettre suffira; elle sera le témoignage du prix
qu'on attachait, à Paris même, à sa recommandation.
Bernardin de Saint - Pierre lui écrivait, le 21 novembre 1805 :

« Monsieur l'abbé, un officier russe, de mes amis,
« m'ayant fait le plaisir d'engager M. votre frère à
« m'offrir ses bons offices pour Saint-Pétersbourg, j'ai
« cru ne pouvoir en faire un meilleur usage que de lui
« remettre deux paquets de lettres, à votre adresse, pour
« les deux secrétaires de Leurs Majestés Impériales, aux-
« quelles je prends la liberté d'envoyer des prospectus
« et des lettres, au sujet d'une belle édition de *Paul et
« Virginie*, que je ne peux entreprendre qu'à la faveur
« de quelques souscriptions. J'ai cru ne pouvoir encore
« les faire appuyer d'une meilleure recommandation
« qu'en sollicitant celle d'un de mes compatriotes qui
« porte avec tant d'honneur, en Russie, un nom cher
« aux hommes de tous les pays qui cultivent les lettres
« et la vertu. Je pense donc, monsieur l'abbé, que vous
« voudrez bien faire usage de la vôtre pour mon entre-
« prise, non-seulement auprès des secrétaires de Leurs
« Majestés Impériales et de Leurs Majestés elles-mêmes,
« mais aussi auprès de ceux de vos amis qui, si j'ose le
« dire, sont capables comme moi de vous apprécier. »

Tous ces hommages étaient assurément pour son
cœur la plus flatteuse compensation que pussent lui
donner les fatigues inséparables de son institut; mais
tout ce qui est au monde est marqué du sceau de sa

faiblesse. La nature avait donné à M. Nicolle une constitution robuste ; cependant le travail, l'activité de son zèle, le chagrin même, avaient altéré cette santé si forte, et un affaiblissement général le mit dans l'obligation de quitter Saint-Pétersbourg et de songer à sa retraite. Il chargea l'abbé Macquard, prêtre de Sainte-Barbe et son ami, de continuer son œuvre, et il se prépara à son sacrifice. Quand vint le jour fixé pour le départ, des larmes coulèrent de tous les yeux, des soupirs s'échappèrent de tous les cœurs : c'était un père arraché à la tendresse de ses enfants, et le père et les enfants s'unissaient, pour la dernière fois, dans des sentiments de douleur, que rendait plus vifs encore la pensée d'une séparation, qui pour plusieurs devait être éternelle. Dieu lui donna la force de se vaincre lui-même ; s'armant de courage, il quitta l'institut et partit pour Moscou.

CHAPITRE III

Monseigneur de Juigné. — Sa correspondance avec M. Nicolle. — Générosité de la cour de Russie. — Démarches de M. Nicolle pour le soulagement des prêtres proscrits. — Conduite du Directoire en France. — Serment de haine à la Royauté. — Meilleurs sentiments du gouvernement français. — Retour des prêtres émigrés. — Nouvelles démarches de M. Nicolle près de l'Empereur, en faveur de monseigneur de Juigné. — Bienveillance de l'Empereur. — Retour de monseigneur de Juigné à Paris. — Sa lettre à M. Nicolle. — Estime générale de M. Nicolle. — Expressions de regrets de ses élèves. — Mission de M. l'abbé Nicolle dans la Russie méridionale. — Quelques mots sur le duc de Richelieu. — Mot du prince de Ligne sur le comte Roger de Damas. — Commencements d'Odessa. — Colonies allemandes. — Succès de la visite de M. Nicolle. — Messe au Caucase. — Projet d'un collége à Odessa.

Dans les jours qui précédèrent les malheureux temps de la Révolution, Paris voyait siéger sur le trône archiépiscopal un de ces hommes chez qui la naissance et la fortune sont le moindre de leur mérite, un homme qui fut tout à la fois le pasteur et le père de son troupeau, Monseigneur de Juigné !

Antoine-Éléonore-Léon Leclerc de Juigné était né en 1728. Il fit ses premiers études au collége de Navarre, passa de là au séminaire de Saint-Nicolas du

Chardonnet, et revint au collége de Navarre pour prendre les ordres et faire son cours de licence. Monseigneur de Bezons, évêque de Carcassonne, le nomma son grand vicaire. En 1760, il fut choisi pour être agent du Clergé, et il exerça ces fonctions jusqu'en 1764, époque à laquelle il fut élevé sur le siége épiscopal de Châlons-sur-Marne. Des erreurs avaient pénétré dans ce diocèse, et il importait de les en extirper : il y réussit. Un mélange heureux de douceur et de fermeté lui attira les cœurs, et la paix prit bientôt la place de la discorde. Il jouissait de cette douce tranquillité, fruit de sa paternelle sollicitude, lorsque, de son propre mouvement, le roi le désigna pour occuper le siége de Paris.

L'immense fortune du nouveau prélat devint, dès ce moment, le patrimoine des pauvres. Sa charité n'eut plus de bornes. Dans le rigoureux hiver de 1788 à 1789, toute la capitale le vit avec admiration aller, de demeure en demeure, visiter les familles les plus malheureuses, répandre partout sur son passage l'aumône et la vie. Son argent s'épuisa dans ces largesses. Sans hésiter il engagea ses biens. Ce sacrifice ne suffisant pas, il vendit aussitôt l'argenterie qu'il possédait. Ce second sacrifice étant encore insuffisant, alors il emprunta, sous la garantie de son frère, l'énorme somme de cent mille écus. Un tel homme était digne de la plus universelle vénération : il méritait d'être l'idole du peuple. Député aux États Généraux, il prit part à tous les grands débats de cette assemblée. Sa noble franchise excita contre lui

la haine des factieux, et les hommes, qu'il avait sauvés
des tourments de la faim, l'attaquèrent, poursuivirent sa
voiture à coups de pierres, et le menacèrent de mort.
Il n'échappa que par miracle au sort que lui préparait
l'ingratitude du peuple. Monseigneur de Juigné sortit
de France, se retira à Constance, et de là s'établit
à Augsbourg.

C'est de ces deux villes que sont datées les lettres que
l'illustre proscrit écrivit à M. Nicolle.

Pauvre, mais toujours infatigable dans l'exercice de
sa charité, Monseigneur de Juigné fut, dans l'exil et à
l'étranger, ce qu'il était à Paris, le protecteur des malheureux et le consolateur des affligés. Sa voix avait retenti dans les différentes cours de l'Allemagne; il la fit
entendre également dans la Russie, et Catherine II,
Paul Ier et Alexandre, qui occupait alors le trône, répondirent à l'appel du charitable archevêque par des
bienfaits considérables. Mais, en présence de si nombreuses infortunes, ces bienfaits ne suffisaient pas. De
nouvelles tentatives avaient été faites, de nouvelles demandes avaient été adressées à la cour : tout était resté
sans réponse. Le cœur du saint prélat en était profondément attristé, lorsque tout à coup une pensée s'offrit
à son esprit : c'était le rayon de l'espérance à travers le
nuage qui menace. Il savait qu'à Saint-Pétersbourg est un
prêtre français, autrefois son diocésain, et maintenant
dans la position la plus brillante; il connaissait ses succès, sa faveur auprès des plus illustres familles, la protec-

tion dont l'honore le Souverain, et il osa espérer que par lui Dieu bénirait de nouveaux efforts : il les fit. Trop heureux de pouvoir user de son crédit pour soulager de si nobles douleurs, M. Nicolle s'empressa d'accéder aux désirs du prélat ; Dieu était avec lui. Aussitôt il fit à l'Empereur une demande propre à émouvoir sa charité, et Dieu donna à cette requête un plein succès. Le cœur du bienfaisant archevêque s'épanche alors en tendres sentiments de gratitude.

« Constance, 15 septembre 1797.

« Je ne puis me refuser, monsieur l'abbé, la satis-
« faction de vous exprimer personnellement et directe-
« ment ma profonde reconnaissance des démarches que
« vous avez bien voulu faire pour le succès des demandes
« que nous avons pris la liberté de faire à Sa Majesté
« l'Empereur, pour obtenir de sa munificence des se-
« cours pour nos malheureux Français de tout état et
« de toute condition. M. le Riche, mon secrétaire, ne
« vous a pas laissé ignorer toute la confiance que j'ai pla-
« cée dans votre sagesse et votre zèle ; elle est, j'ose vous
« l'assurer, bien sincère et bien entière. Personne ne
« rend plus de justice que moi à vos précieuses qualités. »

Après ces paroles si douces, le saint archevêque lui annonce l'arrivée à Saint-Pétersbourg de « deux prê-
« tres dont il sait, dit-il, le courage, le zèle et le mérite :
« ce sont MM. Gohier et Fromont. » Il leur est enjoint

de s'attacher à sa personne ; ils l'aideront dans ses démarches ; ils feront les courses nécessaires dans la ville,
et « de ce concert, bien établi entre vous, ajoute le vé-
« nérable prélat, il en résultera pour nos malheureux
« compatriotes, prêtres et autres, dont les maux ne sont
« pas encore près de finir, les effets les plus avanta-
« geux. M. le Riche vous a informé des terribles évé-
« nements qui se passent à Paris depuis le 4 de ce mois ;
« ils sont désespérants. On avait vu luire une aurore de
« justice et de retour à l'ordre ; les espérances se rele-
« vaient ; mais tout à coup elles sont anéanties, et voilà
« tous les Français attachés à leur Dieu et à leur Roi
« précipités de nouveau dans un abîme plus profond en-
« core que celui dont on espérait sortir. Oh ! combien
« les aumônes que vous voudrez bien recueillir nous
« seront nécessaires ! combien nous avons besoin de la
« générosité et de la compassion des âmes sensibles ! »

Dès le moment de son installation, le Directoire avait
en effet continué, avec l'assentiment de la majorité des
deux Conseils, la réaction des conventionnels contre les
prêtres et le culte. « Désolez leur patience, disait-il à
« ses commissaires dans leurs instructions, environnez-
« les de votre surveillance ; qu'elle les inquiète le jour,
« qu'elle les trouble la nuit ; ne leur donnez pas un in-
« stant de relâche. » Désolez leur patience ! Ce seul mot
exprime énergiquement la haine du Directoire pour
les prêtres, et la fureur de la persécution qui se ralluma

contre eux. Cependant le renouvellement annuel du tiers de l'Assemblée avait enlevé aux conventionnels la majorité dans les deux Conseils; l'espoir de la Convention s'affaiblit avec le perte de sa majorité, et bientôt des mesures d'ordre et de justice, dont l'Assemblée prit l'initiative, firent sentir cette heureuse révolution. Elle rendit surtout une loi (24 août 1797) qui rappelait tous les prêtres bannis en 1792. Plusieurs proscrits quittèrent l'exil et revinrent en France, où les accueillirent les plus généreuses sympathies des populations. Irrité de ces actes et de ces manifestations bienveillantes pour les prêtres, le Directoire, ou plutôt, trois de ses membres osent s'emparer du gouvernement, en appelant à leur aide une partie de l'armée. Ce fut le coup d'État du 18 fructidor (4 septembre). Dès lors la réaction eut lieu; la terreur commença de nouveau, et, pour parvenir à *désoler la patience des prêtres*, on leur prescrivit un nouveau serment, celui de *haine à la Royauté*. Le refus entraînait la prison, la déportation, les plus affreuses persécutions. Ces violences s'étendaient sur les choses religieuses, aussi bien que sur les prêtres et les fidèles. Ainsi, d'après les ordres formels du Directoire, il *fallait* travailler le dimanche et se reposer les jours de *décadi*, que l'on fêtait par d'absurdes cérémonies. O aveuglement de la haine! on alla même jusqu'à interdire la vente du poisson dans les marchés, les jours maigres. Combattre la religion dans des écrits, mettre en scène les cérémonies du culte, publier des traités de morale déiste et athée, c'était s'assurer la protection du Directoire. Cette épreuve devait être la dernière. Des jours plus heureux succédèrent à tant de mauvais jours. La France rappela ses enfants exilés ; la religion rappela ses ministres ; partout le calme renaissait avec le bonheur.

Monseigneur de Juigné songea aussi à revoir sa patrie ; il était alors à Augsbourg, où la marche des armées françaises l'avait forcé de se retirer, et, à Augsbourg comme à Constance, il avait usé du crédit de M. Nicolle pour le soulagement des malheureux proscrits. En 1800, une quête organisée par M. Nicolle, avant son départ pour Moscou, avait produit une somme de 2,460 roubles, et, par ses heureuses démarches, il avait obtenu, de Leurs Majestés Impériales, celle de 19,500 roubles. Ces secours et ces bienfaits, renouvelés pour la seconde fois, avaient excité la reconnaissance du prélat ; son secrétaire, l'abbé le Riche, s'en rendit l'interprète, et en même temps il lui représenta la position critique dans laquelle se trouvait son charitable archevêque. C'était encore un nouveau service qu'il sollicitait de l'inépuisable bonté du directeur de l'institut. La lettre est du 18 août 1802, à Augsbourg.

« Vous savez, monsieur l'abbé, quelle peine s'est « donnée ce respectable prélat, depuis son exil, pour « soutenir l'existence des confesseurs de la foi ; aujour- « d'hui cet exil est fini. Quoique la religion ne soit pas « encore triomphante, il n'y a cependant plus de pré-

« tres à soulager dans les pays étrangers. Mais, en par-
« tant d'Augsbourg, Monseigneur l'Archevêque de Paris
« a éprouvé un grand chagrin. Il se trouve que les comp-
« tes de son banquier ne sont pas d'accord avec les
« siens ; qu'il lui est redevable de 8 à 9,000 livres, et,
« d'après l'examen qu'il m'a ordonné de faire de ces
« comptes, le banquier a raison : il n'a payé que sur des
« mandats. La cause de cette différence vient de ce que,
« Monseigneur l'Archevêque ayant été longtemps ma-
« lade, à faire même désespérer de sa vie, et les besoins
« ayant toujours été les mêmes, il a ramassé alors tou-
« tes ses forces pour donner des ordonnances aux per-
« sonnes qui éprouvaient ces besoins, et il n'a pas eu
« soin de tenir registre de toutes ces aumônes. Il n'a-
« vait alors près de lui personne en qui il pût avoir
« confiance pour ces sortes d'affaires ; j'étais à Con-
« stance, chargé du soin des malades et des infirmes,
« qui, de tous les côtés de l'Allemagne, se rendaient en
« cette ville pour s'y faire soigner. Enfin, lorsqu'il
« croyait pouvoir disposer d'une centaine de louis, dont
« il comptait la caisse de secours pourvue, il s'est trouvé
« débiteur, en son propre et privé nom, d'un déficit
« considérable. Il ne possède rien au monde, ni en bé-
« néfices, ni en biens patrimoniaux. Sa famille, qui
« avait seize millions de fortune, n'a plus un denier. Il
« m'a fait observer, dans sa douleur, que tout derniè-
« rement S. M. l'Empereur de Russie avait fait espérer,
« pour les déportés, un secours qui n'a pas été accordé.

« Vous serait-il possible de rappeler à S. M. cette pro-
« messe? L'objet n'en est pas considérable, et cette de-
« mande est la dernière. Oh! de grâce, épargnons à
« ce respectable prélat la plus dure de toutes les épreu-
« ves, celle de mourir insolvable, et par conséquent
« d'être injuste pour avoir été trop charitable... »

Ce cri de douleur fut entendu. Le cœur de M. Nicolle
s'en émut, et, sous l'impression de cette émotion profonde, il sollicita de l'Impératrice mère sa protection
puissante auprès de S. M. l'Empereur, son fils. Sa requête fut accueillie avec faveur. Le 2 octobre 1802,
l'Impératrice daigna lui adresser ces quelques lignes :

« Monsieur l'abbé Nicolle, je me ferai un plaisir de
« remettre à l'Empereur, mon très-cher fils, la lettre
« que vous lui adressez en faveur de l'ancien Archevê-
« que de Paris. En faisant des vœux pour la réussite de
« notre démarche, je vous prie d'être assuré de la bien-
« veillance avec laquelle je suis, votre affectionnée,

« MARIE. »

Le secours fut obtenu.

Monseigneur de Juigné apprécia toute l'étendue de
ce dernier service, et, de Paris, il écrivit à M. Nicolle
cette lettre pleine d'intérêt. Elle est du 3 mars 1803.

« Monsieur l'abbé, je ne puis vous exprimer le plai-
« sir que m'a fait votre lettre, et la satisfaction qu'elle
« me fait éprouver dans l'embarras et la détresse où je

« me trouve. Je m'empresse de vous en adresser mes
« plus sincères remercîments ; on ne peut être plus
« touché que je ne le suis de votre zèle, et du courage
« avec lequel vous avez senti, pris et suivi cette heu-
« reuse négociation... Mes frères et moi, nous sommes
« toujours dans la plus grande gêne ; il faudra du temps,
« avant qu'ils aient pu rassembler assez des débris de
« leur fortune pour exister suffisamment. Quant à moi,
« je ne retrouve absolument rien de ce que je possédais :
« mon revenu, qui était de quatre à cinq cent mille li-
« vres, m'a été enlevé comme aux autres bénéficiaires ;
« c'est tout simple, je ne le regrette pas pour moi, c'est
« un compte de moins à rendre à Dieu ; mais il m'était
« dû des sommes considérables, je ne dis pas trop en
« les portant à quinze cent mille livres. Je n'ai rien à
« en espérer. On m'a mis sur des listes d'émigrés, quoi-
« qu'il soit démontré que je ne le suis pas, et, sous ce
« prétexte, on a vendu tout mon mobilier ; ma biblio-
« thèque a été enlevée, et elle est dispersée je ne sais où ;
« enfin il ne me reste rien, et, quoique le régime actuel
« soit bien modéré, et même bien disposé, il lui est
« impossible de réparer les injustices de tout genre. Le
« gouvernement vient d'accorder cinq mille livres de
« pension de retraite aux archevêques démis, et trois
« mille trois cents livres aux évêques. Si l'occasion s'en
« présentait, vous pourriez faire connaître ces détails à
« l'Impératrice mère, pour lui faire mieux sentir tout
« le prix de ce dernier bienfait. »

C'est ainsi qu'heureux d'une position qui lui permettait de suivre l'impulsion de son cœur plein de charité, l'abbé Nicolle se plaisait à la rendre profitable à tous ses infortunés compatriotes. Jamais sa main ne fut fermée, tant qu'il y eut des larmes à essuyer, tant qu'il y eut des aumônes à répandre. Ainsi l'archevêque de Paris, ainsi l'évêque de Boulogne, dans la Basse-Saxe, ainsi une multitude de prêtres exilés dans les différentes contrées qui leur avaient offert un exil hospitalier, ressentirent, jusqu'à leur retour dans la patrie, les effets de son ingénieuse et infatigable charité.

Tant de dévouement dans ses devoirs de maître, et tant d'empressement à se rendre aux vœux de tous ceux qui réclamaient son secours et son appui, devaient tout naturellement concilier au bon abbé l'estime et l'affection générales. Il en reçut d'éclatants témoignages, lors de son départ de Saint-Pétersbourg. Les élèves, surtout, donnèrent à leur douleur une expression de vivacité, seule capable d'égaler la tendresse de leur amitié. Parmi ceux qui s'épanchèrent ainsi dans le sein de celui qu'ils appelaient *leur père et leur ami*, je choisis au hasard quelques noms. Ces souvenirs sont encore pleins de charme.

Dans sa première lettre, le jeune de Ludolf, dont le père était ambassadeur de Naples à la cour de Russie, lui parle de son attachement, du souvenir qu'il gardera de ses soins, et il ajoute ces mots, si dignes d'un noble cœur :

« Les leçons que vous m'avez données, mon respec-
« table ami, je tâcherai de les mettre à profit : les prin-
« cipes que vous avez gravés dans mon cœur, oui, je
« les suivrai. Ma religion, mon roi et mon honneur,
« voilà ma devise : j'obéirai à la première, je servirai
« le second, et je défendrai tous les trois au péril de
« ma vie. Après cela, êtes-vous content de moi? » Il
devait l'être, car, ajoutant la pratique aux paroles, il
rend compte avec la plus gracieuse simplicité de sa conduite, « qui est, dit-il, telle que vous pouvez la désirer,
« telle que tout bon catholique doit l'avoir, et que j'es-
« père bien pouvoir conserver telle toute la vie, dans
« la carrière diplomatique aussi bien qu'à l'institut.
« Vous serez toujours mon ange gardien. »

Le jeune prince Constantin Lubomirski n'est pas
moins admirable dans ses sentiments. On ne peut lire
sans émotion ces lignes touchantes. M. Nicolle avait
donné à *ce cher élève* des conseils paternels, et il avait
craint qu'ils n'attristassent son cœur. Le prince y revient dans sa lettre.

« *Il* est très-étonnant pour moi que vous, cher et
« vénérable ami, vous me demandiez si je ne suis pas
« fâché de vos avis ; je suis, Dieu merci, riche et indé-
« pendant, mais, dussé-je devenir le premier monarque
« de la terre, qu'en vous voyant paraître je descendrais
« de mon trône. Le moindre de vos conseils sera tou-
« jours sacré pour moi. »

J'aime ce sentiment de Michel Orloff; il exprime

avec simplicité et énergie sa profonde gratitude :

« Maintenant que nous sommes séparés, il m'est
« assurément moins facile de vous faire mes confi-
« dences, cher monsieur, qu'à vous de me donner des
« avis. Cependant je ne balancerai pas dans ma résolu-
« tion, et, malgre l'éloignement, je vous parlerai, cher
« maître, avec la même franchise que lorsque j'étais
« dans la bibliothèque, à côté de vous, assis à la même
« table, et occupant par mes représentations, souvent
« importunes, jusqu'à vos loisirs. Je ne vous dirai rien
« de notre amitié et de notre reconnaissance : vous
« savez nos sentiments pour vous, et les miens sont tels,
« que tous vos conseils me seront toujours aussi chers
« que sacrés. Je vous en prie, donnez-les-moi ; je vous
« les demande avec instances, pour me raffermir quand
« je serai près de faiblir, et pour me relever quand
« j'aurai failli. »

D'autres lettres expriment des sentiments d'égale
douleur et d'égale tendresse : ce sont ceux des jeunes
Paul de Gagarin et de Gourieff ; ce sont les affectueux
accents de son enfant de prédilection, de Wolf, alors à
Mittau, et de son cher Alexandre de Benkendorf, qui,
de Berlin, où il commençait sa carrière diplomatique,
soupirait après ses amis, sa famille et la Russie. Ce sont
les regrets des familles, interprètes des regrets de leurs
enfants, et, pour ne pas fatiguer par de plus longues
citations, c'est ce seul mot de la comtesse A. de Pro-
tassoff, qui apprend, à son arrivée à Paris, le départ de

l'abbé pour Moscou : « Votre résolution, monsieur
« l'abbé, a été le plus grand de mes chagrins; mais
« j'ose vous supplier, pour ma consolation et pour le
« bonheur à venir de mes enfants, de leur continuer
« vos bons conseils, vous qui savez si bien inspirer
« à vos élèves l'amour de leurs parents et de leurs
« devoirs. »

Tant de témoignages d'universelle douleur étaient un
baume sur le cœur affligé de l'abbé Nicolle. Déjà la
tendre amitié de la famille des Galitzin avait adouci la
rigueur de son mal par la gracieuse hospitalité qu'elle
lui avait offerte, et par les soins affectueux qu'elle lui
prodiguait. Son esprit avait retrouvé du calme; son
cœur renaissait à la vie intime; sa santé devenait meilleure. Il commençait à bénir ce repos bienfaisant, lorsque Dieu l'appela à de nouvelles fatigues. Un ordre de
l'empereur Alexandre Iee lui confiait la délicate mission
de visiter les églises catholiques de la Russie méridionale. Toutes ces provinces avaient à cette époque pour
les gouverner, au nom du czar, un homme dont un
écrivain célèbre, Charles Nodier, a dit « qu'il était doué
« de toutes les facultés qui peuvent contribuer au pro-
« grès des sociétés naissantes, d'une extrême pénétra-
« tion, d'une prudence infaillible, d'une constance à
« toute épreuve, le duc de Richelieu. »

L'affection la plus tendre unit, dès ce moment, le
noble duc et l'abbé Nicolle : ne les séparons donc plus
dans le récit de leur existence.

Armand-Emmanuel Duplessis, duc de Richelieu, naquit à Paris le 26 septembre 1767. Il entra fort jeune au collége du Plessis, fondation du cardinal de Richelieu, et il y fit de brillantes études. Après les avoir terminées, il parcourut les divers pays dont il voulait apprendre la langue, et ce fut ainsi qu'il acquit, en quelques années, une connaissance approfondie des langues allemande, anglaise, italienne et russe. A son retour, le roi le nomma son premier gentilhomme.

On était en 1789. Le 5 octobre, le peuple de Paris s'était porté sur Versailles. Le jeune duc l'apprend ; aussitôt il veut instruire le roi du danger qui le menace : il court, traverse sans s'arrêter les groupes nombreux qui sillonnent la route, et, heureux d'échapper à tout danger, il est le premier qui porte à la cour l'affligeante nouvelle. Le roi lui laissa la liberté de quitter la France, et Richelieu se rendit à Vienne, où l'empereur Joseph II le reçut avec bienveillance. A la mort de ce prince, il passa en Russie, où régnait Catherine. Là, commandait avec éclat, dans les armées russes, un Français, le comte Roger de Damas.

Le prince de Ligne a fait de ce jeune seigneur un portrait si admirable d'esprit, que je ne puis le passer sous silence. « J'ai vu un phénomène, un joli phéno-« mène, un Français de trois siècles. Il a la chevalerie « de l'un, la grâce de l'autre et la gaieté de celui-ci. « François Ier, le grand Condé et le maréchal de Saxe « auraient voulu avoir un fils comme lui. Il est étourdi

« comme une mouche, au milieu des canonnades les
« plus vives et les plus fréquentes ; bruyant, chantant im-
« pitoyablement, glapissant les plus beaux airs, fertile
« en citations les plus folles au milieu des coups de fusil,
« et jugeant néanmoins de tout à merveille. La guerre
« ne l'enivre pas, mais il y est ardent de la plus jolie ar-
« deur. Il a déjà été blessé deux fois. Toujours Français
« dans l'âme, il est Russe pour la subordination. Aima-
« ble, aimé de tout le monde, ce qui s'appelle un joli
« Français, un brave garçon, un seigneur de bon goût
« de la cour de France, voilà ce qu'est Roger de Damas. »

Jaloux de se joindre à lui, Richelieu demande à l'Impératrice l'honneur de la servir. Il reçoit aussitôt le
commandement d'un des bataillons destinés à prendre
d'assaut la ville d'Ismaïl, que défendent les Turcs.
Bouillant de courage, il s'avance avec ses soldats, que
sa parole électrise, attaque l'ennemi dans une de ses
sorties, le culbute, le force de fuir, et facilite ainsi l'entrée des Russes dans la ville. Ce haut fait lui mérita une
épée à poignée d'or et le grade de général-major.

Richelieu quitta momentanément la Russie pour se
rendre à l'armée des Princes, et combattit sous les ordres du prince de Condé. Les événements le ramenèrent
ensuite en Russie, où l'Empereur Alexandre, qui s'était
attaché à lui pendant qu'il n'était encore que grand-duc,
le reçut avec la plus affectueuse bonté et lui confia le
gouvernement de la Russie méridionale.

Ce fut dès cette époque que Richelieu commence à

jeter les fondèments de son immense réputation. La nuit, le jour, il dirige, il encourage, il fonde : dès contrées désertes avant lui sont peuplées ; l'agriculture, le commerce, l'industrie, tout s'accroît, tout prospère, et Odessa, qui peu d'années avant lui n'était qu'une bourgade misérable, se place par ses soins au rang des villes les plus florissantes. Heureux de ces succès, Alexandre conçut un projet digne de l'élévation de son âme.

Tous les historiens s'accordent pour nous montrer ce Prince doué de ces éminentes qualités qui font les souverains aimés de leurs peuples. Sa bonté était connue ; son affabilité lui conciliait tous les cœurs, mais une vertu dominait surtout en son cœur : la piété. Elle le rendait tout naturellement accessible aux sentiments de la bienfaisance et de la charité. Il professait pour la religion catholique une estime très-grande ; mille bienfaits en ont été les témoignages authentiques. Il aimait aussi le clergé français, et il saisissait avec bonheur toutes les occasions de lui manifester ses sentiments de bienveillance. Ces qualités religieuses ne lui permettaient donc pas de laisser se perdre, dans l'indifférence ou l'oubli, les croyances des nombreux colons qu'il avait attirés dans la Russie méridionale. Une bonne pensée s'offrit à sa piété ; il la reçut comme venue du ciel, et il nomma à la délicate mission de visiter ces colonies celui que son zèle, sa science et sa foi avaient déjà fait connaître et estimer de tous. M. Nicolle accepta.

Les colonies sur lesquelles le Czar venait de jeter

un regard de bienveillance religieuse étaient composées d'hommes de différentes nations, et surtout d'Allemands, que le gouvernement russe avait appelés dans ces contrées désertes et incultes pour les peupler et les féconder par les travaux de l'agriculture. Sous la puissante direction qui est imprimée à ce peuple de travailleurs, les terres deviennent productives, des villes se fondent, des villages se forment, la vie matérielle est partout avec l'industrie qui la féconde. Mais cette industrie et ce bien-être ne sont pas tout l'homme. Sans doute il lui faut du pain pour le nourrir, un toit pour l'abriter, des vêtements pour le couvrir; mais il lui faut aussi ce qui constitue sa force morale, son être spirituel, sa vraie vie : la religion. N'ôtez pas la religion à l'homme qui pleure, elle le console; ne l'ôtez pas à l'homme qui lutte contre de mauvaises inspirations, elle le fortifie dans la vertu ; ne l'ôtez pas à l'homme qui est prêt à sacrifier le devoir au plaisir, elle l'arrête et le soumet à la voix qui lui dit : *Fais ce que dois*. La religion est, pour le bonheur des peuples, ce qu'est l'œil pour voir, l'oreille pour entendre, la langue pour exprimer sa pensée. Elle est tout. Il n'y a pas et il ne peut exister de constitution solide sans que la religion n'en soit la base. Que le prince la méprise, le peuple la méprisera, et, quand un peuple a mis Dieu et ses préceptes sous les pieds, l'autorité du prince est en danger. Les révolutions ne naissent que lorsque les peuples ont perdu la foi : la foi religieuse et la foi politique se touchent et se tiennent. Rendez au contraire honneur à Dieu, le peuple l'honorera comme le prince; dès lors les lois seront respectées et le souverain sera obéi. Des hommes ont dit : faisons des lois, le canon les fera respecter; à mon tour, je dirai : faites des lois, mais qu'à chaque page de ces codes il y ait Dieu qui les sanctionne; Dieu sera plus fort que le canon. Le canon fait la crainte, Dieu fait l'obéissance du cœur.

Alexandre avait compris ces vérités, aussi profondément politiques que profondément morales, et il trouva, dans le nouveau visiteur de ces colonies, un interprète fidèle et intelligent de sa volonté souveraine. Ni villes, ni villages, ni lieux les plus déserts, rien n'échappa à sa vigilance. Sa foi fit des miracles. A sa voix les ruines disparaissent, les temples se remplissent; cinq nouvelles églises apportent aux fidèles les consolations de la prière et leur permettent l'exercice de leur culte. Partout le nom de l'Empereur est béni; partout s'élève pour lui et pour le visiteur la prière de la reconnaissance : la religion aidait la civilisation; elle fécondait le bonheur dans ces âmes religieuses.

Tant de succès portaient la joie dans le cœur de l'abbé Nicolle. Devant ces consolations intérieures disparaissaient les fatigues et les difficultés de sa mission. Il y eut des jours qui furent pour lui d'un délicieux souvenir. Lui-même, dans sa vieillesse, il se plaisait encore à raconter la scène si saisissante d'une des journées de son voyage.

Il visitait les régions du Caucase, et, pour laisser à

ces peuples un souvenir de son passage, il voulut les frapper par le spectacle imposant d'une des plus belles cérémonies du culte catholique. Par son ordre, un autel est dressé sur la cime la plus élevée d'un des monts qui l'entourent, et la trompette guerrière va porter dans tous les environs l'annonce de la cérémonie qui se prépare. Un soleil d'été, dont une brise, venue de la mer, tempère l'ardente chaleur, éclaire ces vastes contrées ; un peuple immense est accouru et garnit les flancs de la montagne. A l'heure indiquée, le visiteur s'avance : il est accompagné de prêtres, des chefs militaires de ces pays et de nombreuses troupes de soldats en armes. Dans cette foule où toutes les pensées, comme toutes les religions, se confondent dans un même sentiment de respect, un profond silence règne. M. Nicolle revêt les ornements sacrés ; le sacrifice commence : la victime sainte descend sur l'autel. A cet instant solennel a lieu la scène la plus sublime. Aussitôt que les sons mêlés des tambours et des trompettes annoncent la présence du Dieu Sauveur, la troupe s'agenouille, les armes s'abaissent, le peuple s'incline, et le bruit des canons fait retentir au loin la grande nouvelle, qu'un Dieu de paix est venu visiter ces peuples et les bénir.

Le succès de sa visite au milieu de toutes ces colonies et de ces peuplades diverses devenait de jour en jour plus sensible, et, pour en assurer les heureux effets, M. Nicolle établit à Odessa le centre commun de toutes les affaires religieuses de ces contrées.

Le duc de Richelieu remplissait, avec un égal bonheur, la noble mission que lui avait confiée l'Empereur ; il inspectait alors la province d'Iekaterinoslaf. Ce fut dans cette ville qu'il apprit le résultat du voyage de son *cher abbé*, et la résolution qu'il avait prise de ramener à un seul centre, Odessa, toutes les affaires de religion. Il lui fait part de sa joie, et lui écrit ces lignes affectueuses :

« Vos succès me font sans doute le plus grand plai-
« sir ; mais l'article qui me confirme dans la bonne
« espérance de vous revoir bientôt est d'un prix infini
« pour moi. C'est une conquête que je me glorifierai
« d'avoir faite sur la capitale, et dont le pays me doit
« mille actions de grâces. Vous voyez que je ne suis
« guère modeste, car j'ose m'imaginer que c'est un peu
« pour moi que vous venez vous fixer près de nous. »

La civilisation grandissait sous tant d'heureuses influences. La religion reprenait son empire, les mœurs devenaient plus pures, les caractères se polissaient ; et toutefois il y manquait encore un des plus puissants moyens de régénération morale : l'instruction de la jeunesse. M. Nicolle y pourvut. Par ses soins, et sous l'inspiration de son noble ami, un plan de collége et d'études est tracé. Dans leurs pensées, toujours dignes du Souverain qui se confiait à leur infatigable et ingénieuse sollicitude, Odessa devenait une Athènes nouvelle, et le collége devait être une nouvelle Académie. Dans ce but, leurs yeux se tournèrent vers les hommes de la France et de la Russie les plus distingués et les plus capables de contribuer au succès de ce grand projet ; ils résolurent de les chercher, de les gagner à leur cause et de les amener à Odessa.

De graves événements retardèrent l'exécution de ce désir. Retraçons-les :

CHAPITRE IV

Lettre de l'abbé Surugue sur l'incendie de Moscou. — Sa mort édifiante. — Générosité de l'abbé Nicolle. — Lettre de madame de Swetchine, présidente de l'œuvre. — Peste à Odessa. — Courage du duc de Richelieu et de son ami. — Piété du duc de Richelieu. — Lettre du comte de Maistre. — Quelques opinions de différents écrivains sur le duc de Richelieu. — État de la France. — Richelieu obéit à l'ordre du roi, il se rend à Paris.

On était en 1812. Smolensk était pris : la grande armée sape, écrase ; elle avance toujours. Napoléon avait dit : « Vous vous reposerez à Moscou ! » Les redoutes avancées de Moscou apparaissent : elles sont défendues par le brave Kutusoff. Napoléon excite ses troupes par de chaleureuses paroles : « La victoire dé-« pend de vous ; elle vous est nécessaire. Que l'on dise « de vous : Ils étaient à cette grande bataille, sous les « murs de Moscou ! » Les Français furent brillants dans leur attaque ; les Russes le furent dans leur défense. Les retranchements sont emportés. L'armée s'avance toujours, et le 14 septembre apparaît Moscou. « La voilà « donc, cette ville tant désirée ! » s'écrie Napoléon !

« A l'aspect de cette immense cité, dit un historien

« de la vie de l'Empereur, un même sentiment de joie
« et d'orgueil fait tressaillir les légions de la France.
« Des hauteurs du *Mont du Salut*, l'armée contemplait
« cette vieille métropole de la Moscovie, moitié orien-
« tale, moitié européenne, avec ses huit cents églises,
« ses mille clochers, la multitude de ses obélisques, et
« ses coupoles dorées, reluisant au soleil. A cette vue,
« saisis d'admiration, les soldats battent des mains et
« s'écrient : Moscou ! Moscou ! Ils saluaient leur bûcher
« funèbre ! »

Une lettre de l'abbé Surugue, prêtre français, et alors
curé de l'église catholique de cette capitale, rendit
compte à l'abbé Nicolle, son ami, de cette lamentable
catastrophe. Elle est datée de Moscou, *le 10 novembre*
1812. Quelque longue qu'elle puisse être, elle est adres-
sée à M. Nicolle, et elle renferme des détails qui peuvent
intéresser l'histoire de ces temps malheureux : elle appartient donc à cette vie. Je ne la passerai pas sous silence.

« Mon cher et digne ami, voilà aujourd'hui un mois,
« jour pour jour, que nous sommes rentrés sous notre
« ancien régime, et, comme la poste vient d'être réta-
« blie, je saisis le premier moment libre pour vous
« donner signe de vie. Que de choses j'aurais à vous
« dire, mais... *Quando omnia licent, etiam non omnia*
« *expediunt.* Ah ! mon bon ami :

> ..... Fuimus Troes, fuit Ilium, et ingens
> Gloria Moscoviæ !

« Moscou n'est plus ! un vaste foyer de cendres occupe
« la place de cette éminente cité ! Quelques bâtiments
« échappés aux flammes, épars çà et là, attestent son
« ancienne grandeur, et les hautes cathédrales du
« Kremlin indiquent encore l'emplacement de l'an-
« cienne capitale de la Russie.

« La nuit du 1ᵉʳ au 2 septembre, l'armée russe qui,
« d'abord, s'était annoncée comme devant défendre la
« ville, en combattant jusque dans les rues, l'avait éva-
« cuée en se retirant par la porte de Wladimir. Au bruit
« de la marche tumultueuse de l'armée avait succédé
« un silence mêlé d'effroi. Moscou n'était plus qu'une
« vaste solitude, abandonnée à elle-même, sans police,
« sans autorité quelconque, de sorte que tout ce qui
« était entré de citoyens ou d'étrangers mesurait, avec
« une impatience mêlée d'horreur, l'intervalle qui s'é-
« coulait entre le départ d'une armée et l'arrivée de
« l'autre.

« Le 2 septembre, à cinq heures du soir, on
« entend enfin le son des trompettes. L'avant-garde
« des Français s'avance, et les troupes se succèdent en
« se portant dans différents quartiers. Vers le soir, une
« compagnie de la nouvelle garde impériale est postée
« au pont des Maréchaux. Cinq hommes en sont déta-
« chés pour servir de sauvegarde à l'église Saint-Louis.
« Le soir même, le feu se manifeste dans le quartier des
« Boutiques, près de la Bourse. Ces magasins, pleins
« d'huile et de suif, deviennent un foyer inextinguible.

« Toute la nuit, la flamme fait des ravages ; de sorte
« que, dès le lendemain, le feu s'étant propagé, on son-
« gea sérieusement à en arrêter les progrès. On cher-
« che des pompes, on n'en trouve nulle part. La police
« les avait emportées en se retirant. Napoléon, qui
« avait passé la première nuit près de la barrière de
« Smolensko, était venu le matin s'établir au palais du
« Kremlin, et avait paru fort étonné d'un incendie aussi
« considérable ; mais son étonnement redoubla lors-
« qu'on lui apprit qu'il ne se trouvait aucun moyen
« d'arrêter le feu. Alors commença le pillage, fléau bien
« plus terrible que l'incendie. La population enfonce
« les portes et les caves des boutiques menacées de la
« flamme, sous prétexte d'en sauver les marchandises :
« le sucre, le thé, le drap, les pelleteries, les objets
« de luxe, tout fut livré au brigandage. Le soldat,
« qui, d'abord, n'avait été que paisible spectateur,
« devint bientôt partie active, et le pillage fut porté à
« un tel excès, que rien ne fut respecté. Le Français
« comme le Russe, l'étranger et le compatriote, y pri-
« rent la plus triste part. Tout fut dépouillé sans pitié,
« et ce qui échappa à la flamme ne put échapper aux
« mains des pillards, dont la cupidité et l'impudeur
« furent telles, que plus d'un individu regretta de n'a-
« voir pas été enseveli sous les cendres de sa maison,
« avec tout ce qu'il possédait.

« Pendant ce temps, l'incendie faisait d'effrayants
« progrès. Le 3, au matin, il ne restait plus des bouti-

« ques que quelques maisons de libraires russes con-
« tiguës à l'hôtel de la Police.

« Le 4, vers le soir, un vent s'éleva avec toute la
« furie d'un ouragan. Quelques maisons qui avaient
« pris feu au delà des deux rivières, la *Yaousa* et la
« *Moskovika*, devinrent bientôt, à l'aide du vent, comme
« un volcan qui embrasa tous les quartiers, tandis que
« d'un autre côté, l'*Arbate*, la *Pretschistenka*, la
« *Makavaia*, la *Tverskoia*, offraient le plus désolant
« spectacle. On ne rencontrait de toutes parts que des
« malheureux, le paquet sur le dos, qui, en cherchant
« à dérober aux flammes quelques tristes débris, se
« voyaient dépouillés par des brigands plus barbares
« que le feu. Mais le jeudi, 5, une mer de feu couvrit
« toute l'atmosphère de Moscou ; les agitations de la
« flamme, poussées par le vent, semblables à celles des
« vagues au milieu d'une violente tempête, enveloppè-
« rent, dans le même tourbillon la *Stretinka*, la *Me-
« chansky*, la *Trouba*, la *Mesnitska*, la *porte Rouge*, le
« *marché au bois*, la *vieille et la nouvelle Bassemannaia*,
« et la *Slobode des Allemands* tout entière. C'était un
« déluge de feu. Il faut avoir été témoin de ce spectacle
« pour s'en faire une idée. Mes confrères de l'église des
« Saints-Apôtres avaient perdu leurs églises d'hiver et
« d'été, leurs habits sacerdotaux, leurs registres de pa-
« roisse ; quelques-uns même de leurs vases sacrés
« avaient été la proie des flammes. Tous les habitants
« de ce quartier, chassés de place en place, avaient été

« obligés de se retirer jusque dans nos cimetières, hors
« de la ville. Ces malheureux avaient la consternation
« et le désespoir peints sur leurs visages ; au milieu des
« tombeaux éclairés par le reflet des flammes, ils er-
« raient, semblables à des spectres sortis de leurs sé-
« pulcres. Un grand nombre fut accueilli avec bonté
« par le Roi de Naples, qui leur fit donner des secours ;
« d'autres se réfugièrent dans les hôpitaux qui n'avaient
« pas encore été atteints par le feu.

« D'un autre côté, et pendant la même nuit, la *Pé-*
« *trowka* était en proie à l'incendie. Déjà les boutiques
« contiguës au pont des Maréchaux ne formaient plus
« qu'un vaste foyer. Le vent était si violent, qu'il por-
« tait des nuages de feu dans toutes les directions, et
« menaçait d'engloutir dans le même abîme, et d'enve-
« lopper dans la même tempête, tout le haut de ce pont.
« Tous les habitants de ce quartier, tous ceux qui s'é-
« taient retirés dans l'enceinte de Saint-Louis, en se
« voyant ainsi sous une voûte de feu, dont une seule
« étincelle eût suffi pour les réduire en cendres, tous,
« le paquet à la main, résignés aux derniers sacrifices,
« étaient venus, les larmes aux yeux, me demander
« l'absolution *in extremis*, lorsque, ranimant leur cou-
« rage et les conjurant de mettre leur confiance en Dieu,
« je leur annonçai que je voulais aller moi-même voir
« le danger de mes propres yeux. Je pris avec moi deux
« soldats, car il n'y avait pas de sûreté à sortir seul ;
« je m'avançai vers le pont des Maréchaux, au milieu

« des étincelles et des brandons enflammés que le vent
« lançait avec violence. Un instant je crus que c'en était
« fait de moi : tout à coup, la compagnie des gardes,
« postée dans ce lieu, arrive avec des seaux qu'elle a
« trouvés, arrose le toit de la première maison qui se
« trouve en tête du pont, et l'activité qu'elle déploie
« prévient l'inflammation. Les toits des maisons voisi-
« nes tombent, le vent n'a plus dès lors de prise, et ce
« quartier est le seul de la ville qui soit resté intact. Ce
« quartier comprend la rue du pont des Maréchaux, les
« *deux Loubinka*, la *poste*, la *banque*, la *Miasnitska*, la
« *Tschistyproud* et la *partie de la Pakrovska* comprise
« entre le *boulevard de la Mesniska* et des boutiques.
« Ainsi fut préservée, par un miracle sensible de
« la bonté divine, notre chère église de Saint-Louis et
« tout ce qu'elle renfermait. D'une autre part, elle
« échappa aussi au pillage, grâce à l'intrépidité de la
« sauvegarde qui lui avait été donnée. Que de recon-
« naissance nous devons à Dieu pour ce double bien-
« fait !

« Le ciel s'étant couvert de nuages, vers les trois
« heures du matin, le vent se calma, et la pluie, qui
« tomba en abondance, éteignit les restes de l'incendie.
« Les deux jours suivants, le feu se manifesta encore
« dans plusieurs endroits, mais ce ne fut que partielle-
« ment, et ses ravages se bornèrent à quelques maisons
« de particuliers.

« Napoléon, qui avait abandonné le Kremlin, dès le

« troisième jour, pour se retirer à cinq verstes au delà
« de la ville, dans l'ancien palais de Pétrowsky, revint
« alors dans le Kremlin. Il donna des ordres pour ou-
« vrir aussitôt des maisons de refuge aux incendiés,
« promit de faire distribuer des rations aux indigents,
« se fit rendre compte de l'état des hôpitaux et du nom-
« bre des malades. Mais que de malheureux avaient
« péri ! que d'autres, abandonnés sans médecin, sans
« remèdes, luttaient encore contre la mort ! L'hôpital
« des *Enfants trouvés* avait été préservé ; il s'y rendit,
« loua le zèle de l'administrateur, M. de Toutolmin, de
« ce qu'il était resté à son poste, et lui dit de lui pré-
« senter son rapport, qu'il lut avec attention, et qu'il
« fit passer immédiatement, par un courrier, à l'Impé-
« ratrice mère.

« Il ne restait plus qu'un cinquième de Moscou ; la
« plupart des magasins de farine, d'eau-de-vie, de
« vins... avaient été ou incendiés ou pillés : il y avait
« donc peu d'espoir pour lui de se procurer des vivres,
« et cependant Napoléon, comme s'il eût voulu déjouer
« ses ennemis jusque sur les cendres de la ville incen-
« diée, formait le projet de passer l'hiver à Moscou. Il
« avait rassemblé les débris d'une troupe ambulante,
« restée ici pour lui composer son théâtre impérial ; il
« se faisait donner des concerts, et des ordres formels
« avaient transmis sa volonté de s'occuper sur-le-champ
« de l'organisation d'une municipalité et d'une police ;
« ces deux corps, sous l'inspection de M. de Lesseps,

« ne furent que des squelettes d'autorités constituées.

« Leur objet principal était de maintenir l'ordre et
« d'approvisionner la ville ; ils ne purent obtenir ni
« l'un ni l'autre.

« Le brigandage continuait, au bout de huit jours,
« avec autant de violence que dans les premiers mo-
« ments ; rien n'était respecté, ni la pudeur d'un sexe
« timide, ni les cheveux blancs de la vieillesse. Les
« églises, qui avaient été abandonnées de leurs pas-
« teurs, avaient été transformées en corps de garde. Les
« sentinelles, préposées à la garde d'Israël, étaient ca-
« chées ou en fuite. Dès le principe, j'avais déclaré que
« rien ne m'arracherait du sein de mon troupeau, et
« que les dangers, dont il était menacé, étaient pour moi
« une raison de plus de lui être fidèle, afin de lui offrir
« alors les seuls véritables secours qui restent à des
« malheureux, plongés dans des calamités aussi affreu-
« ses. On avait paru surpris de ce qu'on appelait mon
« courage, et cependant rien ne doit paraître plus na-
« turel à celui qui comprend le ministère du pasteur.

« La peine de mort fut décrétée contre les pillards.
« Le crime fut puni, mais le brigandage ne put être ré-
« primé ; la licence du soldat devint même à ce point,
« que souvent il osa lever son sabre sur ses chefs : plu-
« sieurs en furent les victimes. La dilapidation qui
« avait été faite dans les magasins de farine et de vins
« dut, par une suite inévitable, faire naître la famine ;
« elle se fit sentir d'une manière cruelle. Les pommes

« de terre et les choux furent la seule ressource des
« habitants de Moscou. Le soldat avait encore un peu
« de viande, qu'il se procurait en enlevant des bestiaux
« dans les campagnes voisines, et c'était de son huma-
« nité seule qu'on pouvait attendre quelque subsis-
« tance. Un tel régime ne pouvait longtemps se mainte-
« nir. Désordre dans les troupes, insubordination dans
« les soldats, faiblesse dans les autorités constituées, fa-
« mine qui allait croissant tous les jours, manque de
« fourrage pour la cavalerie, impossibilité de faire des
« approvisionnements, il n'en fallait pas davantage
« pour déterminer Napoléon à s'éloigner d'une terre
« qui dévorait ses habitants.

« On envoya un parlementaire pour faire de nou-
« velles propositions, mais cette tentative fut sans suc-
« cès. On dut se résoudre à partir. On expédia les der-
« niers convois de malades ; on fit des assignats à ceux
« qui désiraient suivre l'armée ; on fixa des indemnités
« en monnaie de cuivre aux incendiés ; l'impossibilité
« de transport d'une pareille monnaie rendit tout natu-
« rellement ce secours illusoire. L'ordre fut donné de
« faire enlever la croix du grand clocher d'Ivanvéliki
« pour être expédiée en France, comme un monument
« de la victoire.

« La générale est alors battue pour le départ définitif,
« et le soir les troupes commencent à défiler. Le maré-
« chal Mortier, qui était désigné pour être gouverneur
« général de Moscou, transporta sa résidence et la chan-

« cellerie au Kremlin, après le départ de Napoléon. Deux
« jours après, un parti de Cosaques s'avance par la
« *Tverskoïe*, et est repoussé. Les derniers convois de ma-
« lades et les derniers fourgons de provisions quittent
« la ville. Le jeudi 10, vers une heure après midi, deux
« officiers russes entrent par la *Tverskoïe*, et se signalent
« comme parlementaires. L'officier du poste les arrête,
« et les fait conduire avec escorte chez le maréchal Mor-
« tier, qui leur dit que, ne s'étant fait annoncer ni par
« un trompette ni par un officier subalterne, selon
« toutes les lois de la guerre, ils sont prisonniers de
« droit : c'étaient MM. de Vinzégorod, lieutenant gé-
« néral, commandant des Cosaques, et Léon de Na-
« rishskin, chef d'escadron des hussards.

« A sept heures du soir, l'arrière-garde commence à
« évacuer le Kremlin ; à onze heures tout était libre.
« On s'attendait à quelque événement sinistre. En
« effet, à deux heures du matin, une explosion épou-
« vantable, suivie d'une commotion générale, se fait en-
« tendre : c'était l'arsenal qui, ayant été miné, s'écrou-
« lait sous ses propres ruines. Quatre autres explosions
« suivirent bientôt après, et annoncèrent la chute de
« quelques tours extérieures du Kremlin.

« Les Français, en partant, abandonnèrent, à la gé-
« nérosité du gouvernement russe, deux mille malades
« qui n'avaient pu être expédiés par les convois. Après
« le départ de l'armée, on leur annonce aussitôt qu'ils
« sont prisonniers de guerre. Plusieurs d'entre eux, déjà

« convalescents, s'échappent, prennent leurs fusils, se
« mettent en devoir de suivre l'armée, mais ils sont
« massacrés par les paysans.

« Le 11 octobre, les Cosaques succèdent aux troupes
« françaises, et viennent reconnaître ce qui reste à
« piller. Alors fut visitée l'enceinte de notre pauvre
« église. Son curé fut visité à plusieurs reprises; on lui
« prit une partie de son argenterie qui était sur sa table;
« draps, vin, poisson, légumes..... Je me crus trop
« heureux d'en être quitte à ce prix, sans avoir eu à
« souffrir la moindre violence. D'autres y laissèrent
« leurs bourses. En général, c'était la populace de
« Moscou et des campagnes voisines, qui avait com-
« mencé le pillage; c'était elle qui avait conduit le sol-
« dat à la découverte des magasins secrets; ce fut en-
« core la populace qui introduisit les Cosaques dans les
« maisons pour compléter le pillage. Je n'ai rien vu
« d'aussi ingrat ni d'aussi coupable que cette foule.

« Voilà une idée générale de tout ce qui s'est passé
« pendant le séjour des Français à Moscou, depuis le
« 2 septembre jusqu'au 10 octobre inclusivement.

« Maintenant, pour ce qui me concerne personnelle-
« ment, voici les faits : Dès le deuxième jour, je fus
« mandé chez le commandant de place, comte de Mi-
« chaud, général de division, qui me témoigna de
« grands égards, me parla de la considération dont je
« jouissais dans le pays, et de la confiance qu'il avait en
« moi, me donnant à entendre que je pouvais leur être

« d'une grande utilité. — Je répondis que j'étais très-
« sensible aux choses obligeantes que pouvait me
« dire M. le commandant ; que, n'étant à Moscou que
« parce que mon devoir m'attachait à mon poste, j'étais
« bien décidé à ne pas sortir du cercle que ce devoir
« me traçait, tant parce que mes fonctions m'occu-
« paient tout entier, que parce que je ne pourrais en rien
« m'occuper des affaires actuelles, sans compromettre
« la sûreté et l'existence de la plupart de mes parois-
« siens absents ; que je priais M. le commandant de me
« permettre de me renfermer strictement dans les bor-
« nes de mon ministère. Le général ne me sut pas
« mauvais gré de ma franchise.

« Quelque temps après, je fus mandé chez le général
« gouverneur, le maréchal Mortier, qui débuta de la
« même manière que le commandant, comte Michaud ;
« il ajouta seulement les questions suivantes : « D'où
« êtes-vous ? — De Clamecy, département de la Nièvre.
« — Comment vous appelez-vous ? — L'abbé Surugue.
« — A quel corps appartenez-vous ? — A l'Université
« de Paris. — Quel était votre état ? — J'avais été l'un
« des supérieurs du collége de Sainte-Barbe, et, en der-
« nier lieu, j'étais Principal du collége royal de Tou-
« louse. »

« Ici, le maréchal appelle son secrétaire, et lui fait
« écrire chacune de mes réponses. Il ajoute ensuite :
« Comment vous trouvez-vous ici ? comment avez-vous
« quitté la France ? — J'ai quitté la France, il y a vingt

« et un ans, à l'occasion du serment exigé des fonction-
« naires publics. — Ah ! j'entends, monsieur l'abbé
« est émigré ? — Non, monsieur le maréchal, je suis dé-
« porté. — Au reste, reprit-il aussitôt, la déportation ou
« l'émigration sont aujourd'hui des choses dont on ne
« s'accuse ni dont on ne s'excuse. Mais comment pouvez-
« vous rester à végéter ici ? — Végéter ! Oh ! monsieur
« le maréchal, c'est une végétation terriblement active.
« — Mais comment n'êtes-vous pas rentré en France ?
« Vous êtes fait pour occuper d'autres places qu'une
« cure. — Monsieur le maréchal, les principes reli-
« gieux qui m'ont éloigné de la France me retiennent
« encore ici ; d'ailleurs, je vois le peu de bien que je
« fais, n'étant que curé à Moscou, et je ne vois pas trop
« celui que je pourrais faire étant plus que curé en
« France. » Là-dessus on m'a fait les compliments d'u-
« sage, et j'ai pris congé de Son Excellence.

« La troisième semaine, je fus appelé chez M. le
« comte Matthieu Dumas, intendant général de l'ar-
« mée. Je ne m'y rendis qu'au troisième appel. En fai-
« sant des recherches dans la maison de campagne de
« M. le comte de Rostopsin, on avait trouvé une de mes
« lettres, en réponse à celle que le comte m'avait écrite
« relativement à la guerre actuelle. — Monsieur le curé,
« me dit-il, nous respectons les mesures de prudence et
« de circonspection, que vous vous êtes imposées relati-
« vement au gouvernement, qui vous a accueilli avec
« bienveillance et qui vous protége ; mais vous avez été

« en correspondance avec M. le comte de Rostopsin :
« quel est cet homme? — M. le comte de Rostopsin avait
« des bontés pour moi, même avant que d'être gouver-
« neur général; je n'ai qu'à me louer de l'accueil qu'il m'a
« toujours fait. Quant à sa personne, il passe pour avoir
« une tête très-bien organisée : c'est un homme qui a de
« grands moyens, comme ministre et comme homme de
« société; il est très-aimable. — Cependant, monsieur
« le curé, par ce que nous voyons, si nous voulions ju-
« ger?... — Monsieur le comte, ceci est une mesure
« militaire qui lui a paru un moyen infaillible d'éloigner
« l'ennemi de son pays. — Mais quels sont ces livres?
« que sont ces instruments propres à l'éducation des
« enfants, qu'on a trouvés dans les appartements retirés
« de la maison? — M. le comte de Rostopsin a des en-
« fants : son aîné est maintenant au service; il a trois
« demoiselles de six, douze et quatorze ans, et c'est ma-
« dame la comtesse leur mère, femme très-vertueuse,
« qui fait l'éducation de ses enfants. — C'est fort res-
« pectable. » Sur ces paroles je pris congé, et là fini-
« rent nos relations.

« Je n'ai pas vu Napoléon. Le maréchal Mortier
« m'avait fait inviter à dîner avec lui : je n'ai pu me
« rendre à cette invitation.

« Plusieurs jeunes officiers des anciennes familles de
« France sont venus me voir pour me demander des
« nouvelles de Saint-Priest, du baron de Damas... Un
« M. de Jumilhac, beau-frère de votre duc, m'a beau-

« coup parlé de lui, et s'est informé de l'état de sa for-
« tune ; je lui ai répondu qu'il jouissait de la plus
« belle fortune qu'un homme d'honneur puisse dési-
« rer, l'estime et la vénération de ses justiciables, et la
« confiance affectueuse du Souverain….. Adieu pour la
« vie et pour l'éternité ! »

Disons un dernier mot de l'abbé Surugue.

Victime du zèle qui le conduisait journellement à l'hôpital, où se trouvaient les blessés et les malades, ses compatriotes, il y gagna la fièvre contagieuse qui sévissait alors contre les malheureux Français, entassés dans ce lieu. Il fut forcé de garder le lit, et la maladie, prenant de jour en jour de plus grands accroissements, ne laissa plus d'espoir de le sauver. La religion fut pour lui à sa mort ce qu'elle lui fut pendant sa vie, une amie fidèle et consolatrice. Ses derniers moments furent des moments de douceur, de force et de piété. Il reçut les sacrements des mains de l'abbé Malherbe, et quand, selon le Rituel, celui-ci prononça ces paroles : *Dominus conservet animam tuam*, il ajouta d'une voix que la dévotion inspirait : *Et luceat in æternum*. Il reçut dans son cœur le Dieu qu'il avait aimé et fait aimer, et il expira le 21 novembre 1812.

Un prêtre français, qui avait reçu son dernier soupir, écrivait au chevalier de Bernes :

« Qui viendra maintenant remplacer ici celui que
« nous avons perdu ? Il faut ici un homme de poids,
« un homme qui ait la confiance publique : l'abbé Ni-

« colle serait cet homme. Il a la passion de faire le
« bien. »

Ces mots sont un bel éloge ; il le mérita toute sa vie.

Ce désastre de Moscou fournit à ce cœur, *passionné
pour le bien*, l'occasion d'un noble sacrifice.

Une société de Dames, des familles les plus distinguées
de la Russie, s'était formée en 1813, sous la protection
de l'Impératrice, dans le but de réparer, autant que
possible, les malheurs de la dernière guerre. Un élan
de compassion, facile à comprendre, avait gagné tous les
cœurs. Le riche, le pauvre, le seigneur, le marchand,
tous les rangs se confondirent dans leur empressement
à soulager, par leurs offrandes, tant d'immenses infortunes. L'appel avait été général, et toutes les âmes généreuses y répondirent. M. Nicolle devait à sa patrie
adoptive une dette de reconnaissance ; il voulut en ac-
quitter une partie. Un don de trois mille roubles fut
remis par lui au prince de Galitzin. La seule condition
qu'imposait le donateur était le silence le plus absolu
sur l'auteur de l'offrande. La charité si bien connue de
l'abbé Nicolle servit en cette occasion à trahir sa modestie.

Madame Sophie de Swetchine, Présidente de cette
œuvre, lui écrivit à ce sujet ces lignes pleines de délicatesse :

« Monsieur l'abbé, je me bornerai à vous dire que je
« vous reconnais là ! Et peut-être cette simplicité de
« forme ne nuira-t-elle pas à l'idée que vous devez vous

« former de ma reconnaissance personnelle. J'aurais
« été humiliée d'avoir à apprendre ce que j'ai si faci-
« lement deviné, et, quand le prince Galitzin, un peu
« plus tard, n'eût pas mis à vous trahir le plaisir qu'on
« a à dénoncer l'auteur d'une belle action, l'incognito
« dont vous vous enveloppiez ne vous aurait pas dé-
« fendu. N'en faites pas honneur à ma pénétration,
« mais bien à cette opinion qui vous rend habituelle-
« ment hommage ; car plusieurs de nos dames avaient
« eu la même pensée, et à peine a-t-elle été communi-
« quée, qu'il n'y en eut pas d'autre. Voyez après cela
« s'il eût dépendu de nous de respecter vos intentions
« en gardant le silence. »

Madame de Swetchine était alors à Saint-Pétersbourg.
Elle profite de l'occasion de sa lettre pour presser
l'abbé Nicolle de revenir en des lieux qui doivent lui
être chers : ils lui rappellent de si doux souvenirs ! Toutefois elle hésite ; elle n'ose se flatter de l'espérance de
le revoir.

« Je sais qu'il n'est pas de séjour qui puisse aujour-
« d'hui vous plaire autant qu'Odessa. Vous y trouvez
« un repos actif, une société douce et sûre, et, ce qui est
« plus encore pour vous y attacher, la certitude d'être
« utile. Mais ne le seriez-vous pas partout ? Et, si un
« beau ciel et un climat doux sont une jouissance de
« tous les jours, notre Midi s'achète bien chèrement
« par le fléau qui l'a désolé si longtemps. L'intérêt per-
« sonnel qui me fait mettre un si grand prix à votre

« retour m'exagère encore, monsieur l'abbé, tous les
« dangers auxquels vous pouvez rester exposé, et, quand
« l'inquiétude de la peste se joint aux regrets de l'a-
« mitié, je ne sais pas d'arguments assez forts pour les
« combattre. Tâchez donc de nous revenir au plus tôt.
« N'avez-vous pas ici, comme là où vous êtes, des li-
« vres et des amis ? »

Les craintes des nombreux amis de l'excellent abbé
n'étaient que trop légitimes. Pendant plusieurs mois la
peste avait exercé d'horribles ravages dans la Crimée.
Odessa avait été atteint par le fléau, et dans toute la
Russie méridionale avait retenti l'éloge de la noble conduite du gouverneur et de son ami.

A cette époque, le duc de Richelieu se disposait à
partir pour l'armée. Il suspendit aussitôt ses projets de
voyage, et s'enferma sans hésiter dans la ville. Odessa
fut déclaré en quarantaine. A chacun des habitants défense fut faite de sortir de sa demeure, et des commissaires particuliers, allant de maison en maison, four-
nissaient à chaque famille des aliments nécessaires à sa
subsistance. Semblables à des Anges protecteurs, le
duc, l'abbé Nicolle et quelques hommes dévoués volaient partout où le mal sévissait avec le plus de fureur.
Pour eux, il n'y avait plus de repos, plus de sommeil ;
un moment était donné au repas, un autre instant aux
affaires ; et le jour et la nuit on les voyait visitant les
hôpitaux, soignant les malades, secourant les pauvres.
La bêche à la main, le noble duc aidait lui-même à

l'ensevelissement des victimes du fléau. Une pauvre mère allait succomber sous l'horrible mal : un enfant était dans ses bras. A cet instant, passent devant sa porte le gouverneur et son ami. Elle se traîne sur le seuil de sa maison et leur présente son enfant, en les suppliant d'une voix mourante de prendre soin de lui. Le duc le prend, la console, lui promet d'en avoir soin ; l'abbé la bénit, et la dernière parole de la pauvre mère est une parole de reconnaissance et de soumission : « Dieu soit loué ! je meurs tranquille ! » Elle expire à ces mots. Le duc se rend aussitôt au bureau des secours organisés pour les malades, et dépose, entre des mains charitables, le petit orphelin, dont il est devenu l'ange protecteur.

Le ciel prit enfin en pitié tant d'admirables efforts de dévouement : la peste suspendit ses ravages dans le courant de janvier 1813. Elle avait duré six mois ; deux mille six cents victimes succombèrent. Grâce à la promptitude, à la sagesse et à l'énergie du duc, grâce à l'ensemble de ses mesures, on put dire alors qu'Odessa lui était une seconde fois redevable de la vie.

La cessation du fléau permit au duc de Richelieu et à son ami de goûter quelque repos ; le noble duc en profita pour satisfaire son cœur et sa foi.

« Entré dans la société à une époque où l'incrédulité « était devenue une espèce de mode, écrivait alors « M. Nicolle, il n'échappa point à la contagion géné- « rale ; mais, si les sentiments religieux dans lesquels il « fut élevé ont pu souffrir quelque affaiblissement en

« lui, jamais du moins ils ne furent entièrement effacés
« de son cœur. Il avait éprouvé, dans son enfance et
« dans sa jeunesse, les douceurs secrètes et ineffables de
« la religion, et, quand cet état est une fois connu,
« qu'importent les années ? On y pense, on le regrette
« et l'on finit par y revenir. Quand la peste frappait de
« si terribles coups dans la famille dont il était devenu
« le père, la religion s'offrit à lui. Sa belle âme en sentit
« le besoin. Il voulut bien ne pas me laisser ignorer ce
« qui se passait en son cœur, je l'en remerciai vive-
« ment, et je me félicitai de ce que la Providence, qui
« se sert des plus faibles instruments pour arriver à ses
« desseins, avait daigné me choisir pour rendre à celui
« dont j'admirais avec enthousiasme les nobles qualités
« le plus grand de tous les services. Après m'avoir
« exposé quelques doutes que je fus assez heureux pour
« dissiper, je le vis calme, résolu ; je reçus sa confession
« générale, et j'eus la consolation de le communier, de
« ma propre main, dans l'église catholique d'Odessa. »

La voix du Seigneur est tonnante : elle brise les cè-
dres, elle ébranle les fondements de la terre, et elle re-
tentit surtout, terrible et formidable, dans ces grandes
agitations de la nature, où tout est ruine et mort.

Le comte de Maistre, alors à Saint-Pétersbourg,
écrivait à l'abbé Nicolle ces lignes remarquables, qu'il
signe de ces deux mots qui lui sont familiers : *Nota
manus.*

17 avril 1815.

« Une peste est un sermon des plus pénétrants, et il
« ne faut pas être fait comme vous, pour n'en pas tirer
« un parti immense. Mille fois inquiet de vous, au mi-
« lieu de cette cruelle épreuve, je n'ai pas eu moins de
« pensées d'inquiétude en pensant à M. le duc de Ri-
« chelieu, qui a trouvé dans ce fléau une occasion nou-
« velle de se montrer, non pas meilleur que les autres,
« mais, s'il est possible, meilleur que lui-même. Quelle
« épreuve! quels travaux! Enfin rendons grâces à Dieu,
« tout est fini!... »

J'ai cité les premières lignes de cette lettre, qui se
rapportaient à la cruelle épidémie d'Odessa ; je ne puis
taire le reste. Tout ce qui vient d'un homme illustre a
de l'intérêt.

Il parle à l'abbé Nicolle de sa famille, d'une dignité
militaire dont son frère vient d'être honoré, et il ajoute
ces mots spirituels, qui le dépeignent admirablement :

« Moi, je vieillis tranquillement dans mon fauteuil,
« sentant bien que ma vie active est finie, et ne formant
« plus de projets d'aucune espèce. Mon grand ouvrage
« est fort avancé, et déjà j'en suis à ce point si encou-
« rageant où l'on voit la fin ; mais j'envisage le tout
« avec cette alternative de courage et d'abattement que
« vous avez pu me voir. Il n'est pas bon à l'homme
« d'être seul. Si j'étais à Paris, j'aurais enfanté depuis

6

« longtemps ; mais ici, *quis leget hæc?* Ils ont été fort
« surpris, dans ce grand monde, lorsque madame
« de Staël leur a parlé de mon livre. A propos de ce
« livre, le marquis de Bonald m'a écrit de Paris, et
« il m'a appris, en 1812, que c'est lui qui avait été mon
« éditeur à Babylone, l'an 1797. Comme les choses vont
« à cette époque! Au reste, mon cher abbé, malgré la
« faveur des circonstances, je ne me décide à rien, et
« ne me sens pas la moindre volonté ou velléité de faire
« un pas du côté de l'imprimerie. *Habent sua fata libelli.*
« J'écrivais l'autre jour : « A moins qu'une grande na-
« tion ne pousse un livre, il ne peut avoir qu'un succès
« équivoque. Avis, non pas au lecteur, mais à l'écrivain !
« Je ne vois plus la possibilité de retrouver ces bonnes
« réunions qui me transportaient d'aise; de sorte que
« je retombe sur mon fauteuil, et sur moi-même, plus
« lourd et plus *bête* qu'avant d'y avoir songé.

« Adieu, et merci mille fois, monsieur l'abbé; je
« compte toujours sur votre souvenir, et je vous prie de
« ne jamais douter du mien. Les preuves multipliées
« d'intérêt et d'amitié que j'ai reçues de vous ont fait sur
« mon cœur une impression profonde, et il ne tiendra
« jamais à moi de vous en donner les témoignages les
« moins équivoques.

« Je suis avec un tendre attachement, etc. »

Quelques mots de différents écrivains qui ont parlé
de Richelieu finiront ce chapitre.

« Quand Richelieu prit possession de son titre, dit
« l'un d'eux, Odessa ne renfermait que quatre mille
« âmes ; en 1805, elle en comptait déjà plus de vingt
« mille. Il arrêta les déprédations, organisa une po-
« lice, ordonna des travaux utiles, fit défricher les
« terres incultes, créa des administrations composées
« d'honnêtes citoyens, et attira les étrangers par l'appât
« des plaisirs et des charmes de la société. Il substitua
« à des maisons tristes et malsaines des constructions
« élégantes et commodes ; à une rade infréquentée, un
« port où affluent aujourd'hui des vaisseaux de toutes
« les nations, et d'où il sortit dès 1804 pour douze
« millions de blé. »

Un autre ajoute :

« Richelieu a exercé un pouvoir absolu sur près de trois
« millions d'hommes, et toutefois personne n'a jamais
« pu lui reprocher le moindre acte d'injustice. Deux
« cents villages furent peuplés par ses soins ; Odessa
« fut embelli : ses rues étaient tirées au cordeau. En
« 1814, le nombre de ses habitants était de trente-cinq
« mille, et elle avait, entre autres établissements, un
« institut et un gymnase, ouvrages de l'abbé Nicolle. »

Enfin le cardinal de Bausset dit des lettres de Richelieu que, « dans l'opinion de tous ceux qui en ont eu
« connaissance, elles passent pour des modèles de
« dignité, de sagesse et de profonde considération sur
« les grands intérêts de toute l'Europe. Toutes les let-

« tres importantes, adressées aux agents du roi dans les
« cours étrangères, étaient écrites de sa main, et n'of-
« frent ni rature, ni recherches, ni efforts. Jamais aucun
« ministre d'État ne s'est moins servi de secrétaires. Il
« n'était pas un particulier un peu connu, à qui il ne ré-
« pondît de sa main avec empressement, franchise et
« obligeance. »

Cet éloge est vrai. Des lettres fréquentes étaient
échangées entre l'abbé Nicolle et son illustre ami : ce
sont des monuments historiques où, malgré le temps
qui s'est écoulé depuis cette époque, l'œil aime encore à
lire ces grands événements, et l'esprit à les voir juger
par un homme qui y prit sa grande part. Du reste elles
entrent dans l'ordre de mon sujet, et je les cite avec
bonheur, non pour rehausser la gloire de Richelieu,
dont le nom n'a nul besoin de mes souvenirs, mais
parce qu'elles font partie essentielle de la vie de M. Nicolle. Français, pouvait-il ne pas porter un vif intérêt
à toute voix qui lui parlait de sa patrie ? Administrateur,
il cherchait les conseils de son expérience, et la puissance de sa protection sur l'œuvre de sa prédilection ;
ami, il lui donnait, et réclamait de son amitié, des paroles de consolation et de courage.

Plus que jamais Richelieu avait alors besoin que
Dieu le consolât, et fortifiât son énergie habituelle. Un
noble appel était fait à son patriotisme : une lettre de
Louis XVIII le mandait à Paris.

La France avait eu ses douleurs et ses gloires. Elle

avait vu disparaître, comme deux rêves, ces deux grandes époques que le sang et les armes ont confiées à l'impérissable souvenir de l'histoire, la Convention et l'Empire, et toutefois, comme après les rêves d'un malade, il reste une agitation fébrile qui le dispose aux violentes crises, il restait en France, après de si graves événements, un frémissement intérieur de passions, précurseur des orages.

Une fièvre brûlante d'espérances, d'ambition, de haine, avait gagné tous les esprits ; l'état du pays était alarmant : il lui fallait un prompt et efficace remède. Dieu le lui donna. Vigoureuse et féconde, la France est une terre de miracles. Quelles que soient les plaies qui la déchirent, quelles que soient les ruines que les malheurs du temps entassent sur son sol, elle ne veut, pour la guérir et la sauver, qu'une main forte, un cœur brave, un esprit décisif et plein de grandes vues; et, quand elle a trouvé l'homme que Dieu a doué pour elle de ces nobles qualités, elle reprend la vie. La confiance ramène l'ordre, l'ordre ramène la paix, et souvent même, au moment où l'on croyait assister à son dernier jour, succède un moment qui a commencé pour elle une nouvelle gloire. La transition de cet état de tempêtes à cet état de douce tranquillité est terrible. Un dévouement à toute épreuve pouvait seul accepter le pesant fardeau des affaires en un moment aussi critique; Richelieu le possédait. Il ne se dissimula pas la responsabilité qui allait peser sur lui, les haines que sans doute il allait soulever contre sa personne et son administration, les censures dont tous ses actes allaient être l'objet : cependant il obéit. Le roi implorait son aide, c'en était assez. Fidèle et dévoué, il sacrifia à la France et à son Souverain le bonheur qu'il goûtait en Russie, la gloire que faisait rejaillir sur lui l'immense prospérité d'Odessa, l'affection du Prince qui l'honorait de sa bienveillance, et disant adieu à son cher abbé et à ses amis, il quitta la ville de ses prédilections.

A son arrivée à Paris, le Roi l'admit à l'honneur de siéger dans son conseil.

CHAPITRE V

Lettres de Richelieu sur l'état de la France et de la cour. — 1815-1816 — Ses ennuis. — Ses fatigues. — Michel Orloff. — Les armées étrangères. — Avantages accordés par Alexandre au lycée d'Odessa. — Bienveillance de ce Prince pour M. Nicolle. — Arrivée de l'abbé Nicolle en France. — Charles Nodier. — Fondation du collége de Sainte-Barbe. — Départ de France. — Accroissement et succès du lycée d'Odessa, en Russie. — Prospérité de Sainte-Barbe, en France. — M. de Chabrol, préfet de la Seine, lui accorde des bourses de la ville. — Nouvelles lettres de Richelieu sur l'état de la France. — 1817-1818. — Aix-la-Chapelle.

Au mois de janvier 1815 Richelieu écrivait à M. Nicolle :

« J'aurais bien des choses à vous dire de l'état de la
« France, que je commence à connaître ou à recon-
« naître. J'ai été reçu, en général, d'une manière fort
« supérieure à ce que je mérite. Le public me témoigne
« un intérêt, et surtout une estime, dont je suis loin
« d'être digne, et me nomme à toutes les places, même
« à celles que je serais le moins en état de remplir...

« Quant au pays, je vous avoue qu'il me paraît
« ne pas présenter un aspect trop rassurant pour
« l'avenir. Les partis sont en présence, comme en

« 1789, et avec une aigreur, une animosité, une into-
« lérance qui me semblent faire plutôt des progrès que
« diminuer. Il paraît difficile que les choses puissent
« rester longtemps dans cet état... Les Français s'en
« donnent maintenant pour le passé ; et pour le présent,
« ils crient, raisonnent et frondent tant qu'ils peuvent ;
« peut-être tout en restera-t-il aux paroles, et je le dé-
« sire. Au reste, le caractère national est entièrement
« dénaturé. Le peuple a pris des manières rudes, gros-
« sières, qu'il n'avait jamais eues ; les sentiments reli-
« gieux sont on ne saurait plus faibles et plus rares. La
« classe supérieure ne songe qu'à se pousser, s'enrichir,
« se placer : tous les moyens lui sont bons pour parve-
« nir. Vous seriez étonné si je vous comptais les détails
« de ce qu'on voit tous les jours. La bureaucratie est
« dix fois pire qu'en Russie. Il se reçoit, dans les divers
« ministères, plus de dix mille lettres par jour. Je n'ai
« encore vu personne qui ne se croie propre à remplir
« toutes les places de l'administration, pourvu toutefois
« qu'elles soient lucratives, et elles le sont presque
« toutes ; le ministère de l'intérieur seul coûte quatre-
« vingt-dix millions. Jamais administration ne fut plus
« dispendieuse. Il est probable qu'on cherchera à re-
« médier à tout cela ; mais la chose n'est pas facile, car
« il faut éviter, surtout à présent, de faire un trop grand
« nombre de mécontents. »

Le ciel lui réservait aussi sa part des orages. Les mé-

contents faisaient entendre leurs plaintes ; la terre de
Paris devenait brûlante sous ses pas. Il le quitta momentanément, et partit pour la visite des provinces.

Peu habitué à cette vie d'accablement d'affaires et de
guerres incessantes, il avait même déjà rêvé sa démission, son départ de la France, son retour à sa chère
Odessa. Les nouvelles de la prospérité toujours croissante de son œuvre, et celles des progrès de l'œuvre de
son ami, réveillaient tous ses désirs, attiraient toutes
ses affections en Russie. Il l'écrit à l'abbé, et lui fait part
de ses ennuis, de ses luttes, de ses déceptions et de
ses espérances.

Mars 1815.

« Il n'y aurait là de quoi offenser ni ultras, ni libé-
« raux, gens fort chatouilleux et fort délicats sur les
« convenances, surtout pour les autres. Au reste, je me
« suis décidé à me mettre au-dessus du *qu'en dira-t-on*.
« On en a tant dit de toutes les façons sur mon compte,
« sans que je me crusse pour cela ni plus mauvais ni
« meilleur, que je trouve qu'il est temps de prendre
« son parti sur l'opinion de gens qui disent alternati-
« vement le blanc ou le noir. « *È sempre bene*, » disait
« l'auteur vénitien. J'ai trouvé toutefois les provinces
« beaucoup plus sages que Paris ; elles ne demande-
« raient pas mieux que d'être raisonnables et tran-
« quilles, si l'on voulait bien ne pas les inonder de pam-
« phlets périodiques et semi-périodiques, tous plus

« extravagants les uns que les autres, et qui ne sont
« propres qu'à faire tourner toutes les têtes. Je crains
« bien que la liberté de la presse ne soit un funeste pré-
« sent, surtout lorsque les institutions d'un peuple
« n'ont pas encore eu le temps de jeter de profondes
« racines, et que le moindre orage peut, non-seulement
« les ébranler, mais même les renverser. Je crains bien
« aussi que ce ne soit chez nous un mal sans remède,
« car tous les partis réclament cette liberté avec une
« égale fureur, comme une arme avec laquelle ils veu-
« lent s'attaquer, et par laquelle ils espèrent récipro-
« quement se détrôner. Espérons plutôt qu'ils reconnaî-
« tront enfin tous les maux qui peuvent sortir de cette
« nouvelle boîte de Pandore. »

Rêves d'espoir, ils ne devaient pas être réalisés ! Le
temps marchait, et la tempête agitait la France ; l'inva-
sion étrangère venait y ajouter de nouveaux embarras et
de nouveaux dangers. Le roi s'empressa de rappeler son
ministre.

Une lettre partit aussitôt, et instruisit l'abbé de ce
rappel et de ses déceptions.

11 septembre 1815.

« Le sort en est jeté, monsieur l'abbé, j'ai cédé aux
« ordres du Roi, aux conseils de l'Empereur et à la voix
« publique, qui, j'ignore pourquoi, m'a appelé au mi-
« nistère dans le moment le plus affreux. C'est ce qui
« m'a fait accepter. Il y eût eu de la lâcheté à aban-

« donner ce malheureux Roi dans l'horrible position où
« il se trouve. L'Empereur a été admirable pour moi
« dans cette occasion. J'ai obtenu de lui de consacrer
« la pension de seize cents ducats que je possède au
« soutien de la maison d'éducation d'Odessa. Je ne vous
« exhorte pas à revenir encore en France : nous sommes
« sur un volcan... Adieu, monsieur l'abbé, priez le bon
« Dieu pour moi : je n'eus jamais autant besoin qu'il
« vienne à mon aide. Pauvre France! pauvre Odessa!
« pauvre Crimée! L'homme est posé par la Providence
« au haut d'une montagne, d'où elle le pousse et le fait
« rouler jusqu'au bas, sans qu'il puisse s'arrêter :
« puissé-je ne pas tomber avec la chose publique au
« fond du précipice !

    « Je vous embrasse bien tendrement. »

    L'épreuve pesait sur la France ; il en ressentit toutes
les amertumes. Son cœur s'épanche avec son ami. Quelle
peinture de la France ! quel tableau de ses propres
douleurs !

                                   « Janvier 1816.

    « Non, ne venez pas encore ici ; avec votre caractère
« doux et conciliant, que deviendriez - vous chez un
« peuple qui n'est pas un moment de sang-froid et qui
« porte tout à l'extrême? Vous seriez bientôt tout aussi
« fatigué que moi... La vie que je mène me devient
« tous les jours plus insupportable; toutes mes habi-

« tudes, tous mes goûts sont froissés, de manière que
« ma vie entière est un supplice. Comme l'esprit de
« parti est au plus haut degré d'irritation, je ne puis
« ni me faire entendre ni comprendre la langue qu'on
« me parle, et peut-être fais-je plus mal en ne me je-
« tant pas dans un parti, entraînant l'autre parti sur
« les échafauds, comme j'en suis sollicité tous les jours.
« Mais, comme il me serait impossible de suivre cette
« direction, où tendent les meneurs d'aujourd'hui, je
« ne puis longtemps être leur homme ; aussi je m'a-
« perçois que je perds du terrain tous les jours, et cela
« doit être. Malheureux pays où l'on n'a que le choix
« entre les extravagances et les crimes, où le langage
« de la raison est le seul avec lequel on ne puisse espé-
« rer se faire entendre de personne !

« J'ai bien recommencé dix fois cette page : il faut
« pourtant que je la finisse. Je me résume en vous dé-
« conseillant de revenir en France, jusqu'à ce que je
« vous y engage. Quoique nous jouissions d'une tran-
« quillité en apparence complète, nous n'en sommes
« pas moins sur un volcan, et, pour ne rien dire de
« plus, la mort du roi serait le signal de la plus terrible
« révolution. Eh bien, monsieur l'abbé, croiriez-vous
« qu'un certain parti, fort soutenu, fort appuyé à la
« cour, spécule sur cet événement, et, je le dis tout bas,
« en accuse la lenteur ? Les insensés s'imaginent qu'a-
« lors ils rétabliront sans peine toutes les institutions
« que la Révolution a détruites, et ils ne voient pas que

« la suite immédiate d'une pareille entreprise serait
« de faire couler en France des torrents de sang, et de
« la livrer ensuite à l'étranger. Il vous est impossible de
« vous imaginer ce qu'est la société, une arène où l'on
« est prêt à s'égorger pour des menaces d'opinions. Le
« malheureux roi sait fort bien sa position : il se voit
« isolé au milieu de sa famille, qui a d'autres idées que
« les siennes, tiraillé par ses parents, tiraillé par ses
« ministres, cherchant partout la tranquillité et ne la
« trouvant pas. Cet état influe sur sa santé. Souvent le
« sang lui porte à la tête, et, avec son énorme corpu-
« lence et ses jambes malades, il est impossible de ne
« pas frémir d'inquiétude et d'effroi. Au milieu de tout
« cela, je ne vous parlerai pas de moi; je tâche de suivre
« ma ligne de fermeté et de modération tout à la fois;
« mais que de peine n'ai-je pas à m'y tenir! C'est une
« espèce de tour de force répété à tous les instants du
« jour. Jugez de ma fatigue! Il faut employer toutes ses
« forces, toutes ses facultés, à se soutenir, et il ne reste
« ni temps ni moyens de rien faire d'utile. Aussi n'y
« a-t-il à toutes les peines et à toutes les inquiétudes
« qu'on endure aucune compensation; moi, surtout,
« qui n'ai ici personne à qui je puis ouvrir mon cœur :
« je suis encore plus malheureux. Voyez, monsieur
« l'abbé, si dans ma situation j'ai du mérite à vous dire
« de ne pas venir ici; mais il faut d'abord aimer ses
« amis pour eux-mêmes, c'est un premier devoir que je
« remplis, quoiqu'à regret.

7

« Si vous me demandez après tout cela ce que je
« compte faire, je vous dirai que je pousse le temps
« avec l'épaule, tâchant de sauver le présent sans trop
« d'espoir pour l'avenir. Ma santé s'altère, mais ce
« n'est pas là ce qui m'inquiète. J'ai pensé envoyer
« tout promener la semaine dernière ; mais, à moins d'y
« être absolument forcé, je crois en conscience devoir
« rester tant que le roi me soutiendra, et que l'on ne
« me forcera pas la main pour me faire sortir malgré
« moi de la direction que j'ai cru devoir prendre.

« Je vous embrasse de tout cœur. »

Quelques jours seulement s'étaient écoulés depuis
cette lettre de Richelieu ; mais, quand la flamme menace
de tout détruire, l'inquiétude, la crainte, la terreur,
donnent aux jours la longueur des siècles ; et que
d'événements nouveaux en remplissent les heures !
La France n'était plus à elle ; des armées étrangères
l'occupaient en maîtresses ; elle en était opprimée.
Richelieu souffrait : son ami seul était capable de le
consoler. Il lui écrit, et le messager de sa lettre est l'un
des officiers de l'armée d'Alexandre, et en même temps
l'un des plus affectionnés élèves de l'abbé Nicolle, jeune
homme au cœur noble, de race ancienne et d'un dévouement absolu pour son *cher maître*, Michel Orloff.

Alors que toutes les lettres étaient ouvertes par ordre,
il était nécessaire de confier à des mains fidèles le secret
de ses correspondances.

« 23 janvier 1816.

« .... Mes lettres vous auront mis au courant de ma
« situation, qui n'est pas devenue plus douce. Luttant
« contre les folies des uns, les criminelles entreprises
« des autres, et les vexations de cent cinquante mille
« étrangers, sous la tutelle de qui nous sommes, trou-
« vant à chaque pas des obstacles de la part de ceux sur
« l'appui desquels on était plus en droit de compter,
« je ne pense pas qu'un homme se soit jamais trouvé
« dans une position plus pénible. Vous savez que je me
« connais et me juge assez bien; vous ne pouvez douter
« que je ne connaisse mieux que personne tout ce qui
« me manque pour faire face à tant de difficultés ; ce-
« pendant, malgré tout ce qu'on fait pour agiter le
« pays, soit par les projets criminels des révolution-
« naires, soit par l'exagération des ultra-royalistes, qui
« voudraient tout rétablir en un jour, la France est
« tranquille, et plus même qu'il n'était possible de
« l'espérer. Je suis convaincu que, si les princes vou-
« laient marcher dans la ligne du roi, ou si le roi avait
« le courage de les y obliger, les choses pourraient aller
« passablement. Mais nous sommes loin de cette sup-
« position, et je ne vois pas, avec les dispositions qui
« existent, que l'on puisse répondre de rien. Dans un
« tel état de choses, ce serait folie que de vous engager
« à revenir : vous souffririez ici le martyre, car je défie
« quiconque a été, pendant plusieurs années, étranger

« à cette irritation, de pouvoir s'y accoutumer. Adieu,
« monsieur l'abbé; écrivez-moi, et surtout aimez-moi
« un peu, car j'ai besoin de ce sentiment de votre
« part. Vous connaissez toute ma tendresse pour vous;
« elle ne finira qu'avec ma vie. »

Le cœur se resserre en parcourant les lignes que renferme sa lettre de novembre 1816.

« La vieille Europe paraît épuisée au physique
« comme au moral. La terre même se refuse à pro-
« duire, et le soleil à mûrir les moissons. La récolte en
« vins a été nulle dans la presque totalité de la France.
« Celle du blé est médiocre; il en résulte une énorme
« cherté, si même ce n'est pas une disette. Je doute
« qu'il y ait à présent sur la surface de la terre un peu-
« ple aussi malheureux que le peuple français. Humilié
« dans son amour-propre, écrasé d'impôts, sans com-
« merce, sans industrie, et payant le pain six et sept
« sous la livre! Il souffre en silence, et acquiert quel-
« ques droits à l'estime par sa résignation. Il ne reste
« plus ici d'activité que pour la haine. Cette passion est
« encore dans toute sa force. La société est insuppor-
« table, et les passions y sont aussi vives qu'en 1792....
« Les personnes qui croient qu'on défait une révolution
« de vingt-sept ans avec deux ou trois décrets sont fu-
« rieuses que nous ne nous prêtions pas à une opéra-
« tion aussi facile. Ils m'avaient pris, croyant me faire
« l'instrument de leurs extravagances, et, voyant au-
« jourd'hui que je ne m'y suis prêté, et même que je

« voudrais les sauver malgré eux, en suivant ma ligne
« de modération et de sagesse, ils s'acharnent contre
« moi, et en disent autant de mal qu'ils en disaient de
« bien auparavant, et, dans les deux cas, plus que je
« n'en mérite. Tout cela est peu de chose, assurément;
« mais, quand cet éloignement vient d'hommes qui com-
« posent la classe avec laquelle vous êtes destiné à vivre,
« et que d'ailleurs les écarts de cette classe peuvent avoir
« des suites si graves, on ne peut s'empêcher de les dé-
« plorer. »

Un trait rend complète la peinture des malheurs de
la France : ce sont quelques mots sur les armées coa-
lisées.

« Le spectacle de la France au pillage n'est rien
« moins que fait pour égayer. Il n'y a que la conduite
« des Russes qui soit admirable, comme celle de l'Em-
« pereur est un modèle de noblesse, de loyauté et de
« bonne politique. Mais toutes les autres armées exer-
« cent cruellement le droit de représailles, les Anglais,
« pourtant, exceptés. Les Prussiens, Autrichiens, Ba-
« varois, s'escriment à l'envi, usent et abusent même
« des avantages de la victoire. La France expire à la
« lettre sous le poids de l'Europe qui l'écrase. Le pas-
« sage d'un corps d'armée épuise tellement le pays
« qu'il traverse, que ceux qui passent ensuite ne trou-
« vent à subsister qu'avec la plus grande peine. La
« masse des campagnards vit au jour la journée, n'a
« rien en réserve. Je viens d'être témoin à Courteille

« du passage d'un corps prussien qui va en Bretagne,
« et, quoique j'aie fait l'impossible pour éviter une par-
« tie des maux, quoique le général fût un de mes an-
« ciens amis et un excellent homme, je frémis encore
« d'une pareille calamité dans un pays aussi misérable,
« et avec des hommes aussi exigeants et aussi peu dis-
« ciplinés que les Prussiens. Jusqu'à présent, rien n'in-
« dique encore le terme de cet état de choses, qui,
« comme au reste on devait s'y attendre, ne ressemble
« guère à celui de l'année dernière. L'Empereur, j'en
« suis assuré, voudrait qu'il finît promptement et bien,
« et qu'on éteignît enfin, par une paix raisonnable, les
« haines qui divisent les nations européennes depuis
« un trop long temps. Dieu veuille qu'il réussisse dans
« ce noble dessein !.... Je vous prie de remettre cette
« lettre au marquis de Castelnau. Son pays est le meil-
« leur de France pour l'esprit et la conduite : il n'y a
« point eu de scènes sanglantes, comme en plusieurs
« autres contrées royalistes, où le peuple s'est porté à
« de grands excès contre des hommes d'un parti diffé-
« rent. Du reste, je ne crois pas que ce parti, de quelque
« nom qu'on l'appelle, soit à craindre en ce moment. Il
« tombe de jour en jour dans un plus grand mépris, et,
« pour peu qu'on sache s'y prendre, il sera facile de ra-
« mener les esprits à un ordre de choses raisonnable.
« Pour cela, il faut que la paix se fasse promptement,
« qu'elle soit supportable, et que la plus grande partie
« des étrangers ait évacué le territoire français. Que,

« grâce à Dieu, il en soit ainsi ! Croyez à mon bien
« tendre attachement. »

Pendant que la France épuisait ainsi la coupe de ses
douleurs, une consolation bien douce était réservée à
Richelieu. Odessa était devenue le centre de ses pensées
comme de ses affections : c'était là qu'il trouvait une
agréable diversion à ses immenses travaux ; c'était là
qu'il oubliait par intervalles sa responsabilité et l'accablement de ses affaires, en formant pour la ville, objet
de sa prédilection, des projets de grandeur et de prospérité. Le séjour du Czar à Paris était favorable pour la
réalisation de ses désirs ; il en profita. Alexandre accéda
à ses sollicitations, et, parmi les faveurs qu'il répandit
sur la ville, à la demande du ministre, son fondateur,
il accorda spécialement au lycée les avantages que le
gouvernement russe n'accorde qu'aux Universités. Ces
avantages, ou plutôt ces priviléges, qui donnaient à
l'œuvre presque naissante de l'abbé Nicolle l'autorité
des plus vieilles écoles de la Russie, assuraient à tout
élève, à l'achèvement de ses études, le grade d'officier
dans l'armée, après un service qui ne dépassait pas
trois mois en qualité de sous-officier. A ces marques de
la bienveillance impériale Richelieu ajouta la donation
pleine et entière des fonds qu'il avait affectés momentanément à l'entretien des élèves-professeurs.

Ainsi protégé, l'institut prit un nouvel essor, et toutefois il lui manquait encore ce qui fait la vie d'un établissement d'éducation publique, la sanction de l'auto-

rité. M. Nicolle voulut profiter de la bienveillance de l'Empereur pour l'institut, et, de concert avec le comte de Langeron, qui avait succédé à Richelieu dans le gouvernement de la Russie méridionale, il fit un rapport sur l'état du lycée, sur les règlements des études, sur le personnel des élèves, demandant respectueusement à Sa Majesté Impériale qu'il lui plût de reconnaître l'institut comme établissement de l'Empire. Ce rapport fut présenté, en leur nom, au prince Alexandre Galitzin ; et, comme le prince était, aussi bien que l'Empereur, disposé pour la plus grande prospérité du lycée, la demande fut acceptée, et le décret immédiatement envoyé à M. Nicolle. Le prince ajoutait que l'intention du czar était que l'institut, ainsi reconnu, continuât à recevoir le bienfait de son utile direction. Cette intention était un hommage rendu à la sagesse et à l'expérience de M. Nicolle. Tous y applaudirent, et tous le supplièrent de se rendre à un désir si noblement exprimé, et au vœu général de ses élèves et de ses amis. A des prières si universelles le vénérable abbé avait répondu par un constant refus. Son âge et ses fatigues lui faisaient, selon lui, un devoir consciencieux de décliner une aussi grande responsabilité. De nouvelles instances furent faites ; à ces instances, de nouveaux refus ; le cœur de l'exilé était alors tout préoccupé de la France, et il avait espéré que la reconnaissance de l'institut, faite par Alexandre, serait une occasion favorable pour lui de songer à la retraite. C'était à sa patrie qu'il désirait redemander son repos et sa santé. Le prince Galitzin coupa court à toutes ces difficultés : *L'Empereur le veut !* écrit-il à M. Nicolle. A ce mot, sa reconnaissance et son dévouement l'emportèrent ; il accepta.

Dans les grandes âmes, tout est marqué au sceau de la générosité; on sent en elles la noblesse qui les anime. M. Nicolle avait obéi, mais là s'arrêtait son devoir. Au mérite de la soumission s'ajouta le mérite de l'abnégation. Il refusa le traitement de sa nouvelle dignité, et, sur sa demande, le ministre permit qu'il fût affecté aux besoins du lycée.

Ce premier sacrifice fut bientôt suivi d'un autre, que je qualifie d'acte héroïque. *Une bibliothèque*, a dit un ancien, *est le remède à tous les maux de la vie*. M. Nicolle en possédait une qui était tout à la fois nombreuse, choisie et remarquable par la beauté des ouvrages. Il la vendit, et, pour épargner au lycée de nouvelles dépenses, il consacra le douloureux prix de cette vente à la réalisation du projet qu'il avait formé de chercher, jusque dans la France, des professeurs capables de concourir avec lui à la prospérité du collége d'Odessa. Il partit.

La terre étrangère a ses charmes, sans doute ; mais que le sol de la patrie a d'attraits pour un cœur bien né ! Il me souvient de cette parole si profondément sentie d'un proscrit qui revoyait la France, après un long exil. Une croix en bois frappe ses yeux; il y lit ce mot :

France. Il se jette à genoux, baise la croix. « Et que dis-tu alors? lui demande un de ses amis. — Rien, répond l'exilé, je pleurais! » A mesure qu'il approchait de la terre de la patrie, le cœur du vénérable abbé battait. Revoir une famille bien-aimée, retrouver d'anciens compagnons de son enfance et de son exil, et dire à son noble ami, le duc de Richelieu, tout son affectueux dévouement, quelle joie! Les jours de son arrivée à Paris furent pour son cœur des jours de la plus douce consolation. Le roi lui-même se plut à la rendre plus complète : une ordonnance du 13 août 1817, et contre-signée du nom de Richelieu, le nommait son Aumônier honoraire.

Tant de bonheur, tant de satisfactions personnelles, tant d'honneurs, ne suspendirent pas les projets qu'il avait formés pour l'institut. A cette époque, la capitale renfermait en son sein un grand nombre d'hommes d'intelligence : esprits d'élite, ils attiraient à leurs savantes leçons une jeunesse studieuse, et toutefois, parmi eux, il en était dont l'âme ardente semblait chercher de tous côtés un aliment à leur active imagination. L'abbé les comprit. Il leur présente un collége à fonder, une foule de jeunes enfants de distinction à former aux sciences, un peuple à polir par l'éducation première. La pensée était grande, elle demandait des cœurs généreux : plusieurs hommes de talent répondirent à son appel. Un de nos grands écrivains, M. Charles Nodier, avait promis son concours à l'œuvre de M. Nicolle. Il était dit et stipulé, dans le contrat d'engage-ment, que dans Odessa seraient fondées une imprime-rie et une feuille périodique, tout à la fois politique et littéraire, et que leur direction serait confiée au zèle de l'éloquent et spirituel écrivain; mais de graves cir-constances ne lui permirent pas de remplir sa pro-messe. M. Nodier exprima ses regrets dans deux arti-cles qui furent imprimés dans les journaux de ce temps, et qui sont, pour ainsi dire, deux chants de louange à la gloire des fondateurs de la civilisation d'Odessa.

Le but du voyage de l'abbé Nicolle était atteint : il lui fallut songer au retour. Il s'y prépara; mais, avant de quitter encore une fois la terre de la France, il vou-lut y laisser un souvenir vivant de son zèle et de son amour pour les sciences.

Depuis longtemps, sa reconnaissance pour la célèbre maison qui l'avait élevé lui avait fait former le désir de la voir se relever de ses ruines. Son séjour dans la capi-tale lui parut être le temps le plus favorable pour l'exé-cution de son projet. Il en fit part à d'anciens élèves de Sainte-Barbe, ses amis. La proposition fut accueillie avec enthousiasme, et, pour subvenir aux premiers frais de cette restauration importante, une souscription fut ouverte. Lui-même il s'inscrivit pour la somme de six mille francs. La semence était ainsi confiée à la terre; il laissa à Dieu le soin de lui donner son accroissement. Heureux de ce commencement, il quitta Paris, et reprit la route d'Odessa.

Un nouveau collége fut bâti ; les études reprirent en quelque sorte une vie toute nouvelle. La nuit et le jour l'infatigable abbé était à son poste ; les sacrifices d'argent n'étaient plus pour lui des sacrifices, *ce sont mes plaisirs*, disait-il, et il le prouva. La bibliothèque du lycée, il la fonde à ses frais, les dépenses considérables qu'exige le bien-être du collége, il les acquitte de sa fortune personnelle. Sans cesse il anime par son courage, sans cesse il console, il encourage, il enseigne : il s'est fait à tout. Au sujet de ce dévouement admirable, Richelieu lui écrit :

« Langeron ne tarit pas sur les heureux changements
« qu'a déjà éprouvés le lycée, grâce à vos soins ; mais il
« faut que je vous gronde. Il prétend que vous vous
« tuez à force de travail et de fatigues, et que vous êtes
« même fort changé. Je vous prie, au nom de notre
« amitié, de vous ménager, et de réfléchir que, pour le
« bien même de la chose, il faut faire vie qui dure. Si
« vous veniez à interrompre vos fonctions, avant que
« l'établissement, qui vous doit comme une seconde vie,
« soit parfaitement consolidé, tout serait peut-être
« perdu. N'en prenez donc pas au delà de vos forces, et
« restez toujours un peu en deçà. »

Le conseil était utile. Il ne fallait rien moins que l'ascendant de l'amitié du noble duc, pour obliger M. Nicolle à prendre soin de lui-même. Il avait fait à Dieu le sacrifice de sa personne, et il l'écrivait à Richelieu.

« La vie que je mène ici, lui disait-il, est horrible-

« ment pénible. J'ai quelquefois peur de m'être chargé
« d'un fardeau au delà de mes forces ; mais, si je suc-
« combe, j'aurai du moins la satisfaction d'avoir fait
« une œuvre agréable à Dieu et à l'homme pour lequel
« il me sera toujours doux de me dévouer. »

Dieu était avec son serviteur. En Russie il bénissait
ses nobles efforts, et dans la France il bénissait aussi
les vœux qu'il avait formés pour le rétablissement de sa
chère Sainte-Barbe. Des lettres de son frère, M. Henri
Nicolle, le remplissaient à ce sujet d'ineffables douceurs. Deux conseils avaient été formés : l'un conseil
d'administration, l'autre conseil d'instruction. Celui-ci
était chargé spécialement de la surveillance des études,
de la présidence des examens trimestriels et des concours d'admission aux bourses. Parmi les membres de
ces deux conseils se trouvait l'élite des hommes les plus
distingués de ce temps, comme ils avaient été autrefois
l'élite des élèves de Sainte-Barbe, MM. Borderies, de
Feletz, Planche, Dussault, Andrieux, Lemaire, Barbier-
Veymar, Cottret... Ce dernier fut, à l'unanimité des
suffrages, élu Supérieur de la nouvelle fondation, qui fut
établie rue des Postes, et prit le titre d'*Association des
anciens élèves de la communauté de Sainte-Barbe*.
Quoique résidant en Russie, M. Nicolle reçut, du con-
sentement de tous les Barbistes et des deux conseils, la
dignité de Supérieur honoraire. Il recevait avec ce titre
ces lignes pleines d'encouragement et de consolation :

« Notre Sainte-Barbe ne fait que de naître, et déjà

« elle est florissante. De nouveaux élèves nous arrivent
« de toutes parts. A la rentrée, nous en compterons une
« centaine, et parmi ces élèves plusieurs nous donnent
« l'espérance de devenir un jour des sujets distingués.
« Les statuts et règlement de notre maison sont du reste
« ceux du lycée d'Odessa, et, en les admettant, on a
« voulu rendre un nouvel hommage à vos lumières et
« à votre expérience. »

L'œuvre naissante eut bientôt un protecteur puissant,
le préfet de la Seine, M. le comte de Chabrol. Une lettre
flatteuse de ce magistrat assura les deux conseils de
tout son intérêt, et, pour leur en donner une preuve
efficace, il promit d'accorder à la nouvelle Sainte-Barbe
quelques-unes des bourses mises à la disposition de la
ville. L'effet suivit de près la promesse. De si heureux
commencements étaient d'un favorable augure pour
l'avenir ; Dieu réservait à M. Nicolle la joie d'en assurer
le succès.

Toutes ces nouvelles étaient un repos pour l'esprit
du vénérable abbé ; elles le fortifiaient contre l'accablement de ses fatigues, et elles charmaient les ennuis que
lui causait son éloignement de la France. Ces ennuis
étaient encore augmentés par le désir d'offrir à son
ami, le duc de Richelieu, les encouragements d'une
affection dévouée. Il le savait malheureux, et cette certitude lui était pénible. Des lettres succédaient aux lettres ; des exhortations réciproques à la soumission par-
taient de Paris et d'Odessa.

Entrons encore une fois dans le secret de leur amitié intime. Richelieu lui écrivait ces quelques lignes :

« 8 octobre 1817.

« Des craintes et toujours des craintes ! Peut-être se
« réaliseront-elles plus tôt qu'on ne pense. Je ne vois
« pas en beau, et les apparences de cette session ne me
« rassurent pas ; notre éducation préparatoire au gou-
« vernement représentatif est loin d'être faite , au cas
« que notre mobilité et notre versatilité de caractère
« nous rendent susceptibles de nous gouverner nous-
« mêmes. En vérité, j'en doute tous les jours un peu
« plus. Au reste, le problème se résout chaque jour ;
« mais, pour les gens qui aiment la tranquillité, il est
« fâcheux de vivre dans un pays où l'espèce de gouver-
« nement sous lequel on peut et on doit exister est
« encore un problème non résolu. »

Dans sa lettre du 24 décembre de la même année, ses craintes deviennent plus vives. Son amitié demande des forces à son ami.

« Je vous ai toujours dit que je craignais bien que
« le gouvernement représentatif n'eût bien de la peine
« à s'établir en France. Cette appréhension acquiert à
« chaque instant de nouvelles forces, et ce qui se passe
« dans la session actuelle ne fait que me confirmer dans
« l'idée où j'étais, que les Français sont le peuple le
« moins propre à délibérer sur les affaires. Nous aurons

« bien de la peine à en venir à notre honneur sur les
« lois que nous avons proposées, et surtout sur le Con-
« cordat, qui trouve une opposition extrême dans tous
« les partis ; mais la session future m'inquiète surtout,
« et, au total, je ne vois pas comment, avec ce foyer an-
« nuel de délire et d'agitation, on peut se flatter de
« fonder un ordre de choses solide dans ce pays. Je
« n'ai pas besoin de vous dire combien, dans ces circon-
« stances, mon éloignement et mon dégoût pour le mé-
« tier que je fais ont fait de progrès. Il est inconcevable
« que le physique puisse résister aux maux que souffre
« le moral, comme cela arrive chez moi.... Priez pour
« moi. »

Un *post-scriptum* de quelques lignes va jeter l'a-
larme dans le cœur de son ami. C'est le petit nuage
qui paraît à l'horizon, et qui de loin présage la tempête.

« Je dois vous prévenir que je sais de bonne part
« qu'on veut à Saint-Pétersbourg travailler contre vous,
« en vous accusant de prosélytisme. Ayez bien soin d'é-
« viter tout ce qui pourrait fortifier une accusation qui
« ne sera, je l'espère, que ridicule, mais dont il est bon
« cependant que vous soyez informé. »

De justes inquiétudes pour son ami, des ennuis in-
cessants pour son propre cœur, d'immenses fatigues,
d'innombrables affaires, tout l'agite, tout l'obsède. Il
l'écrit à l'abbé.

« 5 février 1818.

« La répugnance que vous m'avez vue pour la situa-
« tion où je me trouve n'a fait que s'accroître depuis
« votre départ, et je ne sais à quelles tortures je ne
« consentirais pas à me soumettre, à quelles extrémi-
« tés je ne serais pas tenté de me porter, pour me sous-
« traire au poste que j'occupe. Je ne vous affligerai pas
« par les détails des peines nouvelles que j'éprouve et
« des difficultés toujours croissantes d'une position qui
« n'eut jamais sa pareille. Il vous suffira de savoir que
« l'avenir, pas plus que le présent, n'offre pour moi
« des chances de repos, et que je ne sais plus où fixer
« mon imagination, fatiguée de toutes les conjectures
« auxquelles elle se livre. Heureux qui peut faire un
« peu de bien terre à terre, et dans un pays où tout est
« usé à force d'avoir abusé de tout ! »

Naissance, dignités, puissance, que tout cela est peu
de chose pour le bonheur ! Le monde ne laisse rien à
désirer à Richelieu, et, toutefois, c'est dans ce monde
même qu'il trouve le chagrin qui le rend malheureux.
L'homme s'abat, sa nature est faible ; mais l'homme
d'État est ferme, l'homme du dévouement est inébran-
lable. Ces deux caractères se retrouvent dans sa lettre
du 19 mars.

« Non, monsieur l'abbé, je ne puis véritablement
« plus supporter la vie que je mène. Notre situation

« intérieure n'est pas, au reste, plus mauvaise. L'es-
« prit libéral se montre, à la vérité, avec plus de force,
« mais il fallait s'y attendre. Il n'était pas mort, et
« quoi de plus propre à lui donner de la force et du
« développement, qu'un gouvernement comme le nôtre,
« et la liberté de la presse? Mais tous les pamphlets
« qui paraissent font peu d'impression sur ceux qui les
« lisent, et aucune absolument sur le peuple, qui, fati-
« gué, ne les lit ou ne s'en embarrasse pas. La question
« n'est pas de savoir si l'esprit philosophique et révo-
« lutionnaire a fait des progrès, mais si le caractère
« français peut se prêter aux délibérations publiques
« d'une assemblée, et si l'effervescence et l'irritation
« que produit chaque session des Chambres n'arrête-
« ront pas un jour tout à fait la marche du gouverne-
« ment. C'est encore un problème à résoudre. »

Le problème est aujourd'hui résolu !

Cependant, au milieu des ténèbres qui lui cachent
les consolations de l'espérance, un rayon brille ! Il est
peut-être l'annonce de bons jours : il ne veut pas que
son ami l'ignore. Une occasion s'offre à lui : il la
saisit.

« 29 avril 1818.

« Un courrier part pour Vienne, et j'en profite pour
« vous faire arriver plus vite ce petit mot, que je vous
« écris au sortir des angoisses et des tribulations les

« plus cruelles que j'aie encore endurées. Je viens de
« terminer l'affaire des liquidations des particuliers
« étrangers sur la France. Vous vous rappellerez que
« je vous ai souvent entretenu de mes inquiétudes à ce
« sujet; enfin l'affaire est arrangée. On nous a fait de
« grandes remises; mais nous restons encore sous une
« charge énorme, et dont vous pouvez juger, car nous
« créons cette année cinquante-sept millions de rentes,
« représentant un emprunt de onze cent quarante mil-
« lions. Eh bien, malgré cela, le cours hausse, et nous
« avons plus de prêteurs que nous n'en voulons. La
« confiance est si grande parmi les capitalistes, que l'on
« nous offre de l'argent de toutes les parties de l'Eu-
« rope. C'est aujourd'hui même que l'on votera cet
« énorme crédit, avec la loi des finances. Il n'y aura que
« quelques criailleries qu'il est impossible d'éviter;
« mais l'immense majorité de la Chambre est excel-
« lente, et dans un esprit de royalisme modéré, tel
« qu'on peut le souhaiter pour terminer une révolu-
« tion. Je ne fais aucun doute qu'à la réunion des Sou-
« verains j'obtiendrai l'évacuation du territoire, ainsi
« que cela est prévu par les traités, au cas où la France
« serait tranquille, et elle l'est parfaitement. Alors je
« pense que ce sera le moment de dire mon *nunc di-*
« *mittis,* et de me reposer. J'en ai grand besoin. »

Les bonnes nouvelles se succèdent; les courages re-
naissent, l'espérance les ranime.

« 31 mai 1818.

« Nous sommes assez tranquilles ici. La confiance
« s'établit; on se bat pour nous prêter de l'argent. Si
« cela pouvait prouver aux gens qui ne cessent de dire
« que, depuis trois ans, le système suivi mène à la per-
« dition, si cela pouvait leur prouver, dis-je, que leurs
« assertions ne sont pas aussi indubitables qu'ils se
« l'imaginent, ce serait déjà avoir gagné beaucoup, car
« il faut les ramener, et, s'ils commençaient, les gens
« de bonne foi, s'entend, à croire qu'il serait possible
« qu'ils se fussent trompés, cela les engagerait à se
« rapprocher. Leur union avec le ministère est le seul
« moyen de consolider l'existence du gouvernement,
« et, par conséquent, la tranquillité de l'Europe par
« celle de la France. »

Que, dans les affaires du monde, il y a peu de consolations qui ne soient mélangées d'amertume! De tristes
pressentiments d'avenir traversent le cœur de Richelieu,
et troublent ses espérances du présent.

« 3 juillet 1818.

« La France est aussi tranquille qu'aucun pays en
« Europe. La belle apparence des récoltes, tant en
« grains qu'en vins, donne au pays et à ses habitants
« un aspect de bien-être et d'hilarité que je ne lui ai

« pas encore vu. Il n'y a qu'une certaine classe de gens
« qui persistent à dire que tout va mal, et ils y mettent
« une irritation, une âcreté qui réagit sur le reste de
« la nation, à qui ils deviennent de plus en plus odieux.
« Cet aveuglement de leur part est déplorable ; mais,
« s'il n'est que contrariant aujourd'hui, il peut deve-
« nir un jour bien funeste, et je vous avoue que je ne
« vois aucun remède aux suites qu'il peut avoir. Je me
« fais un grand bonheur de revoir l'Empereur à Aix-la-
« Chapelle. Le sort de la France y sera décidé, et j'ai
« lieu d'espérer qu'il le sera comme nous le désirons.
« Notre situation financière, sans être bonne, sera pas-
« sable, quand les alliés seront partis, et, avec de l'or-
« dre, il sera facile de l'améliorer promptement, de
« manière à pouvoir soulager le peuple d'une partie
« des impôts qui pèsent sur lui. La caisse d'amortisse-
« ment agissant alors, puisqu'on aura cessé d'emprun-
« ter, chaque année amènera une amélioration, en di-
« minuant une partie de la dette. Ceux qui viendront
« après nous, s'ils veulent être plus sages que leurs
« pères, pourront être plus heureux ; mais je crains
« bien qu'il n'en soit rien. Ce fatal esprit de parti ne
« s'éteindra pas de sitôt en France. Je vous embrasse
« de tout cœur. »

Le terme des angoisses de la France approchait.
Aix-la-Chapelle allait être le rendez-vous des Souverains : premier ministre, Richelieu devait s'y rendre

avec eux. La patrie reposait en lui son espoir. Il annonce son départ à son ami.

« Août 1818.

« Je pars dans une douzaine de jours pour Aix-la-Cha-
« pelle. J'espère que la besogne sera courte et bonne
« et qu'enfin la France, en étant rendue à elle-même,
« rentrera dans la communion européenne. Si elle sait
« être sage, elle possède encore tous les éléments
« d'une étonnante prospérité. On ne peut se faire une
« idée des progrès qui ont eu lieu depuis un an, et
« ils seront bien plus rapides encore, dans la supposi-
« tion qu'on ne fasse pas de folies. La même améliora-
« tion que vous voyez dans les fonds publics existe dans
« le prix des terres, qui est monté étonnamment. Pour
« que cela dure, il ne faut, comme je vous le disais, que
« de la sagesse. Les Français en auront-ils? C'est un
« problème qu'il n'est pas permis de résoudre avant le
« temps. L'expérience en décidera, comme des avan-
« tages du gouvernement représentatif. Quoi qu'il en
« soit, après la réunion d'Aix-la-Chapelle, je reviendrai
« aussitôt à la session, et ce sera, je l'espère, la fin de
« ma carrière politique. »

La réunion eut lieu. Richelieu y fut bon Français et
bon ministre, et la France fut sauvée. L'Europe entière
applaudit aux efforts de son zèle, et, toutefois, au milieu de la joie universelle, Richelieu se sentait triste.

Deux pensées l'occupaient péniblement. La première était la liberté de la presse : elle l'effrayait.

« Cette liberté, que tout le monde réclame, écrit-il « à son ami, pervertit l'esprit public; elle tuera les « institutions, si elle ne tue pas le corps politique. Je « ne sais à quel sort nous sommes encore réservés, mais « je sais bien que jamais je n'eus plus besoin de repos. »

L'homme politique et observateur signalait ainsi un mal réel. Il avait vu, en prophète, les tempêtes que soulèverait un jour la liberté de la presse, et qu'elle soulèvera toujours, tant qu'il appartiendra à chaque homme de jeter tous les matins, dans le public, les rêves de son esprit ou plutôt de ses passions. Sans doute, la vérité naît du choc des opinions; mais, dans ce que les partis appellent en France la liberté de la presse, toute opinion de journaliste ou d'écrivain est représentée, non comme une pensée propre à éclairer la discussion, mais comme une loi, seule vraie, seule à suivre. A tout jugement rendu contre cette opinion, c'est l'injure qui répond; à tout homme qui s'élève contre elle, c'est la flétrissure qui l'attend. La liberté de la presse est un bien, quand elle est guidée par la sagesse et la modération; quand elle dégénère en licence de tout dire, elle est toujours un mal. Le bonheur d'un peuple est dans la paix, et toute paix est inadmissible avec une liberté de la presse, telle que la façonnent les partis. Avec elle, la France eût déjà péri, si la France n'avait pas reçu de Dieu la vie la plus féconde.

L'autre pensée qui attristait le cœur de Richelieu était l'orage qui se formait contre son ami. Déjà, dans une de ses lettres, il le lui avait fait pressentir, et, depuis ce temps, le vénérable abbé avait, en diverses circonstances, reconnu la vérité du pressentiment du noble duc. Des lettres, parties d'Odessa, la lui confirment. Elles lui font connaître les contrariétés sans nombre qui surgissent, à chaque pas, devant lui, comme si Dieu lui disait : « Prépare ton âme à la lutte. » Richelieu le console, l'exhorte à la patience et l'encourage par son exemple.

L'épreuve est la vie de l'homme sur terre, elle est la semence de son immortalité au ciel.

CHAPITRE VI

Bienveillance d'Alexandre envers le duc de Richelieu et M. l'abbé Nicolle. — Prospérité du lycée. — Lettre de M. de Berdiaeff. — Épreuves. — Arrivée d'un archimandrite au lycée. — Divisions. — Accusations faites contre M. Nicolle. — Il s'en justifie. — Lettres du duc de Richelieu. — Départ de l'abbé Nicolle pour Saint-Pétersbourg. — Regrets de ses élèves; lettres qui les expriment. — Son retour en France. — Il est nommé membre du Conseil d'instruction publique et chevalier de la Légion d'honneur. — Banquet; Vers sur son retour. — Rectorat de Paris. — Le roi le nomme Recteur.

Avant de se rendre à la réunion des Souverains à Aix-la-Chapelle, Alexandre avait voulu visiter les provinces méridionales de son Empire. Ce voyage du Czar avait réveillé, dans le cœur du duc de Richelieu, tous les sentiments de son affection pour ces contrées, théâtre de sa gloire. Il s'y transporta par la pensée; mais sa pensée ne put être témoin de la reconnaissante admiration de l'Empereur. La richesse des campagnes, l'activité du commerce, l'état florissant de la population, le succès des études et la prospérité du lycée avaient été tour à tour les objets de ses éloges. Il voulut témoigner sa satisfaction par un acte public, et il le fit en prince qui connaît la véritable grandeur. Dans le fronton du principal péristyle du lycée, il ordonna de placer, sur un cippe, le buste du fondateur de la ville, avec cette inscription : *A Richelieu Odessa reconnaissante*. A côté de ce buste, et sous les traits d'un génie ailé, Odessa, d'une main, pose une couronne d'immortelles sur la tête du Gouverneur, et, de l'autre, elle indique à la Muse de l'Histoire les paroles de l'inscription.

A ce premier témoignage de sa gratitude impériale le Czar joignit d'autres souvenirs de son passage, d'autres marques de sa satisfaction, entre autres la fondation perpétuelle et définitive du lycée, et le renouvellement des priviléges dont il avait fait la promesse au duc de Richelieu.

M. l'abbé Nicolle eut sa part des bontés de l'Empereur. Il écrivait à son frère, après le départ d'Alexandre :

« Nous avons eu la visite du Czar; ce prince m'a
« traité avec la plus grande bienveillance, restant quel-
« que temps à m'entretenir en particulier, et m'encou-
« rageant à lui parler de tout. »

Le lendemain de cette visite, l'Empereur avait fait remettre au respectable abbé le gage flatteur qui devait récompenser tant d'honorables services : il le nommait chevalier de l'ordre de Sainte-Anne, de seconde classe, et sa nomination était accompagnée de la croix de l'ordre en diamants.

« Cette faveur, ajoute M. Nicolle dans sa lettre, a
« excité ma profonde reconnaissance ; elle m'a fait
« d'autant plus de plaisir, qu'elle prouve tout l'intérêt
« qu'inspire le lycée à l'Empereur. »

Cet intérêt était fondé. La réputation de son zélé directeur faisait affluer les élèves à Odessa, comme autrefois ils affluaient à Saint-Pétersbourg. Autour de leur maître vénéré se groupaient, avec bonheur, les jeunes rejetons des familles les plus distinguées de la Russie : les Galitzin, dont l'un des ancêtres, Basile Galitzin, fut, en 1620, candidat au trône de la Russie ; les Poushskin, famille de Boyards qui donna à l'empire russe son poëte le plus national ; les Czetwestinski, issus de maisons souveraines et illustres dans l'histoire de la Pologne ; les Wolkonsky, les Poltoratzki, les Dmitrieff.... je ne puis les citer tous. Une vogue aussi méritée avait sa source dans la sagesse des règles que l'abbé Nicolle avait données pour bases à son institut. Une lettre du gouverneur de la Podolie, Alexandre Berdiaeff, me dispensera de faire moi-même leur éloge.

« Monsieur l'abbé, je viens de recevoir le règlement
« du lycée, que vous avez eu la bonté de m'envoyer. Je
« ne saurais assez vous en exprimer toute ma recon-
« naissance. Les éloges que l'on m'avait faits du lycée,
« et surtout de votre personne, m'avaient fait déja dé-

« sirer de pouvoir y placer mon fils. Une lettre que j'ai
« reçue, il y a quelques jours, de M. le comte de Lam-
« bert, qui m'informe qu'il a placé son fils Joseph dans
« l'institut Richelieu, m'avait encore affermi davantage
« dans cette résolution, mais le règlement, que vous
« avez bien voulu me communiquer, m'a subjugué tout
« à fait.

« Un institut où la religion, la foi et les vertus chré-
« tiennes sont prises pour bases de l'éducation, doit
« être préféré à tous les autres établissements, où,
« quelquefois, cette partie de l'éducation, quoique la
« plus salutaire et la plus essentielle pour le vrai
« bonheur de l'homme, est traitée très-légèrement,
« souvent même est tout à fait négligée. Je pré-
« fère, monsieur l'abbé, voir dans mon fils un homme
« vertueux, pieux, bienfaisant, adonné à la religion se-
« lon les préceptes de l'Évangile, et possédant les con-
« naissances nécessaires pour être utile à sa patrie,
« qu'un homme savant, rempli d'érudition, mais sans
« préceptes du vrai christianisme, et philosophe à la
« mode du monde. Je vous confesse franchement que
« mon opinion, depuis un certain temps, était contre
« les instituts publics; une triste expérience m'avait
« donné cet éloignement. J'ai été élevé dans un de
« ces instituts, où tous les moyens pour tourner
« la tête d'un jeune homme sont employés, mais où le
« cœur et l'esprit sont abandonnés à eux-mêmes. Ce
« n'est qu'après bien des années que, par l'unique

« bonté du Tout-Puissant, j'ai pu être tiré de l'abîme
« où j'étais. Je m'étais donc décidé d'élever mon fils
« sous mes yeux; mais le général Michel Orloff et d'au-
« tres personnes de ma connaissance m'ont dit tant
« de bien du lycée, et notamment de votre personne,
« monsieur l'abbé, que je me suis empressé de m'a-
« dresser à vous.... »

Et, pour attirer d'avance les bénédictions de Dieu
sur son fils, ce père, plein de noble piété, sollicite de
M. Nicolle la faveur de contribuer à la prospérité matérielle du lycée, en mettant à sa disposition, jusqu'à sa
mort et hypothéquée sur ses biens, une rente de trois
cents roubles. Les derniers mots de cette lettre sont
empreints de la plus touchante modestie.

« J'ose espérer, monsieur l'abbé, que cette offre mo-
« dique, mais qui part d'un cœur sincère, ne pourra
« vous offenser. »

Tant d'éloges et tant de réputation formaient une
auréole de gloire sur le front du vénérable instituteur :
il en jouissait avec bonheur. Mais, hélas! le bonheur
est si rapide sur cette terre! A des jours de joie que de
jours de douleur succèdent trop souvent! L'épreuve
survint; elle annonça l'orage. Le bon abbé l'avait
prévu ; mais, fort de sa conscience, justifié déjà à ses
propres yeux par la pensée de sa fidélité à ses devoirs,
il attendit le signal de la lutte.

8

Le moment arriva.

Du milieu des louanges que, de toutes parts, on se plaisait à donner à ses travaux et aux efforts de son zèle, des voix jalouses se faisaient entendre dans le secret, et, mystérieusement, répandaient contre lui les plus insidieuses calomnies. La vie de l'abbé Nicolle était connue : chacun rendait hommage à son dévouement, incessant pour les intérêts du pays, qu'il appelait si affectueusement *sa patrie d'adoption*. Vingt fois il avait sacrifié pour elle ses biens et sa santé; sa vie même eût été un sacrifice qu'il eût fait à sa gloire. L'autorité connaissait ses dispositions; souvent elle les avait hautement appréciées, et, souvent aussi, elle en avait fait l'objet de ses flatteuses récompenses. Dieu fit l'épreuve grande et forte : il alla au cœur de son serviteur, et il le frappa dans ses plus chères pensées. Il permit que l'homme au zèle infatigable, au dévouement absolu, à la droiture la plus chrétienne, fût rendu suspect à l'administration. Jusqu'alors une confiance sans bornes dans la direction du lycée avait été accordée au vénérable abbé; chacun s'en félicitait, et félicitait également le gouvernement de la lui laisser ainsi sans limites : c'était honorer dignement son caractère et son désintéressement. Mais est-il en ce monde une vertu qui ne soit pas attaquée, un mérite qui ne soit pas déprécié, un noble cœur qui ne soit pas calomnié? L'estime universelle dont jouissait M. Nicolle avait offusqué la susceptibilité jalouse de quelques esprits inquiets, et, à force d'intrigues secrètement ourdies, ils parvinrent à faire comprendre à l'autorité la nécessité d'une inspection, et l'abus possible d'une confiance aussi illimitée. Un archimandrite eut ordre de se rendre à Odessa : sa mission devait être, tout à la fois, d'instruire les élèves dans la religion, et de surveiller la conduite du directeur du lycée. Dès ce jour, l'institut eut à obéir à deux autorités rivales. Les esprits se divisèrent; des querelles éclatèrent; bientôt le mal devint intolérable. M. Nicolle fut enfin accusé, et telles étaient les accusations formulées contre lui :

1° Il avait résisté au curateur de l'Université de Karkoff, qui le pressait de s'inscrire parmi les membres de la Société biblique ;

2° Il s'était énergiquement opposé à l'archimandrite, qui prétendait établir cette société parmi ses élèves.

A ces deux premières accusations se joignirent aussi celles de donner trop peu de temps à l'étude de la religion, et d'afficher un prosélytisme inquiétant pour les familles.

A ces différents reproches M. Nicolle répondit avec une noblesse et une modération les plus dignes d'éloges.

La résistance à l'imprudente injonction du curateur de Karkoff était raisonnable. Prêtre catholique, il ne pouvait être membre d'une Société dont l'esprit est essentiellement contraire à l'esprit de son Église. Ne savait-on pas, d'ailleurs, qu'il ne faisait point partie de cette Société lorsqu'il prit la direction du lycée? Ce qui n'était alors d'aucune utilité, pourquoi serait-il, au temps présent, si grandement utile? Les garanties de sa bonne administration étaient et devaient être dans la loyauté de son caractère. L'ordre était tyrannique : il ne devait pas s'y soumettre.

La seconde accusation faisait sa gloire. Loin de vouloir s'en disculper, il s'en reconnut hautement coupable. Pouvait-il, en conscience, appartenir à des enfants de former une Société appelée à délibérer sur des sujets d'une aussi grande importance? Le nom seul de *Société biblique*, pour des enfants, suffisait pour repousser à jamais du lycée une institution de ce genre. A cette occasion, on lui faisait un crime de ne pas permettre à ses élèves la lecture de la Bible en entier; mais l'autorité compétente avait expressément approuvé les constitutions du lycée, et les articles 48 et 124 de ces constitutions enjoignaient aux maîtres l'obligation de ne faire apprendre les textes sacrés et l'histoire sainte que dans un extrait rédigé à cet effet, et revêtu de la sanction des supérieurs. Du reste, si, se conformant aux règles de l'Église catholique, il a pu prudemment interdire à ses élèves la lecture de certains livres de l'Ancien Testament, loin de lui le reproche de proscrire l'étude et la lecture du Nouveau Testament! Il était facile de s'en convaincre. Chose étrange! L'homme accusé de priver ses élèves de la connaissance des livres saints était celui-là même qui, le premier dans la Russie, fit de ces livres sacrés la base de l'éducation; celui-là même qui, le premier, donna l'heureux exemple de faire apprendre chaque jour, dans les écoles, un nombre limité de versets, choisis tour à tour dans les livres de l'Ancien et du Nouveau Testament; celui-là même à qui, le premier, l'Empire est redevable de l'impression d'un ouvrage où des textes, tirés de la Bible, prouvent les principales vérités de la religion et de la morale.

Deux autres accusations restaient. La première ne méritait pas d'être réfutée. Un article des constitutions, approuvées par l'autorité, réglait le temps que les élèves devaient consacrer à cette partie si notable de l'éducation : ce temps était d'une heure par jour. En hommes sages et éclairés, ceux qui avaient apposé leurs signatures à l'approbation des statuts du lycée avaient justement pensé que l'institut devait être une école de sciences, et non une académie de théologie.

Toutes ces attaques n'avaient pu détruire la tranquille paix de son âme : elles ne l'atteignaient pas. La dernière accusation fut la seule qui souleva son indignation. Noblement fier de la justice de sa conduite, il osa jeter à ses adversaires le défi de citer un seul fait qui pût prouver leurs assertions mensongères. Le défi resta sans réponse; mais la tempête soulevée devait porter ses fruits, et elle les produisit.

Malgré l'énergie de son dévouement pour l'œuvre

qu'il avait fondée, M. Nicolle se crut arrivé au moment
où le bien ne lui était plus possible, et il songea à sa
retraite. Il voulut toutefois en prévenir son ami, le duc
de Richelieu, et il l'instruisit de ses chagrins et de ses
projets. Le noble duc était alors à Paris. Son affection
pour l'excellent abbé s'alarma de sa position, et, dans
une lettre pleine de cœur et de sages conseils, il le
console, le fortifie contre ses épreuves, et, pour distraire un instant ses douleurs, il lui trace encore une
fois le tableau de la France.

« 2 janvier 1820.

« .... Je savais une partie de vos tribulations, mon
« cher abbé; elles vous sont assurément plus sensibles
« par le bien qu'elles arrêtent et qu'elles entravent
« que par ce qui vous est personnel. J'approuve cepen-
« dant beaucoup que vous ne veuillez pas consentir à
« diriger une œuvre dans laquelle vous ne seriez pas
« placé comme vous avez droit de l'être. Je veux en-
« core espérer que votre persévérance finira par vain-
« cre tous les obstacles.... Si le lycée ne devait plus
« être soumis à votre direction, je vous l'avoue
« avec franchise, je regretterais les sacrifices que j'ai
« faits; mais écartons cette idée, car elle m'affligerait
« trop vivement. Il y en a assez d'autres qui sont tris-
« tes, et qui naissent malheureusement plus près de
« moi. La marche du gouvernement, créé par la Charte,

« n'est rien moins que rassurante, et j'avoue que j'ai
« bien de la peine à croire que nous puissions jamais
« nous accoutumer aux formes du gouvernement re-
« présentatif, ni prendre les mœurs que comporte ce
« système de gouvernement. J'en ai toujours douté, s'il
« vous en souvient, et, néanmoins, comme il ne peut y
« avoir une autre manière de gouverner la France au-
« jourd'hui, le problème de ce qui arrivera est difficile
« à résoudre. La licence des journaux, conséquence né-
« cessaire de la liberté de la presse, que je défie aucune
« loi pénale de réprimer sans censure préalable, passe
« toute croyance, et s'en va pervertissant l'opinion pu-
« blique jusque dans les chaumières. Nos lois civiles
« sur le partage égal des successions dénaturent sans
« cesse les propriétés, et empêchent la création d'au-
« cune espèce d'aristocratie. Il est impossible qu'un
« grand pays, vieux, usé par le temps et les révolutions,
« puisse aller ainsi : à Dieu seul de le sauver. Sans lui,
« il est impossible de ne pas craindre une série de
« maux qui replongera à la fin la France sous le régime
« militaire, le seul qui puisse régir un peuple arrivé au
« point où en est le peuple français. Ce sont les causes
« que je viens de signaler qui, plus encore que les per-
« sonnes et les lois, menacent aujourd'hui le repos de
« la France. Je ne prétends pas prendre le parti de celle
« des élections, mais je crains qu'il n'y ait aucune mo-
« dification possible à cette loi, qui soit capable d'assu-
« rer la sécurité de l'avenir....

« Mais c'est assez vous parler de nos misères; je ne
« veux pas m'étendre davantage sur ce triste sujet,
« puisque aussi bien je n'ai rien de consolant à vous
« dire. Croyez, du reste, que vous n'avez pas d'ami plus
« tendre et plus dévoué que moi. »

Quelque pénible que fût pour M. Nicolle cette lettre
de Richelieu, cependant elle lui parlait de la France,
et ce souvenir de la patrie fut pour son cœur comme
une voix qui lui disait : « Quitte la terre hospitalière
qui t'a reçu ; ta mission est finie : Dieu t'appelle en
France ! » Son parti fut pris; mais, plus ami de la tranquillité générale que de son repos particulier, il voulut
tenter un dernier effort. La nuit, il s'échappa en silence
du lycée, dit adieu à sa chère Odessa, et se rendit en
toute hâte à Saint-Pétersbourg. A peine arrivé, il fit
remettre au ministre de l'Instruction publique une requête pleine de simplicité et de noblesse. Son but était
de modifier le pouvoir du curateur, et de parvenir à
rendre au conseil d'administration sa forme première
et approuvée par l'autorité. Une offre généreuse terminait cette demande; c'était son dernier sacrifice à la
paix. Il consentait à céder la direction du lycée, et, en
retour de cette cession, il ne sollicitait que l'autori-
sation de présider aux examens qu'il avait coutume de
faire chaque jour.

Quelques amis puissants ne lui laissèrent pas ignorer
que de grandes difficultés et de grandes lenteurs ne lui

permettraient pas de terminer promptement cette affaire. Ces craintes, qui pouvaient être fondées, changèrent ses dispositions. Il était facile de prévoir que les incessantes discussions qui avaient eu lieu ne devaient être que le prélude des débats qui l'attendaient à son retour à Odessa ; et, présumant bien que, quelles que fussent les dispositions du gouvernement à l'égard de sa requête, il ne retrouverait plus cette paix qui avait constamment accompagné ses pas, et répandu tant de charmes dans sa vie, il résolut de laisser à la Providence le soin de régler toutes choses pour le plus grand bonheur du lycée, et sa pensée unique se tourna vers la France. Il instruisit le ministre de sa résolution, et il se prépara à dire un éternel adieu à la terre hospitalière qui l'avait si généreusement accueilli, et à laquelle il avait voué tant de reconnaissance. Son cœur de Français et d'ami le rappelait au sein de la patrie. Il y retrouvait une famille, des amis dévoués, et, parmi eux, le duc de Richelieu, sa suprême affection; par leur entremise, il espéra y retrouver aussi la possibilité de satisfaire encore la passion constante de sa vie, l'instruction publique. Sans doute, il devait s'attendre à des difficultés ; sans doute, la situation de la France, et, en particulier, l'esprit de la jeunesse, devaient lui faire entrevoir de grandes luttes à soutenir, mais il était fait à tous les combats de la vie; il ne les craignait pas. Du reste, la patrie a sur les nobles âmes une puissance que rien ne peut détruire. Il avait des amis dans la Russie, il en

avait en France; à Saint-Pétersbourg comme à Odessa,
il avait traversé des temps difficiles; peut-être était-il
destiné à en traverser de nouveaux dans la France :
qu'importe? Le sol natal donne du courage : obstacles
pour obstacles, dangers pour dangers, sacrifices pour
sacrifices, on aime encore mieux souffrir en son pays.
Heureux de sa résolution, M. Nicolle en instruisit son
rère. Sa lettre respire le bonheur.

« Me voilà redevenu libre! Je n'ai certes nul besoin
« de vous dire que je me fais une fête de me retrouver en
« famille. Que je remercie le ministre de l'Instruction
« publique d'avoir brisé des chaînes que je n'aurais ja-
« mais eu moi-même le courage de rompre, tant j'é-
« tais dévoué à cette œuvre qui était si bonne, et dont
« les résultats auraient été pour moi une grande source
« de consolations! J'ai du moins celle d'avoir posé les
« fondements d'un bien bel établissement, dont les des-
« tinées seront contrariées pendant quelque temps,
« mais finiront par être remplies. J'en ai encore une
« autre dans les témoignages d'affection que je re-
« çois de mes élèves, et qui me touchent jusqu'aux
« larmes. »

Il disait vrai : ces marques de la tendre sympathie
de tous ses amis étaient le baume que Dieu mettait sur
les blessures de son cœur. Tel est le secret de la Providence : elle éprouve et elle console; elle soulève les
flots de la mer, et elle y fait régner le calme. La tem-

pête était à Odessa; et la paix dans l'âme de M. Nicolle. Le lycée était dans le deuil. A peine eut-on appris la retraite du vénérable abbé, sa démission de directeur de l'institut, sa résolution définitive, et son départ pour la France, que, de toutes parts, un cri de douleur se fît entendre. Les hommes qui aimaient le bien gémirent; les parents, désolés, élevèrent des plaintes. Le comte de Laugeron, qui avait remplacé le duc de Richelieu dans le gouvernement d'Odessa, se rendit leur interprète.

Sa lettre est l'expression énergique et franche d'une âme pleine de droiture.

« C'est M. de Prépéan qui vous remettra ces mots,
« cher et respectable ami, et je puis sans crainte vous
  y témoigner nos bien vifs regrets, et l'indignation
« que nous inspirent les intrigues dont le lycée a été la
  victime; je dis le lycée, et non pas vous. Certainement, vous devez regretter de n'avoir pu porter à sa
« perfection un établissement qui vous devait sa naissance et ses progrès; mais vous ne pouviez plus y
« faire le bien, et vous le ferez en France, dans la place
« que vous devez y occuper. On verra à Sainte-Barbe
« des jeunes gens élevés dans des principes qui les met-
« tront un jour en état d'opposer leurs vertus aux vices
« qui, trop souvent, déshonorent les élèves des autres
« écoles.... J'aurais désiré, homme respectable, que
« vous eussiez pu être témoin des regrets et des larmes

« de tous vos enfants; je n'en excepte aucun. La désola-
« tion était universelle. Quelques élèves même ont dû
« être réprimés dans l'explosion de leurs sentiments. Il
« ne faut pas se le dissimuler : pour le moment, votre
« retraite porte au lycée un coup qui pourrait bien être
« son coup de mort.... »

A cette lettre du comte de Laugeron succédèrent les
lettres des élèves et de leurs parents. Le temps de ces
douleurs est loin, mais leur expression est encore touchante. Le sentiment vrai et naturel a un charme que
les années ne détruisent pas.

M. de Pouschkin apprend à Moscou la triste nouvelle : une lettre part aussitôt.

« Vous savez, monsieur l'abbé, que j'ai placé mon
« fils au lycée parce que vous étiez à la tête de cet éta-
« blissement; vous pouvez donc juger de mon désespoir
« en apprenant que vous quittez Odessa. De grâce,
« j'embrasse vos genoux, et soyez l'ange tutélaire de
« mon enfant. Chargez-vous-en de telle manière qu'il
« vous plaira. Quand même vous quitteriez la Russie,
« je vous le confie. Je suis sûr que partout vous en fe-
« rez un honnête homme et un sujet utile à son pays.
« Alors ma tâche sera remplie. Tirez-moi donc de la
« plus affreuse inquiétude qui ait jamais agité ma
« vie. »

Madame de Pouschkin ajoute à l'expansion de la

douleur de son mari l'expression de ses maternels regrets.

« Quand je me séparai de mon fils, monsieur l'abbé,
« pour le placer sous votre vertueuse surveillance, j'ai
« cru suivre une inspiration divine, qui me disait que
« sur vous devait reposer le bonheur futur de mon en-
« fant. Cette voix secrète m'aurait-elle trompée? Non,
« vous ne rejetterez pas la prière d'une mère sup-
« pliante qui vous crie : Faites fructifier les germes de
« vertus que la nature a placés dans ce jeune cœur.
« D'un seul mot, vous pouvez calmer mes inquiétudes,
« dissiper mes craintes et faire renaître l'espérance
« dans mon âme désespérée. J'attends ce mot. »

Dans tous les cœurs de mères, c'est la même douleur; dans toutes les familles, c'est la même inquiétude, ce sont les mêmes vœux: Quelle douce prière s'exhale de cette lettre de la princesse Idalie Czetwertinska :

« Au nom de cette charité chrétienne qui est le mo-
« bile de toutes vos actions, répondez-moi. Que dois-
« je faire de mes pauvres enfants? où dois-je les placer?
« à qui les confier? sur qui me reposer? O digne et es-
« timable abbé! ne m'abandonnez pas; je vous en prie
« les mains jointes, n'abandonnez pas mes chers en-
« fants. Seuls, ils m'attachent à la vie; mais, seule, je
« ne pourrais rien sans eux. Guidée par vous, comme
« par une seconde Providence, je pourrai alors par-

« venir au but que je me propose. Oh ! ne me refusez
« pas ! »

Il est non moins touchant, ce sentiment si simple
qui termine une lettre de Mourawieff-Apostol : au milieu de ses regrets, qu'il exprime avec la plus franche
cordialité ; après avoir remercié M. Nicolle des soins
qu'il a donnés à son fils Hippolyte, il ajoute cette
belle parole, qui élève si haut la noble vocation du
maître :

« La nature produit l'être matériel ; l'éducation
« forme l'homme : c'est ainsi que moi, père, j'ai donné
« le jour à mon enfant; et vous, respectable ami, vous
« avez plus fait pour lui : vous l'en avez rendu digne. »

Que de traits semblables je pourrais extraire de ces
lettres ! J'aime mieux citer des passages de lettres des
élèves eux-mêmes. Ils expriment, avec la vivacité de
leur âge, leur tendresse pour l'homme vénéré qu'ils ont
perdu.

Le jeune Alexandre Proschnitzky s'abandonne à sa
douleur; elle est délicate comme sa reconnaissance.

« Quel malheur est le mien ! J'ai perdu mes parents;
« un bienfaiteur me restait, et voilà qu'on me l'arra-
« che ! Voilà qu'on me fait de nouveau verser des lar-
« mes que sa main paternelle avait essuyées ! Qui
« m'eût dit que l'instant où vous me faisiez vos adieux
« serait le dernier qui me permettrait d'entendre votre

« voix? Mon esprit vous suivait ; je voyageais avec
« vous, les yeux fixés sur une carte de Russie ; dejà
« je vous croyais de retour au milieu de nous, quand la
« terrible nouvelle a frappé mes oreilles : Il ne revien-
« dra plus! Allez, cher maître ; mais partout où vous
« porterez vos pas, croyez que partout je vous aimerai !

J'aime cette expansion d'Édouard Steele : « Que
« mon cœur a souffert, quand il s'est convaincu que
« vous nous quittiez, non pour un long temps, mais
« pour toujours! Combien ce mot m'est pénible! Je
« cherche à me tromper : sans cesse j'éloigne ma
« pensée de ce triste toujours ; hélas! il est toujours là
« qui m'afflige! »

Nicolas Murinowsky a aussi de nobles accents dans sa
douleur :

« Que Dieu pardonne à ces hommes qui me sépa-
« rent de celui à qui je dois le peu de connaissances
« que je possède, et à qui je dois surtout mes senti-
« ments religieux ; celui dont la bonté si paternelle n'a
« cessé de me combler des soins les plus tendres! Espè-
« rent-ils perfectionner votre ouvrage? Ils se trompent.
« Quelques efforts qu'ils fassent, pourront-ils jamais
« vous faire oublier? Votre souvenir est impérissable à
« Odessa. »

Ces jeunes cœurs, si profondément affligés, s'expriment avec la même énergie dans des lettres collectives :

mêmes regrets, même douleur, mêmes éloges de ces soins qui le rendaient si cher à tous ses élèves. Ces lettres portent entre autres noms, ceux d'Alexis et Emmanuel de Saint-Priest, de Casimir et Ladislas Getwerstynsky, de Serge Poltoratzky, de Dmitrieff, de Vanikin…

Quelques mots d'un professeur aimé du vénérable abbé expliquent cette tendresse universelle que lui portaient ses élèves et leurs familles :

« Sa parole, écrit-il, faisait la moitié de ses moyens ;
« elle était, chez lui, comme une fomentation douce
« qu'il appliquait partout où se trouvait un mal. Il
« n'était ni orateur ni rhéteur ; c'était un homme par-
« lant bien, parlant parfaitement. Toutes les puissances
« aimables étaient dans sa parole, soit qu'il n'eût af-
« faire qu'à un seul individu, soit qu'il s'adressât à une
« assemblée. Je l'ai vu dans ces deux cas, et alors il
« me semblait voir la sagesse en personne devant les
« passions, les intérêts et les opinions. Tous l'écoutaient
« avec charme. Quelle gravité douce ! quelle insinua-
« tion ! quel calme ! Comme il s'effaçait devant sa pen-
« sée, la laissant à ses propres forces, et ne demandant
« pour elle que ce que sa conviction pouvait seule lui
« accorder. »

Si l'influence produite par d'aussi précieuses qualités est douce au cœur de celui qui la fait naître, elle n'en est pas moins douce au cœur de celui qui la reçoit. Elle était donc bien méritée, cette application d'une parole des saints livres que faisait un jeune élève, écrivant à M. Nicolle : « Notre âme vous est « attachée, comme l'âme de Jonathas était unie à « celle de David. » C'était entre le maître et les élèves le *cor unum et anima una* des premiers chrétiens.

Achevons tous ces récits de douleur et de séparation : une lettre de M. Margerin, professeur au lycée d'Odessa, les résume tous. Ces quelques mots durent être pour le vénérable abbé une grande consolation :

« L'orage qui nous menaçait a enfin éclaté, et un « coup de foudre nous a privés de vous pour tou- « jours. Venu pour être utile, ne demandant que la « grâce de terminer une vie laborieuse par une vie « plus laborieuse encore, vous avez été méconnu, et « les vendeurs sont restés dans le temple, quand « le juste a été forcé d'en sortir. Au moment où nous « voyons nous enlever celui en qui nous avions mis « notre confiance, ne sera-ce pas trop se permettre, « que de faire parvenir jusqu'à lui la voix de nos re- « grets? Un fils que l'on sépare de son père ne peut-il « pas le suivre des yeux, et l'appeler encore, alors « même qu'il ne le voit plus? Que de jeunes âmes ont « perdu, en vous perdant, leur Mentor et leur ami! que « de plaintes s'élèvent aujourd'hui de cette terre même « qui a été enrichie de vos dons! Oh! monsieur l'abbé, « un homme vertueux est un être nécessaire partout « où la Providence le place : partout il devient indis-

« pensable par le bien qu'il inspire. Il se trouve attaché
« par des liens d'autant plus solides qu'ils ont leurs
« racines dans le cœur ; on ne peut le déplacer, sans
« briser en même temps tous ces liens, et faire souffrir
« ceux qui les avaient contractés. Nous l'avons éprouvé
« depuis votre départ, et cependant l'espérance nous
« restait ; aujourd'hui, il ne nous reste plus qu'à gémir
« de votre éloignement... »

M. Margerin avait appelé M. Nicolle un *homme de
bien*, et de tels hommes, ajoute-t-il, « sont les déposi-
« taires de la sagesse ; c'est d'eux que partent ces traits
« de lumière qui vont éclairer le monde. Dieu les a
« placés dans la carrière de la vie pour enseigner à
« leurs frères le véritable chemin, comme ces monu-
« ments élevés à l'entrée d'une double route, afin d'em-
« pêcher le voyageur de s'égarer. »

Accompagné de tant de vœux, consolé par tant d'affections, justifié par tant de regrets des calomnies dont
il était la victime, M. Nicolle quitta enfin la Russie, et,
dans les premiers jours de juin 1820, il arriva à Paris.

Son arrivée y fut saluée avec bonheur par ses nombreux amis. L'expression de leur joie fut vive, comme
celle de leurs vœux fut sincère. Ces vœux étaient natu-
rels. Appuyé sur le crédit de son ami, le duc de Richelieu, M. Nicolle pouvait sans doute prétendre à tous les
honneurs qui peuvent satisfaire une noble ambition ;

mais son âme brûlait encore, comme aux jours de sa jeunesse, de cette *fièvre de bien public* qui fut la passion de toute sa vie, et il préféra les fatigues de la carrière de l'instruction. Dieu récompensa son noble dévouement. Deux ordonnances royales le nommèrent membre de la Légion d'honneur, et membre de la Commission d'Instruction publique. Le baron Cuvier, exerçant alors les fonctions de président de cette Commission, fut chargé de notifier à M. Nicolle sa nomination. Il le fit par une lettre flatteuse, le priant « de ne pas « retarder l'empressement du Conseil à profiter des lu- « mières de son expérience et de ses talents. »

Cette nomination reçut du public le plus favorable accueil. Les vieux amis du nouveau membre de la Commission de l'Instruction publique, anciens élèves de l'antique maison de Sainte-Barbe, se réunirent pour la fêter ainsi que son retour, et, dans un banquet où régna la plus franche et la plus cordiale gaieté, des vers furent récités, chantés, applaudis. Je citerai quelques-unes de ces joyeuses inspirations; elles seront du moins d'un agréable souvenir.

Parmi de charmantes pièces, j'aime à redire ces gracieux vers de Georges Duval :

> Quittant sa patrie opprimée,
> En butte aux plus noirs attentats,
> Aux bords paisibles de Crimée
> Nicolle avait porté ses pas.

Dans cette nouvelle patrie
On l'accueillit avec bonheur,
Mais de celle qu'il avait fuie,
Le souvenir reste en son cœur.

Par ses talents, par sa science,
Le jeune Sarmate dompté,
Aima de notre belle France
Les arts, l'esprit, l'urbanité :
Il lui communiqua sans peine
Le feu sacré qu'il conserva,
Et des richesses de la Seine
Il enorgueillit la Néva.

Mais le ciel calme sa colère;
Enfin les temps sont accomplis !
Et la paix, rendue à la terre,
Relève l'empire des lis.
Vers la France alors consolée
Notre exilé tourne les yeux :
D'une famille désolée
Il revient combler tous les vœux....

Je laisse d'autres strophes, pleines de cœur, pour
citer ces quelques autres vers du célèbre helléniste
Planche.

Un frère, vingt ans attendu,
Manquait tous les ans à la fête :
Alexandre nous l'a rendu,
La joie est aujourd'hui complète.

> Ravi de se voir en ces lieux,
> Sur son front quelle gaieté brille !
> Où peut-on, dit-il, être mieux
> Que d'être au sein de sa famille ?
>
> Par lui, Sainte-Barbe déjà
> De ses ruines se relève ;
> Si jadis elle l'éleva,
> Aujourd'hui c'est lui qui l'élève.
> Elle fut sa mère autrefois,
> Et maintenant elle est sa fille :
> Pour elle il est tout à la fois
> Un fils, un père de famille.

Quelque temps avant ce banquet était mort un ancien barbiste, ami de tous, Monseigneur Dubois, évêque de Dijon. Quel délicieux souvenir donné à l'amitié !

> Mais elle trouve en ce moment
> Dans le ciel même un autre père,
> Déplorons moins amèrement
> La perte d'un illustre frère.
> Par ses vertus et ses talents,
> Dans le sein de la gloire il brille,
> Il veillera dans tous les temps
> Sur son immortelle famille.

Un autre ami, le chevalier de Bernes, prit sa place. Encore cette citation :

Que ce retour
Pour nous est d'un heureux présage!
L'espoir a donc enfin son tour.
A la vertu c'est un hommage;
D'un ordre meilleur c'est le gage,
Que ce retour.

Comme au vieux temps,
Un homme à principes austères,
Saura pénétrer nos enfants
De sentiments pieux, sincères
Pour Dieu, pour le Roi, pour leurs pères,
Comme au vieux temps!

Il a semé
Cet homme vertueux et sage,
Et dans nos cœurs tout a germé!
Nicolle, après trente ans d'orage,
Recueille en ce jour l'héritage,
Qu'il a semé!

Il était fier de le recueillir, et, pour se mettre à la
hauteur de ses nouveaux devoirs, l'infatigable vieillard
sembla donner à son zèle une nouvelle impulsion. Le
temps était difficile; l'autorité rencontrait à chaque pas
des obstacles qui entravaient sa marche, et nuisaient
aux études. Il y trouva des occasions fréquentes de manifester tout à la fois la fermeté de son caractère et la
bonté de son cœur. Ces différentes circonstances, par

leurs. difficultés mêmes, le firent heureusement connaître de ceux qui n'avaient pu encore l'apprécier, et elles prouvèrent que l'âge, qui affaiblit en l'homme ses plus puissantes facultés, n'avait pas jusqu'alors marqué son âme du sceau de la faiblesse.

L'année qui suivit son retour lui ouvrit une nouvelle carrière de travaux et de fatigues. Par son ordonnance du 27 février 1821, le Roi nomma M. Nicolle à la place de Recteur de l'Académie de Paris.

Dans le rapport que M. Corbière, alors ministre et président du Conseil royal d'Instruction publique, adressait à ce sujet au roi, se trouvent ainsi développées les raisons qui, à ses yeux, rendent nécessaire la création de ce rectorat :

« ... Un corps enseignant dont le temps n'a pas en-
« core cimenté l'union, et qui s'est trouvé, par l'effet
« des circonstances, hors d'état d'adopter des doctrines
« certaines, a besoin d'une surveilllance forte et active;
« et une jeunesse, la plus chère espérance de la patrie,
« naturellement disposée à se livrer aux théories qui
« favorisent les passions en apparence généreuses et
« nobles, réclame une direction religieuse et morale
« sans laquelle il lui sera impossible de résister aux sé-
« ductions dont elle est environnée. Les mesures qui
« sont l'objet de ce rapport conduisent à ces deux résul-
« tats; l'accord nécessaire des diverses Académies dans
« les mêmes principes, l'ensemble qui doit régner

« dans leurs doctrines, semblent exiger que la surveil-
« lance et la direction générale de l'Université deviennent
« plus concentrées qu'elles ne le sont aujourd'hui, et
« que les fonctionnaires qui la composent reçoivent une
« impulsion unique. Les choix ne sauraient être en-
« tourés de trop de lumières, et toutes les précautions
« sont prises pour qu'ils offrent des garanties suffisantes
« sous le rapport de la religion, des mœurs et de l'en-
« seignement.

« Cette surveillance locale, qui, dans toutes les par-
« ties du royaume, maintient les divers fonctionnaires
« de l'Université dans la ligne tracée par l'autorité su-
« périeure, cette surveillance de tous les jours et de tous
« les instants a jusqu'à présent manqué à l'Académie
« de Paris. Placée sous la direction immédiate du Con-
« seil, qui est trop occupé d'affaires générales pour lui
« donner des soins particuliers, cette Académie, la plus
« considérable de toutes, n'a pas encore été gouvernée,
« et le zèle des fonctionnaires dont elle se compose a pu
« seul lui assurer, dans les études, une supériorité que
« personne ne lui conteste. Organisée désormais sur le
« même pied que les autres Académies, tout porte à
« croire qu'elle verra bientôt disparaître les abus qui
« ont mis des entraves à ses progrès, et qu'elle rappel-
« lera les glorieux souvenirs de l'ancienne Université de
« Paris, objet constant de la protection éclairée des
« ancêtres de Votre Majesté......

« Les études ont généralement acquis dans les col-

« léges une méthode et une force qui ne laissent rien à
« désirer : il ne reste plus rien qu'à en régulariser cer-
« taines parties, et à faire disparaître des statuts quelques
« dispositions puisées dans des systèmes qui n'ont pu
« être adoptés qu'à des époques malheureuses.....

« .....Telles sont, Sire, les mesures que j'ai l'hon-
« neur de soumettre à Votre Majesté. Elles ne sont du
« reste que le développement des paroles mémorables
« que Votre Majesté a adressées au Conseil royal de
« l'Instruction publique. Sans rien changer à l'ordre
« actuel de l'Université, ces mesures ont pour objet de
« disposer le corps enseignant à prendre un esprit con-
« forme aux devoirs qui lui sont imposés, de donner à la
« jeunesse une direction religieuse et monarchique, en
« l'attachant en même temps aux institutions dont la
« France est redevable à son Roi, et de resserrer ainsi
« les liens qui doivent unir au clergé, dépositaire des
« doctrines divines, le corps chargé de l'enseignement
« des sciences humaines. »

L'ordonnance qui établit le Rectorat de Paris suit ce
rapport.

D'après l'article 3 du titre Ier de cette ordonnance, il
est statué que les vingt-six Académies composant l'U-
niversité, seront divisées en trois arrondissements, dont
le premier sera formé de la seule Académie de Paris.

Au titre II, article 8, il est dit que l'Académie de Paris
aura, comme les autres Académies, un Recteur qui sera

toujours un des membres de l'Instruction publique, que le Recteur de l'Académie de Paris sera en même temps chargé, près du Conseil, de l'instruction et de toutes les affaires relatives aux colléges, institutions, pensions et écoles primaires de ladite Académie.

Article 9. Le chef-lieu de l'Académie de Paris sera l'ancienne maison de Sorbonne.....

La charge était grande ; les devoirs qu'elle imposait étaient d'une importance réelle ; mais, dans le Conseil où siégeait le nouveau Recteur, se trouvaient des hommes d'un talent supérieur, de principes sûrs, de vertus austères, et leur concours était assuré au vénérable abbé. Une grande partie de ces hommes, dont les noms respectés resteront inscrits au livre de l'histoire, n'existent plus aujourd'hui, et toutefois Dieu garde à la vénération de sa famille et de ses amis un de ces maîtres de la science, dont ma reconnaissance ne peut taire le nom. Je le cite avec bonheur, parce qu'il est du petit nombre de ces intelligences d'élite qui savent unir la profonde connaissance des sciences humaines à l'amour pratique de la religion, M. Ambroise Rendu. Qu'il me pardonne ce souvenir de ma gratitude.

Aidé et encouragé par l'appui d'aussi savants collaborateurs, pressé surtout par le duc de Richelieu, *qui avait sur moi,* disait-il, *toutes sortes de droits,* M. Nicolle n'hésita pas, et « cependant je mis à mon « obéissance au duc une seule condition, écrivait-il à la

« duchesse de Richelieu ; je demandai qu'il me fût per-
« mis d'exercer les fonctions de Recteur sans aucun
« traitement, me contentant de celui de Conseiller. Ma
« demande me fut accordée, et j'acceptai ma nomina-
« tion. »

CHAPITRE VII

—

Belles paroles d'un des statuts de la fondation de l'Université. — Succès de Sainte-Barbe. — Esprit irréligieux de l'époque. — Lettre du cardinal de Bausset. — Heureuses réformes dans l'enseignement. — Zèle du Recteur. — Ses pensées sur l'enseignement des lettres. Enseignement religieux. — Enseignement philosophique. — Son discours au concours général. — Ma visite chez M. Nicolle. — Confiance universelle qu'il inspire. — Il restaure la Sorbonne. — Détails historiques sur cette maison. — Mort de Richelieu. — Discours de M. Nicolle à S. A. R. le duc d'Angoulême à son retour d'Espagne, et au Roi, à l'époque du premier jour de l'année 1824. — Ordonnance du Roi qui supprime le rectorat de Paris. — Lettres de consolations adressées à M. Nicolle.

Dans un des statuts de la fondation de l'Université, le roi Henri IV s'exprime en ces termes : « La félicité « des royaumes et des peuples, et surtout d'un État « chrétien, dépend de la bonne éducation de la jeunesse, « où l'on a pour but de cultiver, de polir par l'étude « des sciences l'esprit encore brut des jeunes gens, de « les disposer ainsi à remplir dignement les différentes « places qui leur sont destinées, sans quoi ils seraient « inutiles à l'État, enfin de leur apprendre le culte re-

« ligieux et sincère que Dieu exige d'eux ; l'attache-
« ment inviolable qu'ils doivent à leurs pères et mères
« et à leur patrie ; le respect et l'obéissance qu'ils sont
« obligés de rendre aux Princes et aux magistrats. »

Mesurant dans sa pensée ces graves et conscien-
cieuses obligations imposées aux maîtres de la science,
M. Nicolle comprit que, choisi pour être leur chef, il
devait le premier s'animer de cet esprit de généreux
dévouement qui est la base de la vocation à l'enseignement. Il le fit avec le courage qu'inspire la foi, et avec
le zèle auquel l'avaient habitué ses longues années
d'expérience dans l'éducation de la jeunesse.

Ses œuvres en sont l'authentique témoignage.

Depuis longtemps ses affections intimes s'étaient
tournées vers le projet de la résurrection de Sainte-
Barbe. Grâces aux soins de M. Henri Nicolle, son frère,
et de savants collaborateurs, le nouvel édifice commençait à jeter de profondes racines dans la terre classique
qui l'avait vu naître. Ignoré d'abord au milieu des colléges de la capitale, il ne comptait que quelques années d'existence, et déjà il semblait s'élever en rival
jaloux de leurs palmes. L'émulation multiplia les forces :
elle opéra des miracles. Sainte-Barbe fut bientôt à la
hauteur de ces maisons si fortement constituées ; elle
marcha leur égale.

Ce succès fut le fruit de l'habile et paternelle direction de M. Nicolle.

A cette époque éclatait de toutes parts la guerre

contre la religion. De funestes doctrines, propagées par la presse, enfantaient chaque jour de nouveaux ennemis à Dieu et à son Église. La moquerie faisait naître le doute, et le doute pénétrait partout. Il s'infiltrait avec l'enseignement dans les plus jeunes âmes et dans les hommes des plus hautes classes de la société, il produisait une faiblesse de foi religieuse qui était indifférence chez les uns, et chez les autres opinion de peu d'importance. L'instruction abondait dans les écoles; mais, à mesure que dans cette jeunesse aux passions vives, à l'imagination ardente, brillait la lumière de la science humaine qui fait les savants, on voyait avec douleur s'obscurcir les rayons de cette clarté qui illumine le cœur, et qui éclaire dans la voie des vertus chrétiennes. Une grande faction existait encore : issue de la Révolution, elle en favorisait les principes, et, pour arriver à ébranler de nouveau l'ordre qui s'établissait, il lui fallait s'attaquer aux mêmes institutions, frapper les mêmes coups, détruire par les mêmes armes l'Église et ses ministres; tel fut le but de ses luttes. Un grand écrivain disait alors, parlant de ces hommes de troubles et d'orages :

« Ils savent que prêcher le devoir, le pardon des
« torts, le repentir, c'est leur ôter l'espoir de vaincre.
« Aussi voyez que de soins ils prennent pour exciter les
« passions du peuple, avec quelle fureur ils attaquent
« quiconque a l'audace de troubler le sommeil innocent
« du remords. Réchauffant sous leurs ailes toutes les er-

« reurs et tous les désordres, ils se flattent d'en faire
« éclore de nouvelles tempêtes. »

Condamnant ensuite la faiblesse de l'autorité, il continue par ces magnifiques paroles :

« Point de christianisme, point d'autorité : le sceptre,
« c'est la croix. Qu'elle règne sur les peuples, et les
« Princes régneront eux-mêmes ! Il y a dans ce signe
« sacré une vertu qui sauve. Mais, s'ils le livrent à la
« dérision, s'ils souffrent que des factieux ébranlent, en
« l'insultant, les croyances sur lesquelles repose la so-
« ciété, il sortira de cette croix, arrosée du sang qui
« demande grâce, de terribles malédictions et de pro-
« phétiques menaces. »

Au milieu de tous ces combats, des défenseurs de
Dieu, de l'Église et des bons principes s'étaient levés,
hommes de talents, de foi et de cœurs généreux. De ce
nombre fut l'abbé Nicolle. Il eut la gloire de s'attirer
de grandes colères ; il eut la gloire plus douce de se
faire des amis dévoués. Tels étaient pour lui les maîtres
et les élèves de Sainte-Barbe, et l'on put dire de cette
maison, déjà célèbre, « qu'elle était une famille rivali-
« sant, entre tous ses membres, d'affection pour leur
« père et de dévouement pour le devoir. »

Le cardinal de Bausset, dont la science et la sagesse
brillent à chacune des pages de ses immortels écrits
sur Bossuet et Fénelon, rendait ce juste hommage à la
prospérité de cette œuvre :

« Il doit vous être bien consolant, monsieur l'abbé,
« d'avoir ainsi jeté les fondements d'une institution
« destinée à former les jeunes élèves appelés à perpé-
« tuer toutes les traditions de la saine doctrine, de la
« religion et de la morale, ainsi que les leçons et le
« goût des sciences humaines. Vous avez eu sans doute
« de grands obstacles et de grandes difficultés à vaincre :
« vous en avez triomphé par votre sagesse, votre raison
« et votre fermeté. Il ne vous reste plus qu'à affermir
« ce que vous avez si bien commencé, et à jouir du fruit
« de tant de peines. Ce sera aux générations qui vous
« succéderont à bénir votre mémoire, et à placer votre
« nom parmi ceux des bienfaiteurs de l'humanité. »

Si ces paroles du pieux et savant cardinal ne sont
pas des paroles prophétiques, elles expriment du moins,
avec une grande force, l'admiration que lui inspiraient
le zèle et l'activité du vénérable Recteur. En effet, il était
infatigable, n'épargnant ni soins, ni peines, ni démarches, quand il s'agissait de contribuer à quelque progrès de l'enseignement. Puissant par l'autorité de son
âge et de sa longue expérience, il s'était concilié la confiance du Roi, de ses collègues et des membres de l'administration municipale ; et c'est à cette autorité douce
et affectueuse qu'il exerçait dans le Conseil qu'on doit
le rétablissement des concours de l'agrégation, l'heureuse initiative des améliorations qui furent successivement introduites dans l'éducation, et enfin cette suite

de sages réformes que produisit l'ordonnance du 17 février 1821, et qui furent si consolantes pour la religion.

J'ai retrouvé avec bonheur quelques pages qu'il a écrites à cette époque, et qui sont une nouvelle preuve du désir immense qu'il éprouvait de donner à l'éducation de la jeunesse son plus entier développement.

C'est d'abord l'idée d'une *introduction possible* d'un cours élémentaire de droit général dans l'enseignement universitaire du premier ordre. Que l'étude du droit soit partie essentiellement intégrante de l'éducation, personne ne peut le penser. Tous les hommes ne sont pas appelés aux carrières judiciaires et administratives qui demandent ces connaissances; mais, dans tous les hommes intelligents, il y a certainement le désir, et pour tous il y a l'obligation de connaître leurs droits et leurs devoirs.

« Or ne serait-ce pas satisfaire tout à la fois ce désir
« et cette obligation, que d'établir, écrivait M. Nicolle,
« un cours élémentaire de droit qui suffirait pour arri-
« ver ensuite, par l'étude et la méditation, à une con-
« naissance plus étendue de cette science? Par ce cours
« se compléterait l'étude de la philosophie, telle qu'elle
« était alors enseignée dans l'Université, et, pour par-
« venir à un heureux résultat de cette innovation dans
« l'enseignement, il suffirait, pensait le sage Recteur,
« d'ajouter à la philosophie une seconde année, qui se-
« rait tout naturellement consacrée à ce travail. »

Cette idée était grande, et elle était susceptible de produire un bien réel. Cette connaissance du droit, tout imparfaite qu'elle pût être, eût répandu, dans tous ces jeunes esprits, certaines lumières suffisantes pour leur faire apprécier et juger les droits et les devoirs de chaque homme dans la société dont il est membre. Ces deux mots : *droits* et *devoirs*, dont on a tant parlé et dont on ignore généralement la portée, sont les bases de tout ordre social, et toutefois ils peuvent servir de prétextes aux plus terribles bouleversements. Jetez-les dans une masse d'hommes ignorants et passionnés, ces deux paroles si simples sont un feu qui dévore : jamais définition de termes ne fut plus infinie dans son élasticité. Mais que ces notions soient apprises dès l'enfance, elles germent dans ces cœurs de jeunes gens ; répétées par ces jeunes gens dans leurs familles, elles germent aussi dans le cœur des parents, et, en devenant ainsi presque universelles, elles forment l'opposition la plus formidable aux théories de désordre, toujours propagées au nom des *droits* et des *devoirs*.

Une autre pensée était devenue l'objet des plus chères préoccupations du vénérable abbé ; il s'en préoccupait encore au terme de sa vie : c'était la séparation des lettres et des sciences. Un règlement avait été fait en 1821 ; il autorisait cette séparation ; cependant on eut bientôt à s'apercevoir qu'il fallait y renoncer. On fit de nouveaux essais, on prit de nouveaux détours, et, d'essais en essais, de détours en détours, on arriva à faire de véritables cours de mathématiques dans les classes inférieures à la philosophie, où, tout d'abord, il n'y avait eu que quelques leçons, sous le simple titre de leçons préparatoires. Ce changement absorba, tout naturellement, la plus grande partie du temps employé, dans ces classes, à l'étude des lettres. M. Nicolle avait commencé par être partisan de cette mesure, mais il était trop ami des lettres pour ne pas gémir des perpétuels empiétements des sciences, et, prévoyant bien que, dans un temps plus ou moins éloigné, ces empiétements seraient tels qu'ils deviendraient enfin une domination réelle, il réclama. J'aime à penser que sa voix n'aura pas été alors vainement entendue. Aujourd'hui cette séparation est devenue la règle fondamentale de l'éducation ; l'autorité l'a sanctionnée de son approbation. Je n'ai donc ni à la discuter, ni à la juger ; j'exprime seulement une crainte, c'est de voir arriver, en France, un temps où la littérature sera tellement mise au rang des souvenirs passés, qu'un littérateur sera regardé curieusement, comme on regarde de vieilles ruines, tristes témoins d'une époque qui n'est plus. J'admire les sciences mathématiques ; elles peuvent élever bien haut l'intelligence de l'homme, elles en feront un savant ; par elles, les problèmes les plus difficiles à résoudre auront leur solution ; par elles, les plus brillantes découvertes seront faites dans le monde de la nature ; par elles, les connaissances positives qui composent le matériel de la vie recevront le plus prodigieux développement ; mais est-ce là tout l'homme? Il me semble que de fortes études littéraires, précédant ces grands et sérieux travaux des sciences, satisferaient mieux aux exigences naturelles de l'esprit et du cœur. Je répéterai ici, à ce sujet, ce que disait un homme des plus éclairés : « L'in- « telligence qui a appris à comprendre et à goûter Ho- « mère, Virgile, Platón, Bossuet et Racine, n'en aura « que plus de force et de vigueur pour affronter même « les théorèmes les plus abstraits des mathématiques. » Scinder l'éducation des enfants, et laisser à des parents, souvent ignorants, souvent ambitieux de places ou avides d'argent, l'avenir de leurs jeunes fils, me paraît être un malheur. Les sciences mathématiques s'emparent de ces âmes encore inexpérimentées dans la vie, elles les absorbent, et souvent, après quelques mois d'application à ces études, ces âmes arrivent à cet état qu'un grand mathématicien appelait l'*état d'affranchissement*, ce que je traduis par un état où tout est mis en problème : existence de Dieu, problème; foi de l'Église, problème; pratique de la vertu, problème. Le doute vient à son tour, mais ici est l'abîme. Que de jeunes intelligences en sont venues à ce point, que de vouloir mettre au même rang, et sur la même ligne de preuves, les vérités religieuses et les vérités mathématiques! A chaque saison ses fleurs et ses fruits. A la jeunesse, l'étude plus douce des lettres; à l'homme, celle des sciences. Un homme honorable disait à l'ancienne tribune : « Je pourrais citer ici ma propre expérience;

« je sais que, pour m'avoir mis trop tôt aux mathéma-
« tiques, on m'a fait perdre mon temps ; plus tard il a
« fallu m'y remettre, comme si je n'avais rien appris. »
Je veux enfin citer un passage de ces pages que M. Nicolle a écrites sur l'objet des études classiques, et par
conséquent sur l'avantage des lettres. Il me semble lire
une page de Rollin :

« Le but de ces études, dans les sept ou huit années
« qui leur sont consacrées, est d'apprendre, le mieux
« possible, le grec et le latin, moyen infaillible d'ap-
« prendre parfaitement le français. Les meilleurs mo-
« dèles de ces trois langues, traduits, expliqués, lus
« et relus par les enfants, s'impriment dans leur mé-
« moire ; puis, quand l'instruction et l'âge ont un peu
« développé leur esprit et fortifié leur jugement, ils
« s'essayent à les imiter, en s'exerçant, dans ces langues
« mortes, à des compositions oratoires ou poétiques.
« C'est ainsi que leur goût se forme, c'est ainsi que leurs
« talents se cultivent et commencent à s'annoncer. On
« ne saurait dire combien, dans ces études où l'enfant
« paraît n'apprendre que le grec et le latin, il acquiert
« cependant d'autres connaissances utiles ; combien de
« notions historiques, géographiques et mythologiques,
« il retire de la lecture et de la traduction des auteurs
« de la Grèce et de Rome ; combien d'idées littéraires,
« morales, philosophiques et politiques il fait entrer
« dans son esprit et dans sa mémoire, par l'étude des

« historiens, des orateurs, des poëtes et des beaux
« modèles qu'offrent, dans tous les genres, les trois lit-
« tératures grecque, latine et française, et qui tant de
« fois, pendant le cours de ces années, ont passé sous
« ses yeux.

« Ce peu de mots, ajoute le vénérable Recteur, est
« suffisant pour répondre à ce reproche si souvent ré-
« pété, que c'est employer trop de temps pour n'ap-
« prendre que quelques phrases grecques et latines.
« Non, ce temps n'est pas mal employé, j'oserai même
« dire qu'il est employé si parfaitement bien, qu'il fau-
« drait n'en rien distraire, et le consacrer ainsi tout
« entier à l'étude approfondie de notre langue native
« et des langues grecque et latine. Ainsi l'avaient pensé
« nos pères ; ainsi se sont élevées ces générations de
« littérateurs, de savants, d'hommes de génie, qui,
« depuis François Ier, le restaurateur des lettres, jus-
« qu'à nos jours, ont jeté un si grand éclat sur la litté-
« rature française. *Sic fortis Etruria crevit !* »

A cette page de M. Nicolle qu'on me permette d'a-
jouter ce mot de Racine à son fils : « Je voudrais qu'aux
« jours où vous n'allez pas au collége, vous pussiez
« relire votre Cicéron, et vous rafraîchir la mémoire
« des plus beaux endroits d'Horace ou de Virgile, ces
« auteurs étant fort propres à vous accoutumer à pen-
« ser et à écrire avec justesse et avec netteté. »
Toutefois, il faut l'avouer, quelle que puisse être

l'utilité des lettres ou des sciences, que sont-elles sans la vertu? L'homme érudit n'est pas l'homme parfait. Pour sa perfection, il faut que le souffle de la vie passe tout à la fois sur son intelligence et sur son cœur. Dans son intelligence, ce souffle divin y dépose le désir de la vérité, et la connaître devient aussitôt le besoin de la nature de l'homme ; dans son cœur, il y répand l'amour du bien, et sa nature aspire aussitôt à le mettre en pratique. Tel est l'ordre de la Providence. Si donc, contrairement à cet ordre, l'esprit seul a son aliment, que deviendra le cœur? La plus grande occupation d'un maître sera donc de donner tout à la fois à ses élèves les connaissances humaines qui ornent l'intelligence et les enseignements de la religion qui façonnent le cœur à la vertu. Le vénérable Recteur avait compris ce double devoir de sa charge, et il voulut unir ensemble, pour le bonheur des élèves, et l'instruction qui fait les savants et celle qui fait les hommes vertueux ; il établit donc à ce sujet, pour les classes supérieures, des conférences religieuses dont le résultat produisit bientôt d'heureux fruits. L'obligation imposée à tous les élèves de reproduire chacun de ces entretiens dans des résumés qui demandaient de leur part réflexion et travail opéra, dans l'âme de plusieurs, des convictions d'autant plus profondes qu'ils avaient dû, d'abord, se prouver en quelque sorte à eux-mêmes les vérités qui devenaient ensuite les sujets de leurs rédactions.

Ce premier succès était d'un bon augure ; il fut suivi

de réformes non moins heureuses dans l'enseignement philosophique. Depuis quelques années, cette science qui doit faire des sages était devenue pour les familles religieuses un sujet d'épouvante. Le scepticisme, la liberté de tout penser et de tout dire, le mépris de toute autorité morale, étaient comme autant de voiles que des mains imprudentes jetaient sur les yeux des *jeunes philosophes*, afin de leur cacher la lumière : la vérité gémissait captive. La main ferme et paternelle de M. Nicolle déchira ces voiles : elle rendit libre la vérité. La mesure qu'il adopta fut simple. Il réduisit toute la philosophie à un certain nombre de questions principales, et, à l'époque des concours généraux, une de ces graves questions, tirée au sort, servait de matière à la composition. L'Académie imposait ainsi indirectement aux élèves l'esprit même de son enseignement, et l'obligation de restreindre leurs pensées dans le cercle qui leur était tracé. Cette méthode offrait également aux juges du concours l'avantage de mieux apprécier l'ordre des idées morales des élèves admis à concourir, et dès lors elle leur rendait plus sûre et plus facile la direction de tant de jeunes intelligences dans la voie de la vérité.

L'année suivante, une occasion solennelle s'offrait de signaler les heureux effets qu'avait déjà obtenus cette mesure, il la saisit avec bonheur. Tous les colléges étaient assemblés, sous sa présidence, pour la distribution des prix du grand concours ; il se lève et prononce ces paroles :

« Le Conseil royal de l'Instruction publique a pensé
« qu'au moment où l'Académie de Paris allait couron-
« ner ses élèves les plus distingués, son chef ne devait
« pas garder le silence; je me conforme au désir du
« Conseil. Ce devoir qui m'est imposé, jeunes élèves,
« vous me l'avez rendu agréable, et il m'est doux de
« vous donner en ce moment des éloges mérités. Pen-
« dant tout le cours de l'année classique, une tranquil-
« lité profonde a régné dans nos colléges; cette tran-
« quillité, ouvrage de la fermeté paternelle des maîtres
« et du bon esprit des élèves, a eu sur les études la plus
« salutaire influence. Des progrès marqués ont été le
« résultat nécessaire de travaux suivis sans distractions
« comme sans partage, et la plupart des compositions
« du concours, en attestant la force de nos études, ont
« prouvé que le sol classique de l'Université de Paris
« n'avait rien perdu de son antique fécondité. Toutes
« les saines doctrines ont été professées avec autant de
« succès que de zèle, et il est consolant de pouvoir en
« offrir la preuve, surtout dans les compositions de
« philosophie qui laissaient à vos sentiments personnels
« un champ plus libre.

« Les juges du concours ont été frappés du caractère
« religieux qu'elles présentaient; nous sera-t-il permis
« de dire que j'en ai été frappé moi-même, et que j'y
« ai reconnu avec joie les principes dans lesquels l'an-
« cienne Université élevait ses enfants. Continuez, jeu-
« nes élèves, par votre docilité envers vos maîtres, par

« vos progrès dans les sciences et les lettres, par votre
« attachement à la religion, d'offrir à l'État la plus sûre
« garantie de l'avenir. Repoussez ces funestes doctrines
« qui, en égarant vos esprits, en corrompant vos cœurs,
« détruiraient la dernière espérance de la patrie. Écou-
« tez plutôt la voix de ceux qui vous aiment, et qui vous
« disent qu'il faut apprendre, dans vos colléges, à obéir
« un jour aux lois, et que la soumission à l'autorité est
« la première condition du gouvernement sous lequel
« vous êtes appelés à vivre ; que la religion élève les
« âmes, qu'elle agrandit le talent et qu'elle est l'alliée
« la plus puissante de la science. Vous venez de l'en-
« tendre ; l'éloquence s'était éteinte chez les Grecs et
« chez les Romains ; c'est la religion qui en ralluma le
« flambeau. Notre France n'était encore connue par
« aucune production littéraire, lorsque tout à coup, par
« l'alliance de la religion avec le génie, elle prit le pre-
« mier rang entre les nations civilisées ; c'est à la reli-
« gion que nous devons Bossuet, le prodige de son siè-
« cle, que nous devons cette foule d'hommes célèbres
« dans les sciences et dans les lettres qui ont fait, du
« règne de Louis XIV, l'époque la plus glorieuse de
« notre histoire et de celle de l'esprit humain. Marchez
« sur leurs traces, jeunes élèves, et ne séparez jamais
« ce qu'ils n'ont jamais séparé. C'est ainsi que vous
« deviendrez dignes de transmettre, d'augmenter peut-
« être cet immense héritage de gloire qu'ils vous ont
« laissé. Tant de précieux encouragements vous impo-

« sent, pour l'année prochaine, de nouvelles obliga-
« tions ! Vous les réaliserez, jeunes élèves, et vous réa-
« liserez ainsi toutes les espérances auxquelles nous
« aimons à nous livrer. »

Ces dernières paroles étaient le résumé parfait de sa
pensée. Elle était toute à ses enfants. On eût dit un
père occupé des intérêts de son fils, et tout jeune
homme était pour lui ce fils bien-aimé. Je me rappelle
encore avec émotion ce jour où, pour la première fois,
je lui fus présenté. C'était à cette même époque de sa
vie ; j'étais jeune alors, et mon cœur de jeune homme
battait avec force. Je vois encore, dans mon souvenir,
ce vieillard à tête vénérable, se lever, me tendre la
main, et me faire asseoir à ses côtés. « Mon ami, me
« dit-il avec une bonté qui me toucha, mon ami, vous
« m'avez été recommandé par deux familles auxquelles
« je porte une grande affection, et je suis heureux de
« leur être agréable, en vous étant utile. » Je le remerciai, et, toujours plus touché de sa parole paternelle, je
lui ouvris mon cœur avec toute la confiance d'un ami
et d'un fils. Cette visite me pénétra pour lui d'un sentiment de profonde vénération que les années n'ont pu
affaiblir, et elle était bien naturelle : je lui dois le bonheur de mes jeunes années, la continuation de mes études et les premiers germes de ma vocation au sacerdoce.
Je la sentis naître en moi dès ce premier entretien. Ma
joie était grande, mais elle fut grande aussi, la consola-

tion des deux protectrices de ma jeunesse, auxquelles je m'empressai de raconter l'heureuse impression que cette visite avait faite en moi. Je ne puis taire leurs noms. Leur amitié pour l'excellent et respectable abbé, ainsi que ma gratitude pour leurs bienfaits, me font un devoir de leur rendre ici cet hommage : c'étaient deux sœurs, ou plutôt c'étaient deux anges, madame la duchesse de Narbonne, dont le souvenir est attaché à toutes les œuvres de la charité, et madame la duchesse de Damas-Crux. Aujourd'hui Dieu a couronné leur vie dans le ciel, mais sur la terre il a laissé des cœurs où leur mémoire ne périra jamais.

Ce souvenir de mon enfance me permet d'affirmer que peu d'hommes possédaient, comme l'abbé Nicolle, le talent de s'attirer la confiance des enfants. De toutes parts, les hommes les plus puissants sollicitaient ses soins paternels pour leurs fils ou pour ceux dont ils étaient les protecteurs ; c'étaient le prince de Liéven en Angleterre, le prince de Metternich en Autriche, le comte de Nesselrode en Russie ; c'étaient en France les hommes les plus illustres, dont les lettres flatteuses restent comme un glorieux témoignage de son zèle. Je ne veux en citer que ce seul extrait. Le duc de Liancourt écrivait à M. Nicolle ces lignes pleines de délicatesse :

« Je suis impatient de vous exprimer toute ma « reconnaissance et de vous remercier de vos bon- « tés. Je suis touché jusqu'au fond du cœur de

« votre intérêt paternel pour mes enfants ; et je ne
« puis mieux vous rendre ce que j'éprouve qu'en
« vous appliquant ce que Philippe, roi de Macédoine,
« écrivait à Aristote : « Je vous apprends qu'il m'est né
« un fils ; je bénis les Dieux, non pas tant de me l'a-
« voir donné que de l'avoir fait naître du temps d'Aris-
« tote. »

Pendant que chacun de ses jours s'écoulait ainsi au
milieu de tant de soins et des sollicitudes continuelles
d'une administration immense, M. Nicolle conçut un
noble projet, et il en pressa l'exécution avec ardeur. Le
succès répondit à ses espérances : la Sorbonne fut res-
taurée et reparut brillante d'une vie nouvelle.

Ce nom rappelle trop de souvenirs ; je ne puis les
passer sous silence.

Vers l'an 1254, il existait à Paris un homme, d'une
famille pauvre et obscure, mais qui, par de fortes études, était devenu l'un des plus savants ecclésiastiques
de son temps, Robert de Sorbonne, ainsi nommé du
lieu de sa naissance. Le roi saint Louis en avait fait son
chapelain, son confesseur et son ami. Dans sa prospérité, Robert n'oublia pas les difficultés sans nombre
que, jeune et sans fortune, il avait rencontrées pour
l'achèvement de son éducation, et ce souvenir lui fit
former le généreux dessein de les épargner aux écoliers
studieux et pauvres. Dans ce but, il fonda une société
de prêtres séculiers, qui, vivant en commun et tran-

11

quilles sur les besoins de la vie, ne devaient être occupés que du soin d'étudier, et d'enseigner publiquement et gratuitement. De puissants amis l'aidèrent dans l'accomplissement de son projet, et sa petite colonie s'établit vis-à-vis le palais des Thermes. Le nouvel établissement avait pour objets principaux d'enseignement la théologie et les arts. Robert commença par la théologie, et voulut que la religion fût l'étude première et fondamentale de tous ceux auxquels il donna asile. Sa volonté expresse était encore que sa maison ne reçût que des hôtes (*hospites*) et des associés (*socii*), et il les admettait de quelque nation qu'ils fussent.

Les *Hôtes* (*hospites*) devaient être bacheliers; ils n'étaient admis qu'après avoir réuni la pluralité des suffrages dans trois scrutins différents. A la dernière épreuve, ils étaient tenus de soutenir une thèse, qui fut appelée du nom du fondateur, *Robertine*, d'où leur vint le nom de *Robertins*. Le collège les nourrissait et les logeait comme les docteurs, et ils jouissaient, en outre, de plusieurs priviléges que les statuts définissaient.

Quant aux Associés (*socii*), ils devaient avoir tout d'abord les conditions requises pour être *Hôtes*, et, ces conditions prouvées, ils devaient ensuite subir l'épreuve de deux autres scrutins, et professer gratuitement un cours de philosophie. En 1764, les petits colléges furent réunis à celui de Louis-le-Grand : le cours de philosophie fut alors supprimé, et remplacé par une thèse d'Écriture sainte, appelée : *Seconde Robertine*.

Loin de vouloir exclure de sa maison les enfants de riches familles, Robert voulut, au contraire, éveiller en eux l'amour de l'étude; et, à cet effet, il y admit des *Associés non boursiers*. Pour eux, comme pour les autres associés, mêmes examens, mêmes exercices. La seule différence existant entre eux était que les riches donnaient en argent une somme équivalente à celle qui se payait pour les boursiers : cette somme était de cinq sols et demi. Quels que fussent les *Associés*, riches ou boursiers, ils avaient le titre de *Docteurs*, ou *Bacheliers de la Maison et Société de Sorbonne;* les *hôtes* ne portaient que le titre de *Docteurs*, ou *Bacheliers de la Maison de Sorbonne.*

Un serment était imposé à chaque Associé. Au jour de sa réception, il jurait, sur les saints Évangiles, qu'il n'avait aucune intention d'entrer dans une société ou congrégation séculière vivant en commun, sous la direction d'un supérieur, autre que celle de Sorbonne, et ensuite qu'il ne ferait et n'entreprendrait jamais rien contre les règlements établis par le fondateur.

Un article de ces règlements devint l'origine de cette immense réputation de savoir et de sagesse que la Sorbonne acquit bientôt dans le monde entier. Cet article portait que des docteurs seraient spécialement chargés de l'enseignement de la morale. Ils devaient former comme un tribunal, dont la fonction était de résoudre tous les cas de conscience qui pouvaient leur être déférés. Qui ne connaît l'universelle influence de ces jugements?

Robert de Sorbonne obtint du Saint-Siége la confirmation de son collége de rhétorique, et fit autoriser sa fondation par des lettres patentes du roi saint Louis. En 1272, les terrains avoisinant la Sorbonne furent achetés par le fondateur, et il y institua le collége de Calvi, d'où sortirent plusieurs hommes célèbres. Ce fut ce collége que Richelieu fit démolir, en 1636, pour y bâtir la chapelle qui existe encore. Robert légua tous ses biens à sa maison, et mourut saintement à Paris, le 15 août 1274, à l'âge de soixante-douze ans.

Plusieurs siècles passèrent sur la maison de Robert, et, en passant, ils saluèrent avec respect cet asile de la science et de la vertu. Il arriva cependant un temps où la science fut proscrite, où toute vertu fut un crime. La Révolution ne voulait voir Dieu nulle part, et elle le poursuivit dans les élèves qu'elle força de fuir, dans les maîtres qu'elle dispersa. La Sorbonne suspendit ses cours. La Providence permit toutefois qu'au milieu des ruines de tant de monuments religieux celui-ci fût protégé. Des ateliers de peinture et de sculpture furent établis dans les vastes salles que remplissait, en des jours plus heureux, une foule d'élèves, amis de l'étude, et de nombreuses familles occupèrent les chambres des *Pauvres Maîtres* de Sorbonne, nom que leur avait légué le fondateur en souvenir de leur pauvreté.

La Sorbonne était encore sous cet interdit des mauvais jours, lorsque M. Nicolle fut appelé à diriger l'Académie de Paris. Rendre la Sorbonne à son institution primitive fut dès lors l'objet de sa noble ambition : elle lui était inspirée tout à la fois par son amour pour les sciences et par le dévouement qu'il portait au duc de Richelieu, *dont il était devenu*, disait-il, *la propriété et la chose*.

De tous côtés l'édifice menaçait ruine : les murs étaient minés; les plafonds, les voûtes, les toitures, tout était rompu, brisé, dégradé; une chute prochaine était imminente, et, dans ce cas, c'était perdre à jamais un monument célèbre que l'histoire immortalisa du nom de *Concile perpétuel des Gaules*; c'était perdre une église que l'art et le talent ont rendue un chef-d'œuvre de grâce et de bon goût. L'œuvre projetée était immense : des obstacles s'élevèrent, et, à l'occasion des frais que devait absorber cette restauration de la Sorbonne, des murmures se firent entendre. Quelques hommes à passions violentes les répétèrent avec colère, et se servirent de la presse quotidienne pour soulever des tempêtes autour du vénérable Recteur. Tout autre que l'abbé Nicolle eût reculé épouvanté en présence de tant de difficultés; mais celui dont un écrivain distingué, *Barbier Veymar*, avait dit *qu'il avait l'âme d'un Romain*, ne s'effraya pas de tous ces soulèvements, et il acheva son œuvre. Ce fut alors un concert de louanges; chacun avait reconnu le service que le zélé Recteur venait de rendre à la science, et chacun lui offrait son hommage. Une ère nouvelle commença pour l'histoire de la Sorbonne.

La théologie y reparut avec son antique et majestueux enseignement : elle eut l'honneur du premier rang. On lui destina la partie supérieure des bâtiments. Autour d'elle se groupèrent les facultés des sciences et des lettres. Des maîtres distingués commencèrent leurs leçons : des élèves, avides de connaissances, accoururent pour les entendre. La Sorbonne avait repris sa vie.

Des conférences religieuses furent jointes aux cérémonies du culte, et complétèrent la pensée de M. Nicolle.

Pendant que le vénérable Recteur recueillait, dans les félicitations les plus flatteuses, le prix de ses travaux et de ses sollicitudes, un coup affreux et inattendu le frappa dans ses plus profondes affections.

L'homme auquel il avait dévoué sa vie, le plus tendre de ses amis, le duc de Richelieu, mourut.

Retiré momentanément dans son château de Courteille, il y goûtait les douceurs d'un repos que ses affaires multipliées et les chagrins de sa vie avaient rendu nécessaire à sa santé, lorsqu'une indisposition, légère d'abord, mais présentant bientôt des symptômes d'une gravité alarmante, le força de revenir à Paris. Tout à coup il perdit connaissance et tomba frappé d'une apoplexie nerveuse. Ses nombreux amis accoururent à cette nouvelle. Le danger était imminent : M. l'abbé Feutrier lui administra le sacrement des mourants; et, pendant

que tous, en pleurant, entouraient le lit du malade,
M. Nicolle lui prenait la main glacée dans les siennes,
et, d'une voix suppliante et affectueuse, le conjurait de
la lui serrer, en signe de son adhésion aux paroles
saintes qui lui étaient adressées. « Il remplit mon dé-
« sir, écrivait-il ensuite; et, en même temps que ce
« cher malade faisait effort pour me donner ce signe de
« sa foi et de son amitié, je voyais des larmes couler de
« ses yeux prêts à s'éteindre. »

Le duc de Richelieu expira le 16 mai 1822, à l'âge
de cinquante-cinq ans.

M. Nicolle s'empressa d'annoncer cette triste nouvelle à la duchesse, retirée avec sa mère au château de
Courteille.

« Quelle perte pour tous les siens, pour la France,
« pour ses amis! Il était la gloire de sa famille, l'ancre
« de salut pour les temps de malheurs publics, la con-
« solation de ceux qui lui appartenaient par l'adoption
« de son cœur; nous avons vu tout cela s'évanouir dans
« l'espace de quelques heures. Une grande douceur est
« venue cependant se mêler à tant d'amertume. Non,
« Dieu ne sera pas pour lui le monde; il jugera, dans la
« vérité de sa justice et dans l'équité de son jugement,
« tant de vertus, tant de bonnes actions, tant de dé-
« vouement à la chose publique et de charité pour les
« malheureux. Nous pouvons donc prier pour lui avec
« la douce confiance que nos prières seront exaucées;

« c'est le seul moyen qui nous reste de lui prouver
« notre tendresse. Pour moi, je remplirai de mon
« mieux ce premier des devoirs que m'impose sa mé-
« moire. Lorsqu'il sera transporté dans la Sorbonne,
« tous les jours j'irai prier sur sa tombe, heureux,
« dans mon malheur, d'habiter si près de celui à qui
« je voulais consacrer ma vie. Lorsque je vous mandais,
« il y a quinze jours, que je me proposais de passer au-
« près de M. le duc le reste de mes jours, que j'étais
« loin de prévoir que mon vœu serait réalisé d'une ma-
« nière si prompte et si déplorable! »

L'Université témoigna sa douleur par de nobles paroles; la presse exprima la sienne par de touchants articles : toutes les bouches répétaient l'éloge de celui qui
n'était plus, et ce concert de louanges était une véritable consolation pour le cœur éprouvé du vénérable
Recteur.

Cette année marqua dans ses souvenirs de tristesse.
Une circonstance affligeante en attriste la fin. Le 18 novembre, la Faculté de Médecine faisait sa rentrée solennelle. Toute la jeunesse, qui se pressait dans le grand
amphithéâtre, avait pensé que la séance devait être pré-
sidée par le Grand Maître, Monseigneur Frayssinous.
Déjà des paroles, qui annonçaient l'orage, se faisaient
entendre. Au milieu de cette jeunesse vive et bouil-
lante, un billet circule : de tous côtés on en demande
lecture. Un imprudent jeune homme monte sur le

banc et lit : *Pas de prêtres parmi nous ! sifflons les ennemis des lumières !...* La tempête va éclater. Midi sonne. Les professeurs arrivent; des applaudissements les accueillent. Mais quand paraissent, avec le Président, les Inspecteurs et les Doyens des lettres et des sciences, MM. Roussel, Barbier du Bocage et Thénard, d'innombrables sifflets saluent leur présence : c'est un tumulte effroyable. Le Président se rend toutefois à sa place, et demande le silence. Un moment le bruit cesse : il annonce aussitôt qu'il n'est pas le Grand Maître, mais le Recteur de l'Académie; qu'aucun discours ne sera prononcé par lui, selon l'arrêté de l'Université, et cependant il se permet d'ajouter « qu'il est « heureux d'avoir à présider une société de savants « aussi distingués que ceux qui l'entourent. » A ces mots si simples, le tumulte recommence avec une nouvelle force. Malgré l'orage, M. le baron Desgenettes se lève : il demande la parole. Le silence se rétablit, et il commence l'éloge de M. le docteur Hallé. Dans son exorde, l'orateur crut devoir se féliciter d'avoir « à par- « ler dans une séance où se trouvent réunis les maîtres « et les élèves sous les yeux des premiers Chefs de l'In- « struction publique. » A peine il a fini de prononcer ces paroles que le tumulte se renouvelle. Des cris se joignent aux sifflets. C'est contre le Grand Maître de l'Université ! c'est contre le Recteur de l'Académie ! c'est contre le clergé lui-même ! Cependant tout s'apaise, et le discours s'achève. De nouveaux sifflets ne se font plus entendre qu'au départ du Président.

Le lendemain, avant de commencer sa leçon, M. le professeur Béchard exprime son étonnement de voir encore l'École ouverte, après les tristes événements de la veille. Il n'osait, disait-il, espérer qu'elle le serait longtemps encore, malgré les efforts de MM. Thénard, Barbier du Bocage et de celui contre lequel avaient été dirigées tant d'inconvenantes attaques. « Oui, mes-« sieurs, ajoute avec force le professeur, oui, M. l'abbé « Nicolle est celui dont la voix a été la plus puissante « pour l'indulgence. »

Toutefois une réprobation générale accueillit la nouvelle de ces désordres. Une protestation énergique fut signée par les nombreux élèves des cours. de M. Roux et de M. Dupuytren : elle exprimait, avec les sentiments de leur indignation personnelle, leur profonde soumission à l'autorité.

Une enquête fut faite. Elle constata que des jeunes gens, étrangers à la Faculté, s'étaient mêlés aux élèves, avaient excité leurs ardentes imaginations, et les avaient ainsi entraînés dans cette exaltation de passions aveugles. L'École pouvait donc être justifiée de ces désordres. M. Nicolle fit de nouvelles instances; mais le roi comprit qu'il avait un grave devoir à remplir, et il vengea l'autorité de l'injure qu'elle avait reçue. Par son ordonnance du 21 novembre la Faculté de Médecine fut supprimée.

Que la vie est pénible ! Si quelques jours de joyeux

soleil brillent parmi les jours de notre existence sur la terre, combien d'autres sont attristés par les orages ! La peine succède à la satisfaction; à la joie succède la douleur. Telle est la condition de tout homme sur terre ; telle fut surtout celle de l'abbé Nicolle. Tantôt c'était une abondance de consolations que répandaient en son âme les heureux effets de son zèle; tantôt c'étaient de profondes amertumes, qui, sans lasser son courage, n'en étaient pas moins des coups, que la sensibilité de son cœur lui rendait plus difficiles à supporter. Une grande épreuve lui était encore réservée : Dieu se préparait à le frapper dans ses plus nobles affections. La place qu'il occupait était sa joie; elle était sa vie, parce qu'elle était pour lui le moyen de satisfaire les immenses désirs de sa vocation pour les études et la jeunesse. Dieu la lui ravit. Hâtons-nous donc, avant ce temps, de transcrire ici quelques belles paroles que, Recteur de l'Académie, il eut à prononcer en deux circonstances solennelles.

Au mois de décembre 1825, Monseigneur le duc d'Angoulême faisait à Paris son entrée triomphante. Ce prince avait glorieusement terminé la guerre d'Espagne, et tous les corps de l'État s'étaient empressés de venir déposer à ses pieds l'hommage de leurs félicitations. L'Académie eut son tour; M. Nicolle en fut l'interprète. Sa harangue fut courte, mais digne du Corps savant dont il était le chef :

« Monseigneur,

« Dieu, qui permet aux tempêtes de bouleverser les
« mers, permet aussi aux révolutions de troubler le
« repos du monde; mais, comme il apaise les flots ir-
« rités, il sait mettre également un terme aux orages
« politiques, et il fixe les temps au delà desquels il
« n'est plus donné aux ennemis des princes et des peu-
« ples de prévaloir. Lorsqu'il a prononcé leur sen-
« tence, il remet son glaive entre les mains de la va-
« leur et de la sagesse : la rebellion effrayée se soumet;
« les trônes se relèvent et l'autorité souveraine reparaît
« plus forte et plus majestueuse.

« Tel est, Monseigneur, le prodige qui vient de s'o-
« pérer par vos mains dans une guerre dont le cours
« rapide rappelle ces mots célèbres : Je suis venu, j'ai
« vu, j'ai vaincu; dans une guerre d'honneur et de pro-
« bité dont l'histoire n'offre point d'exemple; dans une
« guerre qui a enfanté la paix du monde.

« Oui, Monseigneur, vous avez, d'une main forte,
« enchaîné l'hydre révolutionnaire aux colonnes d'Her-
« cule, et l'Europe, rivalisant de reconnaissance avec
« l'Espagne, vous proclame son sauveur. Puissiez-vous
« longtemps jouir d'une gloire si pure!... Votre nom
« est cher à la jeunesse, et vous avez été le témoin de
« sa joie, lorsque Votre Altesse Royale daigna visiter
« nos colléges. Ce jour vit encore dans nos souvenirs :
« puisse-t-il renaître! puissions-nous revoir de nou-

« veau dans nos modestes demeures le libérateur de
« l'Espagne!... »

Touché de ces paroles et de ces vœux, le Prince, à
son tour, félicita l'Académie du bon esprit qui régnait
dans les colléges ; c'était le plus grand éloge des maîtres
et des élèves.

La seconde solennité qui fournit à M. Nicolle l'occasion de faire entendre sa voix, au milieu des vœux publics de tous les corps du Royaume, était celle du premier jour de l'année qui commençait. Chaque année le
revoyait à la tête de l'Académie ; c'étaient les mêmes
hommages, les mêmes vœux, les mêmes assurances du
dévouement le plus absolu, mais l'année qui s'ouvrait
devait être la dernière de ses fonctions de Recteur, et je
la choisis de préférence.

Le premier jour de l'an ! La puissance de ce jour est
immense : les liens de la famille se resserrent ; les petits froissements de la vie s'évanouissent ; la charité
pardonne ; la reconnaissance s'épanche, et souvent,
sous la forme des vœux que le langage exprime, se cachent de grandes vérités ou d'utiles leçons. Les Princes
sont les chefs de la grande famille des peuples. A ce
titre, ils ont droit aux hommages de ceux qu'ils gou-
vernent, et, au retour de chaque année, des vœux sont
formés pour eux, des félicitations leur sont adressées,
et que de fois aussi de nobles cœurs ont osé hasarder
de respectueux enseignements ! Les Princes vraiment

grands se réjouissent également des vœux qu'on forme
pour leur prospérité ou des vérités qu'ils entendent.
Dans les paroles qu'il eut à prononcer au nom de
l'Académie, le 1ᵉʳ janvier 1824, M. Nicolle exprima des
sentiments dignes d'être rappelés souvent à des Souverains ; c'était l'éloge du monarque, mais c'était un sujet
de graves réflexions qu'il laissait au cœur de ce Prince.

« Sire,

« L'Académie de Paris vient offrir ses vœux et ses
« hommages au père des Français, au père des lettres,
« à l'ami, au protecteur d'une jeunesse nombreuse qui
« n'est point indigne de sa tendresse paternelle et de
« sa royale protection. Oui, Sire, il nous est doux de
« pouvoir dire à Votre Majesté que la religion reprend
« son empire dans nos écoles, que l'ordre et l'amour
« du travail y règnent partout. Cet heureux change-
« ment, qui est l'ouvrage du zèle des maîtres à rem-
« plir leurs devoirs, est aussi l'un des bienfaits du règne
« de Votre Majesté, car les exemples des princes font
« la destinée des écoles comme des royaumes. Heureux,
« Sire, les instituteurs qui, pour donner plus d'autorité
« à leurs exhortations religieuses, n'ont besoin que de
« porter vers le trône les regards de leurs disciples ;
« qui, pour enflammer leur émulation, n'ont qu'à leur
« montrer leur Souverain, unissant le sceptre des let-
« tres à celui de l'empire ; qui, pour les former à toutes

« les vertus, n'ont qu'à retracer celles du monarque et
« des princes de sa famille !... »

Dans sa réponse à l'expression de ces sentiments si
vrais, le roi eut un mot qui respire l'antique caractère
des preux de la France. Il se réjouit du retour de la jeunesse à la religion ; il désire qu'elle croisse dans tous les
cœurs, et il ajoute : *On ne peut être bon Français sans
être bon chrétien.* Nos pères savaient être l'un et l'autre.

Le temps s'avançait, et avec le temps s'approchait
l'épreuve que Dieu allait faire peser sur lui. Elle fut
l'une de ses plus grandes douleurs.

A la tête de l'Université et de l'Instruction publique,
était un homme d'un talent supérieur, d'une sainteté
reconnue : grand par ses dignités, plus grand par
l'élévation de son âme, Monseigneur Frayssinous,
évêque d'Hermopolis, et ministre du Roi. De la haute
région dans laquelle la Providence et le choix du Prince
l'avaient placé, il avait cru entrevoir un immense avantage à rendre plus importantes les attributions des différents recteurs dépendant de l'Université, et, pour y parvenir, il avait songé à leur confier le droit à la nomination de leurs professeurs. Ce projet, qui, dans la pensée
du Grand Maître, devait être fécond en heureux résultats, touchait directement aux droits du Recteur de l'Académie, et il dut tout naturellement trouver de l'opposition dans M. Nicolle. Cette opposition fut noble comme
son caractère ; elle fut digne de son profond dévouement

pour le bien public, et de la vénération que lui inspirait l'illustre évêque qu'il combattait. Monseigneur Frayssinous estimait également l'expérience et les talents du Recteur de l'Académie, que la mesure nouvelle allait tout naturellement affliger ; mais dans tous les deux l'estime et l'affection cédaient devant ce que chacun croyait être son devoir. Nouveau Paul et nouveau Barnabé, leurs vues étaient différentes, mais Dieu unissait leurs cœurs dans les liens d'une même charité. Une ordonnance parut : elle trancha toutes les difficultés. Par cette ordonnance du 26 août 1824, le Roi statuait qu'à l'avenir toutes les affaires ecclésiastiques et l'instruction publique seraient dirigées par un ministre Secrétaire d'État, qui prendrait le titre de *Ministre au département des Affaires ecclésiastiques et de l'Instruction publique*. La même ordonnance désignait Monseigneur Frayssinous pour ce nouveau ministère. Ainsi cessait toute possibilité de conflit d'autorité entre le Grand Maître et le Recteur ; ainsi cessait également l'existence du rectorat de Paris, et dès lors revenait naturellement au Ministre le droit de nomination à toutes les places de professeurs.

La soumission de M. Nicolle fut exemplaire ; sa plainte fut touchante. Quelques mots à madame la duchesse de Richelieu nous dévoilent la grandeur et la noblesse de ses sentiments :

« C'est par la bienveillance de celui que nous pleu-

« rons encore que j'avais été placé à la tête de l'Aca-
« démie de Paris ; c'est pour lui plaire que j'avais ac-
« cepté ce pénible fardeau, mais je m'étais attaché à
« une situation qui n'avait pas tout d'abord été de mon
« choix, et je ne dissimule pas que je la quitte avec
« quelques regrets, premièrement, parce que je conti-
« nuais ainsi de me conformer aux intentions de M. le
« duc de Richelieu, et ensuite, parce que les améliora-
« tions déjà obtenues me donnaient l'espoir de donner
« au Roi la plus grande preuve de ma reconnaissance
« pour la bienveillance spéciale dont il n'a cessé de
« m'honorer. Toutefois ma retraite était une consé-
« quence forcée de la dernière ordonnance qui a aug-
« menté prodigieusement les attributions des recteurs.
« Un Recteur de l'Académie de Paris, nommant à toutes
« les places de professeurs, était plus que le Grand
« Maître, et c'est ce qui a motivé la réunion des deux
« places. Je ne me plains donc pas d'une mesure que
« je jugeais moi-même nécessaire. Au reste, le Conseil
« royal vient de faire pour moi ce que je désirais le
« plus : il m'a donné l'administration temporelle de
« l'église de la Sorbonne, et me conserve le logement
« que j'occupe actuellement. Votre cœur, Madame, de-
« vine aisément le motif qui me fait attacher un si
« grand prix à cette concession. »

Dieu frappe en père. L'épreuve était pénible, mais
les consolations en adoucirent l'amertume. De toutes

parts s'élevaient des regrets, et ces paroles amies étaient un baume sur le cœur du vénérable abbé. L'Université, l'Académie, les recteurs des provinces, les feuilles publiques, s'empressèrent de lui témoigner la part qu'ils prenaient à sa douleur. Je veux citer deux lettres : il me semble que ce souvenir ne peut qu'être glorieux à sa mémoire. La première est du cardinal de Bausset :

« Mon cher abbé,

« Vous comprenez assez mon amitié pour deviner
« ce que je dois penser et ce que je sens en ce mo-
« ment : c'est un sentiment que je partage avec tous
« ceux qui ont l'avantage de vous connaître et d'appré-
« cier le noble caractère de l'homme qui, pendant
« quarante ans de sa vie, s'est consacré à l'instruction
« des générations naissantes. Je sais bien que votre
« plus sensible peine sera de perdre toute possibilité
« de continuer les admirables œuvres que vous avez
« commencées avec autant de sagesse que de succès;
« mais il vous reste le souvenir, et cette douce et hono-
« rable consolation, justifiée par l'estime et la considé-
« ration de tous, ne peut du moins vous être enlevée.
« Je n'ai pas besoin de vous dire, mon cher abbé, que
« je prends part à vos peines, comme à tous les regrets
« publics. »

La seconde lettre est celle du Préfet de la Seine,

M. le comte de Chabrol. Chaque ligne est l'éloge de M. Nicolle :

« Monsieur l'abbé,

« C'est avec le plus vif chagrin que j'apprends que
« vous avez cessé d'être Recteur de l'Université de
« Paris. Quel que soit l'avantage qui puisse résulter,
« par la suite, de la réunion des attributions de la place
« que vous occupiez si dignement à celle du Grand
« Maître, il y aurait de l'ingratitude à l'administration
« de ne pas reconnaître, par les plus vifs regrets, les
« services éminents que vous avez rendus pendant votre
« courte, mais si honorable gestion : l'achèvement du
« beau collége de Saint-Louis, la restauration de la
« Sorbonne, conçue sur un plan qui fait l'admiration
« de l'étranger, la création du collége de Sainte-Barbe,
« voilà des faits qui resteront pour attester que per-
« sonne ne fut plus zélé que vous, plus ardent pour
« concevoir le bien, plus habile pour le faire. Témoin
« de tout ce que vous avez fait, et des obstacles qu'il
« vous a fallu vaincre, j'ai dû vous admirer, et j'ai sur-
« tout conçu pour vous, Monsieur l'abbé, une estime
« que rien ne pourrait affaiblir.

« J'ai fait part aux membres du Conseil général des
« sentiments que vous leur exprimez : ils y ont été in-
« finiment sensibles, et m'ont chargé de vous le dire.
« Ils sont affligés de voir cesser les relations si agréables
« qu'ils avaient avec vous, mais ils pensent que, dans

« la retraite où vous êtes placé, le souvenir du bien que
« vous avez fait et auquel ils n'ont pas été tout à fait
« étrangers les rappelera de temps en temps à votre
« mémoire. »

Cette lettre est du 12 avril 1824.

CHAPITRE VIII

Générosité de M. Nicolle à l'occasion de la nomination de M. . . au titre d'Aumônier du roi. — Translation des cendres du duc de Richelieu à la Sorbonne. — Cession à la ville de Paris du collége de Sainte-Barbe. — Sentiments de piété de M. Nicolle. — Son discours avant et après la première communion des enfants de Sainte-Barbe. — Sa soumission dans de nouvelles épreuves. — Sa confiance dans la Providence. — Lettre de Monseigneur de Quélen à M. Nicolle. — Il est nommé Vicaire général de Paris. — Mort subite de M. Henri Nicolle (1829). — Lettre de M. de Vatimesnil, Grand Maître de l'Université, sur cette mort.— Lettres des professeurs de Sainte-Barbe au Conseil général et à la Commission administrative de Sainte-Barbe. — Réponse du Conseil. — Dévouement de M. Nicolle. — Dussault. — Le docteur Roux. — Instructions religieuses faites par M. Nicolle à sa petite nièce.

Lorsqu'en 1817 l'abbé Nicolle vint momentanément en France, Louis XVIII l'honora du titre de son Aumônier honoraire. Il le fut jusqu'en 1821. A cette époque, le duc de Richelieu obtint du roi que ce titre honorifique fût converti en un titre d'Aumônier-adjoint avec la promesse spéciale d'être nommé à la première vacance de la place d'Aumônier titulaire. Cette vacance n'eut lieu qu'en 1824, dans le moment même où venait d'être supprimé le rectorat de Paris. Le vénérable abbé pouvait y prétendre, mais Dieu avait à lui demander un autre sacrifice, et il ne faillit ni à sa foi ni à son devoir. Il se soumit à la manière des grandes âmes. Des engagements pris d'avance ne permirent pas que M. Nicolle fût nommé, mais, voulant lui témoigner un souvenir bienveillant de sa promesse, le roi exigea que le nouvel élu partageât avec M. Nicolle la moitié de son traitement.

L'Aumônier nommé était sans fortune, et sa place nécessitait des dépenses qui pouvaient devenir un embarras pour sa position. M. l'abbé de Pontevez, interprète des vœux de ses collègues, sollicita de la générosité de M. Nicolle, en faveur de leur collègue et ami, la remise de cette rente annuelle de quatre mille francs. La réponse ne se fit pas attendre ; elle justifia l'opinion que son désintéressement lui avait faite en France comme en Russie :

« Je ne me pardonnerais pas de partager avec
« M. de G... un traitement, dont la moitié pouvait
« lui suffire autrefois, mais dont la totalité est indispen-
« sable à un Aumônier en titre. Il n'est pas convenable
« qu'un homme de son mérite se prive du nécessaire
« pour me procurer le superflu. Je renonce avec plaisir
« à cette obligation trop onéreuse pour lui. »

Une si grande délicatesse de procédé lui valut l'admiration de la cour et du Grand Aumônier ; elle s'exprima dans d'honorables lettres.

Cet abandon de ses propres intérêts, en présence des nécessités de tous ceux qui réclamaient le secours de sa charité, prenait sa source dans la grande sensibilité de son cœur. C'est faire un bel éloge d'un homme de bien que de dire de lui ce qui fut dit de M. Nicolle, *qu'il n'eut jamais d'ennemi parmi ceux qui le connurent.* Son amitié était tendre et dévouée : celle qui le liait au duc de Richelieu fut l'âme de sa vie d'affection. Il s'est admirablement dépeint lui-même, dans les lignes suivantes à la duchesse de Richelieu, lors de la translation des restes du duc à la Sorbonne.

« La triste cérémonie vient d'être terminée : il n'y
« manquait que vous. Sans qu'il y ait eu d'invitation,
« le concours de ses amis fut immense. Tout ce que la
« société a de plus distingué est venu offrir un dernier
« hommage à l'homme le plus vertueux de ce siècle, à
« l'homme qui a rendu le plus de services à son pays.
« M. de R... et moi, nous sommes allés hier chercher
« ses restes mortels à l'Assomption : c'est moi qui ai été,
« près du bon Dieu, l'interprète de toute sa famille et
« de ses amis. J'ai été obligé, je l'avoue, de recueillir
« toutes mes forces : jamais je ne fus plus ému, et ja-
« mais je ne fus plus contraint de vaincre mon émotion.
« C'est du plus profond de mon cœur que j'invoquai le
« Dieu de bonté pour celui qui fut si bon pour tout le

« monde. J'espère que nos prières seront exaucées, sur-
« tout étant jointes aux vôtres, madame. Nos cœurs se
« répondaient dans le même moment, et plus d'une fois,
« en célébrant les saints mystères, je n'ai pu m'empê-
« cher d'unir Courteil à la Sorbonne. Après la messe,
« je suis descendu dans le tombeau, où nous avons dé-
« posé l'éternel objet de mes regrets. A cet instant, je
« me suis senti pénétré d'une douleur si vive, que je
« n'aurais pu la supporter longtemps, et je me suis
« hâté de me retirer, non sans lui promettre toute-
« fois de venir, chaque jour, près de lui dans cette cha-
« pelle, remplir un devoir si doux et cependant si plein
« d'amertume. J'aurais voulu faire au ciel une sainte
« violence, pour que tant de vertus eussent enfin leur
« récompense. J'ai recueilli toute ma tendresse, et j'ai
« demandé de bon cœur à Dieu que, s'il lui restait
« quelque expiation à subir, cette expiation retombât
« sur moi dans ce monde. Il n'est pas de sacrifice que
« je ne fasse pour lui. »

Il était encore au milieu de ces soins du cœur, lorsque
divers événements vinrent interrompre la tranquillité
de sa retraite à la Sorbonne. Ce fut d'abord l'achat que
fit la ville de Paris de son collége de Sainte-Barbe.
Cette cession de l'œuvre de ses intimes affections fut
pour lui une consolation et une gloire.

La Commission du Conseil général de la Seine s'exprimait en ces termes :

« Le Conseil d'administration de Sainte-Barbe pro-
« posa à la ville de Paris de lui céder son collége. Le
« Préfet de la Seine n'a pas hésité à déclarer qu'il ac-
« ceptait son offre, et il soumit au Conseil général ses
« observations à cet égard. Sainte-Barbe est en ce mo-
« ment un des colléges de la capitale le plus approprié
« à sa destination : de grands bâtiments, un vaste ter-
« rain, un nombre considérable de pensionnaires ap-
« partenant tous à des familles riches et élevées, un
« système d'enseignement religieux et sage, éclairé et
« solide, des succès déjà nombreux, obtenus dans les
« concours généraux, tels sont les motifs qui engagent
« le Conseil à souscrire aux vœux de M. le Préfet. »

Cet éloge déjà si flatteur était suivi d'un rapport particulier sur les règlements de Sainte Barbe, œuvre de
l'expérience du zélé supérieur. Ce rapport, fait par
ordre de M. le ministre de l'Instruction publique, se
terminait par ces mots, non moins capables de flatter
le cœur du vénérable abbé.

« Les règles dont est doté le collége de Sainte-Barbe
« nous ont paru, non-seulement, mériter l'approbation
« du Conseil, mais être dignes encore d'être proposées
« pour modèles aux autres colléges, tant pour ce qui
« regarde l'enseignement religieux que pour ce qui
« concerne l'enseignement des sciences. »

Si M. Nicolle eût eu des détracteurs de sa méthode

d'enseignement, ce peu de mots d'hommes compétents et de juges sévères suffiraient pour être sa justification la plus parfaite et sa plus noble réponse.

Tant de sollicitudes, de travaux et de fatigues, ne pouvaient toutefois le distraire des saints devoirs de sa vocation. Il était heureux d'être prêtre, et il saisissait avec bonheur toutes les occasions de ranimer sa foi, et de parler de Dieu. J'aime ces paroles si douces et si vraies qu'il écrivait à l'un de ses amis, après quelques jours de retraite :

« Il faudrait mourir après ce temps de saint recueil-
« lement, ou plutôt, il faudrait vivre, et redoubler d'ar-
« deur pour faire encore ici-bas quelque peu de bien,
« jusqu'à ce que le déclin des forces physiques et mo-
« rales nous avertisse que nous devons songer à cette
« grande retraite qui ne finira jamais. »

Ce sentiment est profondément vrai. Il y a dans la vie du prêtre, occupé des mille affaires de son ministère, des jours dont on goûte le charme, mais dont ce charme même ne peut être défini ; jours de douce tranquillité, où l'âme se ferme à toute pensée du dehors et se recueille intimement en Dieu ; jours de pieuses réflexions, de sérieux retours sur soi-même, de courageuses résolutions, en un mot, jours de délicieux souvenirs, ce sont les jours d'une retraite : on sent que Dieu est là !

J'aime encore ces bonnes et saintes paroles que

M. Nicolle adressait à quelques enfants de Sainte-Barbe, au jour de leur première communion. Avec quel plaisir je les transcris! C'est l'expression d'une âme simple et pleine de foi !

« Mes enfants,

« Le moment que vos vœux appellent depuis long-
« temps est enfin arrivé! A la voix de son ministre, le
« Seigneur a daigné descendre du ciel, et votre foi l'y
« découvrira à travers les voiles dont se couvre sa Ma-
« jesté sainte. Inclinez-vous donc et adorez, car ce Dieu
« ne s'abaisse ainsi que pour devenir votre aliment.
« Moins heureux que vous, les anges le voient face à
« face, mais ils ne s'en nourrissent pas, et vous allez
« vous unir à lui ! Quelle bonté! quel amour ! Qu'a-
« vez-vous donc fait, mes enfants, pour être dignes
« d'un si grand bienfait? Vous l'avez offensé, et mille
« fois vous avez mérité sa justice : humiliez-vous donc
« en sa présence, et que chacun lui dise au fond de son
« cœur : Pardonnez-moi, parce que j'ai péché. Oubliez-
« mes injures pour ne vous rappeler que vos miséri-
« cordes, ô mon Dieu! Non, je ne suis pas digne que
« vous veniez habiter dans moi, mais dites seulement
« une parole, et mon âme sera purifiée de ses souil-
« lures. Votre ministre l'a déjà prononcée, cette parole
« de votre bonté toute-puissante, ratifiez-la, Seigneur :
« changez vous-même mon cœur, rendez le vôtre ; ache-
« vez votre œuvre.

« Tels sont vos sentiments, sans doute, mes chers
« enfants, sentiments d'adoration pour le grand Dieu
« qui est ici présent ; sentiments de reconnaissance
« pour sa miséricorde qui le fait se donner à vous ; sen-
« timents de componction pour les nombreuses of-
« fenses dont vous vous êtes rendus coupables envers
« lui ; sentiments de confiance enfin pour Celui qui est
« bon par essence, qui connaît toute l'imperfection de
« votre nature, et qui, tout en nous comblant de ses
« dons, prend soin lui-même de nous en rendre moins
« indignes par l'efficacité de sa grâce.

« Pères et mères, qui avez ajouté au bonheur de ce
« jour, en venant prendre part au bonheur de vos en-
« fants, je vous fais cette prière. Avant que les bénédic-
« tions du ciel descendent sur ces objets de vos plus
« tendres affections, donnez-leur dans le secret de vos
« cœurs une bénédiction d'un autre genre, bénédiction
« sacrée à laquelle Dieu lui-même a constamment at-
« taché la plus grande vertu, c'est celle d'Abraham sur
« son fils Isaac ; c'est celle de Jacob sur ses enfants ; c'est
« celle de Blanche sur saint Louis, que nous vous de-
« mandons sur ces âmes que vous affectionnez, afin que,
« bénies par vous, elles se présentent à la bénédiction de
« leur Père céleste avec plus de confiance et d'amour. »

La cérémonie sainte était achevée : Jésus-Christ avait
pris possession de ces jeunes cœurs, et, dans l'élan de
leur ferveur, les enfants qui venaient de goûter l'inef-

fable douceur de cette première visite lui avaient fait la promesse de le servir avec plus de fidélité et de dévoùement. M. Nicolle ne laissa pas échapper ce moment de pieuse inspiration, et, sous l'impression de sa joie paternelle, il ajouta ces paroles touchantes :

« Ce jour est beau, mes enfants, ne l'oubliez jamais.
« Rappelez-vous surtout la promesse que vous venez de
« faire à votre Dieu ; elle est grande, elle est sainte, elle
« sera la sauvegarde de chacun de vos jours. Pour la
« remplir, la grâce vous est nécessaire, demandez-la ;
« comment vous serait-elle refusée? Lorsque Jésus-
« Christ honora de sa présence la maison de Zachée, le
« salut y entra avec lui ; lorsque la multitude, avide de
« l'entendre, le pressait de tous côtés, il sortait de lui
« une vertu qui guérissait toutes les infirmités ; vous,
« mes chers enfants, vous ne l'avez pas seulement tou-
« ché, mais vous l'avez reçu en vous-mêmes, et déjà
« vous avez ressenti les effets de cette vertu divine qui
« vous préservera des rechutes. Dans ce moment, peut-
« être, elles vous paraissent impossibles ; peut-être dites-
« vous intérieurement : Plutôt mourir que d'offenser
« le meilleur des pères ! Que Dieu vous maintienne tou-
« jours dans ces sentiments généreux ! Puissiez-vous les
« confesser avec courage ! puissiez-vous toujours fer-
« mer les yeux aux mauvais exemples, et vos oreilles
« aux mauvais discours! Vous vous épargnerez ainsi le
« plus grand des malheurs, et à nous, mes enfants, la

« plus grande des afflictions. Lorsque Jacob envoya Jo-
« seph vers ses frères, ses craintes pour ce fils si digne
« de sa tendresse furent tristement réalisées, et, lors-
« qu'on vint lui dire qu'il avait été dévoré par une bête
« cruelle, il ne cessait de répéter ce cri de sa douleur :
« Qu'avez-vous fait de Joseph ? où est Joseph ? Ah ! mes
« enfants, si, par le crime de ses frères en Jésus-Christ,
« l'un de vous venait malheureusement à perdre la vie
« de la grâce, ne serions-nous pas en droit de leur
« adresser cette plainte de Jacob : Qu'avez-vous fait de
« ce fils de notre adoption ? où est ce Joseph, objet de
« nos tendresses ? Puissions-nous être plus heureux !
« puissent ces chers enfants devenir comme la semence
« féconde que Dieu bénit ! puisse cette génération nou-
« velle sanctifier ce collége, où les sciences fleuriraient
« en vain, si la science de Dieu n'était pas cultivée avec
« le même succès et le même soin..... »

Il est impossible d'avoir des accents plus tendres et
plus paternels ; en le lisant, le cœur est ému : quelle
devait donc être l'émotion de ceux qui l'entendaient !
Il avait puisé ce don précieux de toucher et d'émouvoir
dans la douceur de sa piété et la vivacité de sa foi. Dieu
et l'accomplissement de sa volonté, tel était le résumé
de sa vie. Quelle admirable soumission s'exhale de son
cœur, lorsque, écrivant à madame de Richelieu, après
un chagrin nouveau que lui avait envoyé la Providence,
il disait ces bonnes paroles :

« Je laisse au bon Dieu le soin de ma cause. S'il lui
« plaît de la faire triompher, je lui en témoignerai
« de mon mieux ma vive reconnaissance ; s'il juge au
« contraire qu'il vaut mieux pour moi que j'éprouve
« de nouvelles déceptions, je me soumets encore à sa
« sa volonté sainte. Mon cœur est aussi tranquille que
« si j'étais l'homme le plus favorisé. Je dois cette grâce
« à Dieu, qui guérit les blessures qu'il nous fait, et je
« trouve dans cette paix, ainsi que dans l'amitié de tant
« de bons amis qui me sont dévoués, une ample com-
« pensation aux souffrances que me font éprouver cer-
« taines personnes qui, sans me connaître, ont jugé à
« propos de me nuire. »

Un mot d'une de ses lettres explique ces dernières
paroles. L'Université avait fait près de lui d'honorables
démarches pour l'engager à accepter de nouvelles fonctions : elles convenaient à ses talents, à son expérience,
à son amour toujours constant pour la jeunesse ; ses
amis le pressaient d'accepter.

« Non, répondit-il, dans le temps où nous sommes,
« il faut être un homme de parti, et je ne veux ni ne
« peux l'être. »

Cette âme si droite, si énergique pour le bien, ne
s'accommodait pas des exigences passionnées des partis ; sa ligne était tracée : ni les distinctions humaines,
ni les propositions les plus flatteuses, ni les espérances

les mieux fondées de réparer les pertes de fortune qu'il avait eu à subir, rien ne pouvait le faire sortir du cercle dans lequel son devoir et sa conscience le tenaient enfermé. C'était là l'une de ses grandes consolations. Vrai philosophe, il voyait passer les événements avec calme; vrai chrétien, il en profitait pour fonder sur tant de peines l'édifice de son salut éternel. Un jour, un de ses amis lui adresse une lettre de consolation : de nouvelles épreuves l'avaient frappé dans sa fortune et dans ses plus chères espérances, et cet ami avait mêlé aux témoignages de l'affection la plus tendre des reproches sur l'injustice du monde ; un mot de sa lettre semblait même accuser la Providence.

« Arrêtez vos plaintes, lui répond le vénérable abbé,
« je souffre évidemment de toutes ces privations forcées
« et toujours pénibles à mon âge; mais, au fond de
« toutes ces tracasseries et de ces sacrifices d'amour-
« propre, il n'y a pas un trop grand mal. Le bon Dieu
« sait mieux que moi ce qui me convient. D'ailleurs,
« j'étais né pour aller à pied toute ma vie. L'Empereur
« de Russie me fit monter en voiture ; le Roi de France
« m'en a fait descendre : il ne fait donc que me remettre
« à ma place. Que Dieu soit béni, et surtout qu'il bénisse
« le roi ! »

S'il est vrai de dire que le style est tout l'homme, ces derniers mots révèlent assurément le parfait chrétien et le sujet fidèle : M. Nicolle s'y est peint tout entier.

Au milieu de toutes ces successions de joies et de douleurs, l'infatigable vieillard ne laissait pas de se livrer aux plus laborieux travaux. Sainte-Barbe était devenu son séjour habituel : du matin au soir il donnait à ses enfants ses soins les plus chers, et, tout le temps que ne réclamait pas sa charge de Supérieur, il le consacrait tantôt aux séances du Conseil de l'Université, tantôt à la correspondance nombreuse qu'il entretenait avec ses amis et ses anciens élèves. Son âme s'agrandissait avec les embarras de la vie : sa fièvre du bien public était un feu qui semblait de jour en jour le consumer davantage. Il écrivait à un ami :

« On dit qu'en vieillissant le cœur se dessèche; mais « le mien renaît et rajeunit chaque année. Dieu lui « donne pour vivre, travailler et souffrir, la vigueur de « l'aigle. »

Le secret de cette force, que rien ne pouvait abattre, il l'explique à la duchesse de Richelieu :

« Quand on marche vers un but louable, il ne faut « jamais s'arrêter en chemin, on finit toujours par y « arriver. Il ne faut donc qu'attendre, avec patience « et sans trouble, le moment fixé par Dieu pour le « repos. »

Si la fleur a souvent des épines qui attristent, elle a aussi son parfum qui réjouit; et si la vie a ses jours sombres, elle a aussi ses jours de douce satisfaction. Le vénérable abbé en faisait l'expérience; chacune de ses années était marquée par ces alternatives de chagrins et de joies : celle de 1827 fut à son cœur du plus délicieux souvenir.

L'illustre Prélat qui occupait à cette époque le siége archiépiscopal de Paris, Monseigneur de Quélen, de sainte mémoire, voulut honorer son Chapitre et son Conseil, en l'élevant à la dignité de Vicaire général de son diocèse. La lettre de l'Archevêque est digne de son âme élevée; elle est digne de l'homme vertueux et éclairé auquel il l'adresse :

« Monsieur l'abbé,

« Le temps est mauvais, et je n'ose ni vous attendre,
« ni vous exprimer le désir de vous voir aujourd'hui,
« ni vous dire en ami : *Veni, dilecte mi, commoremur*
« *in villis.* Cependant j'ai besoin de causer avec vous
« d'un projet qui me sourit, parce que je crois qu'il
« apportera un grand bonheur dans cet Archevê-
« ché, qui, je le dirai sans orgueil, mérite un peu
« celui que j'ambitionne le plus, après la grâce de
« Dieu, celui de réunir des amis. Vous m'entendez,
« j'en suis sûr, à demi-mot. Cette conviction me per-
« suade que j'ai bien jugé, et que si vous ne cédez pas
« à la séduction dont je me fais le Satan vis-à-vis de
« vous, il vous aura fallu du courage et la considéra-

« tion d'impérieux devoirs. Si je réussis à vous faire
« succomber, il ne me restera plus qu'à mettre tout
« en œuvre pour écarter de vous jusqu'à l'ombre d'un
« repentir, et c'est là ma résolution.

« J'implore aide et assistance dans la perte de mes
« amis ou dans les séparations qui ressemblent à de vé-
« ritables pertes. Je ne me plains pas de la sensibilité
« de mon cœur; la peine d'en être séparé ne surpasse
« pas, à mon avis, les jouissances que leur commerce
« m'a fait éprouver, et que je goûte encore par le
« souvenir. J'en cherche de nouvelles dans de nou-
« veaux liens : les amis de mes amis ne peuvent trom-
« per mes espérances. Je pars à l'instant. M. Borderies,
« qui me quitte, sera de la partie.

« Recevez l'assurance de mon inviolable attache-
« ment. »

HYACINTHE,
Archevêque de Paris.

On ne résiste pas à un langage d'une confiance et
d'une affection si tendres. L'âge, les fatigues, les chagrins, tout est oublié, quand la voix d'un supérieur devient, en quelque sorte, la prière touchante d'un ami
qui sollicite son ami. M. Nicolle accepta ce nouvel honneur. La Providence lui ménageait ainsi dans le Prélat
qui l'admettait, avec tant d'aimable abandon, dans sa
confiance la plus intime, un consolateur affectueux et

dévoué : c'était une faveur dont il eut à rendre grâce à Dieu l'année suivante.

Le frère qu'il chérissait avec une tendresse de père, M. Henri Nicolle, fut frappé d'une attaque d'apoplexie dans les premiers jours de janvier, et, deux mois après, contre toute prévision des médecins, il y succomba, le 8 avril 1829.

La nouvelle de cette mort si inattendue attrista tous les cœurs. Le Préfet de la Seine, l'Université, le clergé, des amis sans nombre, vinrent mêler leurs regrets aux témoignages de l'affliction générale. Ce fut surtout au collége, dont il était, avec son frère, le fondateur et le directeur, que se manifestèrent les scènes les plus touchantes. Un ami, M. *Malleval*, témoin de cette manifestation, écrivait ces lignes, qui, à elles seules, forment la plus belle louange :

« La profonde douleur qui a privé M. de Faucom-
« pret de l'usage de la parole, au moment où il allait
« prononcer le juste éloge de ses vertus, a été une
« preuve frappante de l'affection des maîtres de Sainte-
« Barbe pour leur chef. Je puis, dans un seul mot, vous
« donner une idée de celle des élèves, et, par ce mot,
« vous comprendrez quelle dut être leur peine. L'un
« d'entre eux était en convalescence chez ses parents :
« son amitié pour son directeur était telle, que la fa-
« mille, alarmée, ne savait comment lui annoncer
« cette triste nouvelle, dans la crainte que son chagrin

« ne lui causât une rechute. Laisser de tels regrets,
« avoir à ce point mérité l'affection de ses confrères et
« de ses élèves, c'est là la gloire d'un maître. En est-il
« une qui soit plus pure et plus honorable ? »

M. Henri Nicolle la méritait. Élevé comme son frère,
l'abbé, à l'ancien collége de Sainte-Barbe, il y fit de
brillantes études. A la Révolution, il voulut rester à
Paris, où, s'associant avec quelques hommes de talent
et de courage, il lutta contre l'anarchie, et s'attira de
fréquentes persécutions. Différentes amnisties le sau-
vèrent de l'exil ou de la mort. De cette coalition sortirent plusieurs feuilles publiques : la plus célèbre fut
le journal l'*Éclair*. Il ne laissa pas d'ouvrages, mais il
rendit aux lettres d'immenses services. Retiré des affaires, il joignit son talent et son expérience au talent
et à l'expérience de son frère, qui venait de rétablir le
collége de Sainte-Barbe. Il y gagna l'estime générale,
qu'il conserva jusque dans la tombe. Ce fut même cette
estime universelle qui rendit si profonds les regrets
que sa mort fit naître dans tous les cœurs. M. de Vatimesnil, alors Grand-Maître de l'Université, s'en fit l'or-
gane. Sa lettre est un monument précieux pour la
gloire des deux frères :

« Monsieur l'abbé,

« Vous pleurez un frère chéri et bien digne de l'être.
« Tout le Corps enseignant doit s'associer à nos regrets.

« Il a perdu l'un des hommes qui l'honoraient le plus
« par ses qualités, par son zèle, par son noble carac-
« tère, par la confiance qu'il inspirait aux familles et
« par les services qu'il rendait chaque jour. Le collége
« de Sainte-Barbe ne saurait assez déplorer un tel mal-
« heur. Au milieu de cette affliction si profonde, les
« maîtres, les élèves et les parents tournent les yeux
« vers vous : vous êtes leur soutien, leur consolateur,
« leur providence terrestre. Modérez votre trop juste
« douleur pour veiller à leurs intérêts, pour vous oc-
« cuper de cette famille adoptive qui vous est si dé-
« vouée, et qui doit vous être chère à tant de titres.
« Comme Chef de l'Université, je vous remercie à l'a-
« vance des soins que vous continuerez à lui donner,
« et de la constante sollicitude dont vous lui fournirez
« de nouvelles preuves. »

Ce n'était pas sans dessein que ces lignes du Grand-
Maître de l'Université mettaient ainsi sous les yeux
du vénérable Supérieur sa famille adoptive et les
obligations qu'elle imposait à sa tendresse : M. l'abbé
Nicolle avait laissé entrevoir la possibilité de sa retraite. Aussitôt une sainte ligue se forma pour arrêter
l'exécution de ce projet : les Aumôniers et les Professeurs rédigèrent en commun une supplique pressante,
et l'adressèrent sans tarder aux Membres du Conseil
Général et de la Commission administrative de Sainte-
Barbe.

Elle était ainsi conçue :

« Messieurs,

« Le collége de Sainte-Barbe vient de perdre un de
« ses fondateurs. Quelques mots de M. l'abbé Nicolle
« nous ont fait craindre que nous ne fussions menacés
« de perdre encore celui qui nous reste.

« Vous savez mieux que personne, Messieurs, com-
« bien cette retraite serait préjudiciable aux intérêts du
« collége, mais nous éprouvons le besoin de vous témoi-
« gner combien elle nous serait pénible. Permettez-
« nous donc de solliciter votre intervention pour rete-
« nir, au moins pendant quelque temps, celui dont le
« nom, la longue expérience, le zèle infatigable, l'af-
« fection paternelle pour Sainte-Barbe, ont exercé tant
« d'influence sur la prospérité du collége. Si les nom-
« breuses occupations de M. l'abbé Nicolle, si le besoin
« du repos qu'il doit éprouver, surtout après le coup
« qui vient de le frapper, ne lui permettaient plus,
« comme autrefois, le sacrifice de tous ses instants,
« que, du moins, ses visites, ses conseils, l'ascendant
« qu'il exercera toujours, soient conservés à la maison.
« Sa présence, ne fût-elle que de quelques heures par
« semaine, continuera de lui imprimer le mouvement
« et la vie.

« Toujours assuré de trouver chez nous cette coopé-
« ration cordiale, qui, nous osons le dire, ne lui a ja-
« mais manqué, M. l'abbé Nicolle peut attendre de

« notre part le même zèle que par le passé, afin d'al-
« léger le fardeau dont nous le prions de vouloir bien
« conserver encore une partie. »

Parmi les signataires de cette lettre, je cite avec
plaisir le nom de M. de Fauconpret. Ce nom rappelle
un des hommes qui furent le plus aimés de M. l'abbé
Nicolle et de son frère; il me rappelle surtout un homme
de sensibilité profonde, et qui, fidèle au culte des souvenirs, est encore aujourd'hui, dans le poste éminent
qu'il occupe au collége Rollin, ce qu'il fut en ce temps,
alors que ce collége portait encore le nom de Sainte-
Barbe, l'ami le plus dévoué de son vertueux Supérieur.

Le Conseil comprit ces légitimes appréhensions, et,
d'un commun accord, les Membres de la Commission,
tous hommes distingués par leurs talents, tous amis du
vénérable abbé, le conjurèrent de rester fidèle à l'affection de tant de personnes si profondément dévouées,
en se rendant à leurs vœux, et en conservant à Sainte-
Barbe son respectable Supérieur.

La lettre qui renferme ces flatteuses instances mérite d'être transcrite ici en entier. Elle est le témoignage de la considération que s'était acquise M. l'abbé
Nicolle :

« La perte immense qu'a faite le collége de Sainte-
« Barbe, dans la personne de Monsieur votre frère, a

« été pour nous l'objet des plus vifs regrets ; mais bien-
« tôt nous avons été atteints d'une nouvelle inquiétude,
« qui, si elle se réalisait, porterait à l'établissement
« un coup bien funeste.

« Une lettre, que Messieurs le Préfet, Professeurs et
« autres Fonctionnaires du collége, nous ont fait l'hon-
« neur de nous écrire, paraît faire craindre que vous
« ne pensiez à vous démettre du titre et des fonctions
« de Supérieur, et c'est dans la crainte que vous ne
« preniez cette fatale résolution que nous cherchons à
« la prévenir par nos vœux les plus ardents pour vous
« retenir.

« Nous pouvons vous parler, sur ce sujet, avec une
« franchise d'autant plus grande, que nous n'avons
« point à redouter d'offenser votre délicatesse ; ce n'est
« ni un traitement, ni d'autres avantages que nous ve-
« nons vous proposer : c'est un sacrifice que nous vous
« demandons, puisque le titre et les fonctions dont vous
« êtes investi sont demeurés, par votre volonté abso-
« lue, entièrement gratuits aussi longtemps que vous
« les exercerez.

« Déjà le vœu unanime de tous les principaux Fonc-
« tionnaires du collége, l'affection touchante et sincère
« de tous vos élèves, la confiance et l'estime de tous les
« parents, se sont fait entendre pour réclamer la conti-
« nuation de votre protection et de votre assistance ;
« nous nous joignons avec empressement à tant de
« vœux, et nous vous disons même avec sincérité, que

« nous avons accepté nous-mêmes la surveillance ad-
« ministrative qui nous est confiée, sur la foi de votre
« indispensable assistance, pendant un certain nombre
« d'années.

« Nous savons combien de soins, de temps et de tra-
« vaux vous demandent vos fonctions; mais, si le fardeau
« vous paraît trop lourd, vos coopérateurs s'offrent gé-
« néreusement de l'alléger. Quelques heures par vous
« accordées, deux ou trois jours de la semaine, suffi-
« ront pour maintenir ce bel ordre dans l'administra-
« tion, cette ardeur dans les études qui fondent l'es-
« poir des parents, des élèves et le nôtre. Vous ne
« voudriez pas, par une retraite prématurée, compro-
« mettre la prospérité d'un si bel établissement, votre
« propre ouvrage et l'un de vos titres à l'estime et à la
« reconnaissance publiques.

« Les Membres du Conseil Général et de la Com-
« mission administrative de Sainte-Barbe,

« GAUTHIER, LÉVIS-MIREPOIX, DE PASTORÉT,
« LE BEAU, BRETON-BONNET. »

Vaincu par ces honorables instances, M. Nicolle se
rendit à tant de vœux. Ses projets de retraite furent
encore une fois sacrifiés à son zèle pour le bien public,
et à son amour pour l'œuvre qu'il avait fondée. Il resta
Supérieur à Sainte-Barbe. C'était une victoire : elle fut
précieuse à tous les amis du bon vieillard, et pour

le collége elle fut un bienfait. Je suis heureux de citer une autre lettre du Grand-Maître de l'Université, M. de Vatimesnil; elle prouvera le mot que j'avance.

« Monsieur l'abbé,

« Je vous prie de vouloir bien m'envoyer les copies
« des devoirs si remarquables dont j'ai entendu la lec-
« ture, avec tant de plaisir, dans les classes de rhéto-
« rique et de philosophie de votre collége de Sainte-
« Barbe, et je profite de cette occasion pour vous réitérer
« l'expression de la satisfaction bien vive que m'ont
« causée l'excellente tenue de ce collége, les soins pater-
« nels que les élèves y reçoivent, la force des études
« dans les classes supérieures, et les excellentes mé-
« thodes employées dans les classes élémentaires. Je
« dois vous féliciter d'avoir créé un tel établissement.
« Le nom de cette maison rappelle de beaux souvenirs
« universitaires, mais son éclat s'accroît encore sous vos
« auspices. Les sentiments que vos chers enfants et leurs
« excellents professeurs m'ont exprimés ont laissé
« dans mon âme une heureuse et profonde impression.
« En échange de ces sentiments, recevez l'assurance
« des miens, etc... »

Si la mémoire du vénérable abbé avait besoin d'être justifiée, cette lettre serait sa plus parfaite justification. Ma reconnaissance en est fière, comme serait la joie d'un enfant, qui, pour répondre à des accusations injustes, montrerait les titres de son père à la vénération publique. Du reste, la plus belle gloire de l'abbé Nicolle était sa confiance en Dieu ; ni les injustices des hommes ni les épreuves les plus sensibles ne l'altérèrent jamais.

Un écrivain illustre a dit, en parlant de la vieillesse, « qu'elle est une voyageuse de nuit ; la terre lui est ca- « chée, elle ne découvre que le ciel. » C'était là que l'abbé Nicolle portait ses regards, c'était là qu'il puisait son courage. La terre se couvrait d'épines, et il marchait aspirant la suavité des fleurs célestes : il ne laissait pas cependant d'espérer que Dieu lui permettrait de faire encore du bien dans ce monde. *C'était là*, disait-il, *toute mon ambition*. Il en trouva les occasions.

Deux familles lui restaient : l'une, famille d'adoption ; l'autre, famille de ses affections intimes ; il fut pour toutes les deux un père plein de tendresse. D'un côté, que d'efforts de son zèle pour combler le vide immense que laissait à Sainte-Barbe la mort de son frère ! et, d'un autre, quelle admirable et ingénieuse charité pour satisfaire tous les désirs de son amitié, à l'égard de sa belle-sœur et des trois filles, que ce frère si regretté lui avait recommandées. Son âme s'agrandissait avec le malheur. D'immenses sacrifices avaient absorbé sa fortune ; mais, trop charitable pour calculer jamais les obligations que lui imposait son cœur, il comprit son devoir, et il le remplit. Ange de la consolation, il

couvrit de ses ailes protectrices les enfants de son frère,
et sa triste veuve reçut de l'affectueux dévouement du
vénérable abbé les témoignages de son parfait désintéressement.

En satisfaisant ainsi les sentiments de son cœur,
il remplissait, tout à la fois, un devoir d'amitié et
un devoir d'honneur. Madame Henri Nicolle était la
sœur de notre célèbre littérateur Dussaulx, et il honorait en elle le nom qu'elle avait porté. Dussaulx avait
été l'ami de M. l'abbé Nicolle ; il s'est fait connaître du
monde savant par plusieurs écrits littéraires, et notamment par sa traduction des *Satires* de Juvénal. Qu'on
me permette, à son sujet, de citer ces quelques mots
qu'il prononça à sa sortie du Conseil des Anciens, dont
il était Président. C'est un souvenir de famille :

« Depuis neuf ans que je suis dans les fonctions pu-
« bliques, ennemi des factieux, étranger à tous les
« partis, je n'ai plaidé qu'en faveur de la justice et de
« la morale... J'ai la douce satisfaction de pouvoir dire
« que mes mains sont aussi pures que mon cœur. »

Le bon et savant Dussaulx mourut Membre de l'Institut.

Puisque j'en suis à parler d'illustration de talents,
puis-je laisser échapper l'occasion de dire ici tout
ce qu'un autre nom, qui s'est allié au nom de Nicolle,
réveille de glorieux souvenirs ? La nièce, que le vénérable abbé affectionnait d'une tendresse toute particu-

lière, s'était mariée à M. le docteur Roux ; c'est à elle que je dédie cet ouvrage, et j'ose espérer qu'elle me pardonnera les quelques lignes que je consacre à la mémoire d'un homme qui lui fut si cher, et dont la vie est inscrite dans les annales de la Médecine.

M. le docteur Roux, Chirurgien en chef de l'Hôtel-Dieu de Paris, Membre de l'Institut et Vice-Président de l'Académie des Sciences, a mérité de laisser dans le monde une de ces nobles renommées qui ne s'acquièrent que par une volonté énergique et le plus opiniâtre travail. Tout ce qui fait l'homme supérieur, il le posséda : activité de feu dans l'intelligence, talent remarquable dans la théorie comme dans la pratique de son art, cœur sensible, généreux et toujours prêt à rendre service. Il fut honoré des Maîtres de la science médicale, et aimé des malades auxquels il prodiguait ses soins. Avec ses amis, il était du caractère le plus ouvert, le plus affectueux, et, dans l'intérieur de sa maison, il était, pour ceux qui l'entouraient et le servaient, d'une extrême bonté. Les souvenirs pleins de douceur qu'il a laissés à sa veuve et à sa famille sont le plus parfait éloge de ses qualités intimes.

A cette nièce, objet des plus tendres affections du bon vieillard, Dieu avait donné une fille, qui fut, plus tard, mariée à M. Édouard Bertin, peintre distingué et Directeur gérant du *Journal des Débats*. Bien jeune encore, cette enfant était devenue pour le vénérable abbé une des douces préoccupations de sa vie. Il avait voulu, par de pieuses et familières instructions, former ce cœur innocent aux connaissances de la science qui fait les saints ; enfant avec elle, il bégayait, en quelque sorte, avec elle les premiers enseignements de la foi; l'initiant ainsi, comme un père, aux devoirs sacrés de la vie chrétienne. Ces saintes leçons étaient comme autant de semences célestes qu'il répandait dans cette jeune âme : elles portèrent des fruits qui réjouirent son cœur. Elles étaient aussi pour lui-même comme des divines fleurs qu'il jetait, pour le consoler de ses fatigues et de ses chagrins, sur la route épineuse de sa vieillesse.

C'est ainsi que s'avançaient, belles et nobles devant Dieu, les années que le respectable abbé passait sur cette terre. Protégeant toutes les infortunes, consolant toutes les douleurs, père de tous ses élèves, ami de tous ses coopérateurs dans la grande œuvre de l'éducation de la jeunesse, il goûtait cette douce paix qui fait le bonheur; il semblait même la communiquer par sa seule présence. Dieu se manifestait en lui, et avec ce Dieu, qui était sa force, son cœur s'ouvrait plus largement aux sentiments d'une cordiale amitié, son courage croissait avec les sacrifices, et sa foi se ranimait plus expansive et plus ferme.

CHAPITRE IX

Quelques mots de Chateaubriand sur la mort du duc de Berry. — Naissance du duc de Bordeaux. — Discussion sur le mode d'éducation à donner au jeune Prince. — M. Nicolle est chargé d'instruire le Prince et Mademoiselle de France. — Révolution de 1830. — Épreuves de M. Nicolle. — On lui retire sa place de Membre du Conseil d'Instruction publique. — Raisons de cette conduite du gouvernement. — Continuation des épreuves. — Lettre de M. Ch. de Montalembert à M. Nicolle. — Visite de M. de Quélen au couvent des Dames-Anglaises. — Discours de réception de M. Nicolle. — Mort de madame la duchesse de Richelieu et de madame la comtesse de Rochechouart, sa mère. — Lettres de monseigneur Borderies, évêque de Versailles, et de monseigneur Des Hons, évêque de Troyes.—Sentiments de M. Nicolle sur l'amitié. — Lettre de M. l'abbé Busson à ce sujet. — M. Nicolle refuse l'épiscopat, et il propose M. Busson. — Lettre de refus de cet ecclésiastique. — Caractère de la vieillesse de M. Nicolle. — Lettre d'Alexis Orloff à M. Nicolle, et souvenirs d'anciens élèves de la Russie. — Retraite de M. Nicolle à Soisy-sous-Montmorency. — Monseigneur de Quélen à Pierrefitte. — Plan de collége et lettre du prince de Galitzin à ce sujet. — Lettre de monseigneur Des Hons. — Maladie de M. Nicolle. — Il reçoit les derniers sacrements. — Sa mort.

Dans ses mémoires sur la mort du duc de Berry, assassiné en 1820, au sortir du bal de l'Opéra, Chateaubriand écrivait ces douloureuses lignes :

« Nuit d'épouvante et de plaisir ! nuit de vertus et de
« crimes ! Lorsque le Fils de France, blessé, avait été
« porté dans le cabinet de sa loge, le spectacle durait
« encore. D'un côté on entendait les sons de la musi-
« que, de l'autre les soupirs du Prince expirant ; un ri-
« deau séparait les folies du monde de la destruction
« d'un empire. Le prêtre, qui apporta les saintes huiles,
« traversa une troupe de masques. Soldat du Christ,
« armé, pour ainsi dire, de Dieu, il emporta d'assaut
« l'asile dont l'Église lui interdisait l'entrée, et vint, le
« crucifix à la main, délivrer un captif dans la prison
« de l'ennemi.

« Une autre scène se passait près de là ; on interro-
« geait l'assassin. Il déclarait son nom, s'applaudissait
« de son crime ; il déclarait qu'il avait frappé monsei-
« gneur le duc de Berry pour tuer en lui toute sa race ;
« que si, lui meurtrier, s'était échappé, il serait allé *se*
« *coucher*, et que le lendemain il eût renouvelé son at-
« tentat sur la personne de monseigneur le duc d'An-
« goulême. Se coucher ! Pour dormir ! Malheureux !
« votre bienveillante victime aurait-elle jamais troublé
« votre sommeil ? Dans la suite de son interrogatoire,
« cette brute féroce, sans attachement sur la terre, a
« déclaré que Dieu n'était qu'un mot, et qu'elle n'avait
« que le seul regret de n'avoir pas sacrifié toute la fa-
« mille royale. Et le Prince expirant, plein de tendresse
« et d'amour, n'a d'autre regret que de ne pouvoir
« sauver la vie de son meurtrier : il n'accuse personne,

« et sa rigueur ne tombe que sur lui-même. Ce Prince,
« qui sait que Dieu n'est pas un mot, tremble de com-
« paraître à son tribunal suprême : le martyre lui ouvre
« les portes du ciel, et il ne se croit pas assez pur pour
« aller rejoindre le saint Roi et le Roi martyr; il ne peut
« trouver dans son innocence l'assurance que son assas-
« sin trouve dans son crime. Voilà les hommes tels que
« la Révolution les a faits, et tels que les fait la Religion. »

Dieu déjoua ces prévisions. De la tige brisée une
fleur surgit. S. A. R. le duc de Bordeaux naquit la
même année. La naissance de ce prince fut saluée avec
joie, et, quand les jours de sa première enfance se furent écoulés, le Roi songea à le remettre aux mains
d'hommes aussi éminents par leurs rares qualités que
par leur haute position, et il fit choix des ducs de Montmorency et de Rivières.

L'éducation de ce Prince donna lieu alors, entre ses
deux Gouverneurs, à une question de la plus grande importance ; il s'agissait de déterminer le mode d'éducation le plus propre à former pour la France un Enfant,
descendant de ses rois. Jaloux de s'éclairer, sur un sujet
aussi grave, des lumières d'un homme dont l'expérience
et la sagesse étaient connus, les deux nobles seigneurs
appelèrent à leur conseil intime M. l'abbé Nicolle. Le
respectable abbé se décida pour l'éducation publique.

« Elle est, disait-il, la seule qui, dans le temps pré-
« sent, convienne à un jeune Prince. Elle l'habitue aux

« hommes ; et, quand vient l'heure de les commander,
« déjà il les connaît. »

Cette éducation publique a de grands avantages sans
doute ; un jeune Prince grandit avec la génération qui
l'entoure ; il la connaît, il la juge, et, par une conséquence naturelle, il en est connu et jugé. Il apprend
là tout d'abord que, si, par sa naissance, il est au-dessus des enfants de son âge, il ne leur sera supérieur,
dans l'ordre de l'éducation, qu'autant qu'il saura les
dominer par l'ascendant de son intelligence et de ses
qualités. Plus tard, il reprendra son rang ; il rentrera
dans sa sphère élevée, et il remplira les devoirs de la
position que Dieu lui a faite ; mais ce souvenir de son
enfance vivra dans sa pensée, et, en se rappelant qu'il
fut enfant avec des enfants, il sera plus volontiers
homme avec des hommes. Il les aura connus, et dès
lors il saura leurs talents, leur intelligence, leur cœur.

Tous ces avantages peuvent être vrais ; mais oserai-je
me permettre, sans trop de témérité, d'exprimer une
pensée qui ne peut être, de ma part, qu'une pensée
d'hésitation, non à croire la théorie de ces raisons et
de ces avantages, mais à admettre la possibilité pratique de ce bonheur ? En supposant, en effet, que ces
avantages ressortent de l'éducation publique pour un
Prince destiné à commander à une nation calme, paisible, et que les tempêtes politiques n'ont point encore
agitée, peut-on les admettre, sans restriction, dans l'état

actuel de la France? Il est un immense malheur qui menace perpétuellement nos belles contrées : tout y est riche, tout y est d'une vie féconde, mais les révolutions qui ont passé sur elles ont tellement ébranlé ce sol vivace, et répandu dans l'atmosphère un air si chargé d'orages, que tout y a été bouleversé. A peine voit-on encore dans quelques familles d'élite ces vieux principes de l'honneur français. Cet antique amour de la Souveraineté a presque disparu : on pourrait peut-être affirmer que le respect dû aux princes, images de Dieu sur terre, n'entre plus dans l'éducation française. Deux noms en France avaient le pouvoir de faire courber respectueusement le front, lorsqu'ils étaient prononcés, le nom de Dieu et le nom du Souverain ; aujourd'hui nul front ne s'incline, parce qu'il n'y a plus d'amour. Voilà donc le jeune Prince au milieu des jeunes enfants de son âge ! Mais quels sont ces jeunes gens ? Peut-être enfants de familles dévouées à son nom ; peut-être aussi enfants de familles hostiles à sa race. Or, ou ce jeune prince jouira de la plus entière liberté de parler et d'agir, au milieu de ses compagnons d'étude, ou de sages et prudentes mains l'écarteront avec soin du contact d'une jeunesse ardente, et souvent, hélas ! dominée déjà par d'odieuses passions ; dans ce dernier cas, il ne recevra que l'instruction publique, et non l'éducation, c'est-à-dire qu'il écoutera l'enseignement public d'un maître; mais, n'étant pas mêlé à ses jeunes rivaux de classes, il ne pourra ni les connaître ni les apprécier; si, au contraire, il est laissé libre dans son action, n'a-t-il pas à craindre et l'entraînement des uns et la folie des autres? Alors que de fâcheux exemples! que de fatales leçons! Je conviens qu'un moyen infaillible de bien connaître les hommes est de vivre avec eux; mais ce qui peut se dire de l'homme est-il vrai de l'enfant? A cet âge on s'occupe peu de se former un jugement sur ceux qui vivent dans le même collége. La valeur d'un écolier est, pour un autre écolier, dans la valeur de son travail, ou de sa conduite, ou de ses qualités. Un jeune Prince ne saura jamais ce qu'il peut penser de lui ou de ses compagnons; il sera flatté des uns, des autres il sera repoussé; ceux-ci l'accueilleront avec empressement, et tout en lui sera matière à leurs applaudissements: ceux-là le censureront, le blâmeront à tous propos; avec quelques-uns il aura toujours, et pour toutes choses, mérité la palme; aux yeux de quelques autres, les récompenses, quelque méritées qu'elles puissent être, ne seront jamais que des préférences injustes, ou de ridicules adulations des maîtres. Est-ce là le moyen de connaître les hommes? Et puis, autre est l'enfant à quinze ans, autre est l'homme à trente ans. A l'âge des colléges, il n'y a pas d'opinions faites; on peut donc douter, et justement douter, qu'un jeune Prince acquière la connaissance des hommes, parce qu'il a vécu dans les colléges, ou, du moins, parce qu'il y a reçu son instruction.

Quant aux études, un autre problème est à résoudre. Le jeune Prince est-il bien assuré de les faire

plus solides et plus fortes dans des classes publiques ?
Le temps est plus précieux pour lui que pour tout
autre jeune homme; tout enfant qu'il peut être, il lui
faut déjà la maturité de l'homme pour apprendre,
écouter et juger. Que de connaissances des hommes et
des choses sont nécessaires à sa vie !

Je laisse à des esprits judicieux d'apprécier ces raisons, et je m'incline avec respect devant le dévouement
de M. Nicolle, qui ne veut plus de repos dès lors qu'il
lui est donné d'entrevoir la possibilité de faire quelque
bien. Il avait promis à M. le duc de Montmorency son
concours le plus actif dans l'œuvre de l'éducation du
duc de Bordeaux, et il écrivait à madame la duchesse
de Richelieu ces lignes charmantes de simplicité :

« Il n'y a là de ma part ni ambition ni profit : je ne
« veux rien, je ne demande rien, que la permission de
« faire un peu de bien, obscurément, sans qu'on le
« sache; et, pour ainsi dire, sans que je sorte de Sainte-
« Barbe, où je passerai dix heures de la journée, ne
« restant en Sorbonne que pour aller, tous les matins,
« célébrer le saint sacrifice, près de l'endroit où repose
« celui que j'ai tant aimé. »

L'offre de M. Nicolle avait été agréée, et, heureux de
confier son royal élève à des mains si habiles et si sûres,
M. de Montmorency le chargea du soin de diriger les
premières études du Prince. Déjà le même honneur lui

avait été déféré pour l'éducation de Mademoiselle, sœur
du jeune duc de Bordeaux, et, à cette occasion, madame
la duchesse de Gontaut-Biron, Gouvernante de la Princesse, lui écrivait ces gracieuses lignes :

« Dirigée par vos lumières et votre longue expérience,
« je suis certaine d'être entrée dans la bonne voie, et
« j'aime à vous en renouveler tous mes remercîments.
« Cette éducation fait le bonheur de ma vie, et il m'est
« doux de penser que vous m'y aidez par vos con-
« seils. »

De si flatteuses distinctions donnèrent lieu à la cour
d'apprécier l'incontestable mérite du vénérable abbé :
le Roi le chargea de la direction des études du Prince.
M. Nicolle était digne d'une mission aussi importante.
Ses idées étaient grandes, son esprit était élevé, et la
profonde connaissance que sa longue expérience lui
avait donnée des hommes et des temps imprimait à sa
parole un caractère d'irrésistible autorité. Dans le plan
que lui avait inspiré son zèle pour l'éducation du Prince,
il y faisait appel à toutes les illustrations dans les
sciences, les lettres et les arts. Il eût été beau de voir
groupés ensemble, autour du Fils de saint Louis, tous
ces génies de l'intelligence, venant, l'un après l'autre,
déposer dans son esprit et dans son cœur le tribut de
leurs inspirations et de leurs talents. C'était une noble
pensée, c'était un puissant aiguillon pour le zèle, que

de faire ainsi concourir toutes les gloires de la France à l'éducation de l'illustre rejeton des Rois. Cette magnifique et féconde idée n'eut pas de suite.

Le temps était menaçant : l'orage éclata ; il enfanta la Révolution de 1830. Tous les projets d'avenir furent détruits, et le Prince, et le Roi, et toute sa famille, partirent pour l'exil.

Cette époque suscita de nouveaux chagrins au vénérable abbé. Il devait s'y attendre. La réputation, la considération dont il jouissait, l'estime générale qu'il s'était acquise par ses longs et honorables services, avaient froissé des esprits jaloux, et de mystérieuses manœuvres furent mises en jeu pour le priver successivement des différentes places qu'il occupait encore dans l'administration et dans l'Instruction publique. Trompé par ces coupables et ténébreuses machinations, le Conseil royal le retrancha du nombre de ses membres.

Les révolutions sont toujours un malheur, que de coups qui vont frapper de nobles cœurs ! Que d'injustices commises ! Que de bouleversements dans les positions sociales ! Tout ce qui a précédé est réputé ennemi, et il faut l'abattre. Les services, les années, la fidélité de la vie, tout cela n'est plus rien. On dit : il y a des hommes sur lesquels le parti qui triomphe ne pourra jamais compter ; je ne le conteste pas ; mais quelle conduite alors tenir à leur égard ? Je n'ai pas à juger la question, je gémis seulement de voir tous ces mépris de l'âge, du dévouement et du calme de la vie. La vue d'un homme de bien déplaît-elle? Demandez-lui sa démission, il la donnera. La destitution blesse le cœur.

Dans l'exposé des raisons de sa conduite, l'autorité allégua d'incroyables motifs. Il nous est permis de les juger.

Elle objecta que l'abbé Nicolle ne pouvait justifier d'aucun titre qui lui donnât le droit de siéger dans le Conseil suprême de l'Université. Le silence eût été plus digne. Peu de membres de ce Conseil pouvaient assurément présenter plus de titres à cet honneur.

Elle objecte encore que ces titres n'étaient ni scientifiques ni littéraires; mais, dans un Conseil d'Instruction publique, cinquante années de travaux et d'expérience ne faisaient-ils pas le meilleur des titres? Pendant dix années, ce titre avait suffi : pourquoi ne suffisait-il plus? La réponse est simple; la révolution est logique. Vous mourrez aujourd'hui, tout justement parce que vous viviez hier.

Elle objecta enfin qu'il était assez riche pour se priver des avantages attachés aux fonctions qu'on lui retirait. Mais à quel homme, dans l'histoire, a-t-on jamais dit : Tu es riche, tu ne jouiras plus de ta place. Mais cette place est inamovible! Qu'importe? tu es riche et tu seras mis hors la loi. Mais, puisqu'on le supposait trop riche, il fallait lui retirer son traitement et lui laisser sa place. Il n'était pas toutefois un seul membre de l'Université qui ne sût que sa fortune avait été absorbée par les sacrifices que lui avait imposés son amour pour sa famille: il n'en était pas un seul qui ne pût attester par serment que, par sa volonté seule, il avait constamment refusé les émoluments des places qu'il avait occupées, ne se réservant que le traitement de sa place de Conseiller. Le ministre de l'Instruction publique comprit qu'il devait, en quelque sorte, une réparation au vénérable vieillard, et M. Nicolle fut nommé *examinateur des livres classiques*, avec le traitement de 1,500 francs. Mais quelques mois s'étaient à peine écoulés, que déjà le ministère était tombé, et le successeur de M. de Broglie décida que ce traitement, tout minime qu'il était, serait supprimé. Le motif de cette suppression était une raison d'économie nécessitée par les charges de l'Université! La même raison d'économie ne permit pas qu'un supplément de retraite lui fût alloué, et obligea même de lui retirer le logement que, par un reste de respect, on lui avait conservé à la Sorbonne. Ce dernier coup lui fut le plus sensible.

« On m'arrache la vie, écrivait-il à un ami, en
« m'arrachant à ce lieu de souvenirs, et à la douceur de
« mes mystérieux entretiens avec celui qui fut tant de
« fois ma consolation. »

De nombreuses lettres furent un baume sur sa plaie. Il en est une que je ne puis laisser dans le silence.

Un homme, devenu célèbre par l'éclat de son talent et l'énergique profession de sa foi, était, à cette époque, livré à ces études fortes qui préparent un brillant avenir. Il arrivait d'un voyage au pays de la fidélité religieuse, l'Irlande. Il apprend les nouvelles douleurs du vénérable abbé, et, pour le consoler, il lui adresse ces lignes, où déjà l'on reconnaît le noble et éloquent défenseur de l'Église ; M. Charles de Montalembert portait à M. l'abbé Nicolle une filiale affection.

Il l'exprima dans la lettre suivante :

« Novembre, 1830.

« Vous êtes la première personne dont je me sois
« informé à mon retour, et c'est avec une véritable
« douleur que j'ai appris que vous étiez à Courteil, et
« qu'ainsi je serais privé, longtemps encore, du bon-
« heur de vous voir ; cependant, quand je songe que
« vous êtes dans une aussi paisible retraite, tout envi-
« ronné des souvenirs de votre meilleur ami, je sens
« qu'il y aurait de l'égoïsme de ma part à vous désirer
« ici, au milieu de la confusion et de la tristesse qui
« règnent dans Paris.

« Je ne vous offre pas de compliment de condoléance
« sur votre retraite de l'Université : je sais d'abord que
« vous êtes trop chrétien pour en avoir besoin, et puis,
« dans un temps où toutes les espérances sont brisées,
« toutes les existences compromises, toutes les car-
« rières ébranlées, comment ne pas préférer une hono-
« rable solitude à ce tumulte toujours croissant d'inté-
« rêts et de passions contraires ?

« J'aurais bien aimé vous voir, autant pour vous as-

« surer de nouveau d'une affection qui vous est acquise
« que pour vous parler du charmant voyage que j'ai
« fait dans cette terre d'Irlande, si poétique, si origi-
« nale, si catholique. Je laisse ma mère et mon frère
« en Angleterre, et je reviens continuer à Paris mes
« études de droit, sans savoir où cela me conduira.
« Comme vous devez le penser, ma carrière est livrée
« désormais à une incertitude déplorable, car la plu-
« part des études que j'ai faites me deviendront peut-
« être inutiles. Il est toutefois une étude, une affection
« à laquelle je me rattache avec une nouvelle ferveur et
« un zèle que le spectacle de la pieuse et malheureuse
« Irlande n'a fait que confirmer, je veux parler du ca-
« tholicisme à la cause duquel je me dévoue de plus en
« plus. J'ai fait connaissance de M. l'abbé de Lamen-
« nais, et j'espère pouvoir travailler avec lui au triom-
« phe et à la régénération de l'Église.

« Je serais bien heureux de recevoir quelques mots
« de vous, et je vous prie, en attendant, de compter
« sur mon inaltérable attachement. »

Que les voies de Dieu sont impénétrables ! Deux
hommes se lient pour la défense des mêmes intérêts
religieux. L'un commence une carrière qui doit immor-
taliser son nom, l'autre a déjà sur le front l'auréole
du génie ; tous les deux ont reçu de la nature un cœur
profondément sensible, et il semble que Dieu s'est plu à
leur communiquer tous les dons de la plus haute intel-

ligence. A l'un sera le don de développer, avec des paroles brillantes et chaleureuses, tous les sentiments nobles qu'il éprouve ; à l'autre est le privilége de répandre, en de savants écrits, la logique la plus invincible, unie au style le plus élevé. Quand l'un parlera, toutes les oreilles seront attentives, et tous les cœurs seront touchés ; quand l'autre a produit quelque nouveau travail, chacun admire, et cette admiration se traduit, avec ses livres, dans toutes les langues. L'un est jeune, ardent, et toutes les séductions du monde l'entourent pour le perdre ; l'autre est revêtu d'un caractère sacré, il est grave et sérieux. O mystère ! le jeune orateur garde sa foi pure et sans tache ; le sublime écrivain se livre à l'orgueil, et se perd. Montalembert reste enfant soumis de l'Église ; Lamennais se révolte contre elle, et, après avoir vécu dans la rébellion, il meurt impénitent.

Le cœur de l'ami était brisé, mais le cœur du bon soldat du Christ ne faillit pas. Fortifié contre les coups de la tempête, par la pensée salutaire et chrétienne que nul mouvement des flots n'arrive sur la mer, sans que Dieu le permette, le vénérable vieillard ne manqua pas à la soumission qu'il devait au Seigneur. Il attendit, dans le silence de la foi, que le calme succédât à l'agitation. Sa vie resta paisible ; sa parole n'en fut pas moins éloquente. Une occasion s'offrit de la faire entendre ; elle fut noble et digne de l'auguste Pontife auquel il l'adressait.

14

A cette époque, le saint Prélat qui gouvernait le diocèse de Paris, Monseigneur de Quélen, fuyait les colères populaires que, dans l'ombre, on avait habilement soulevées contre lui, et, pour épargner un crime à ce peuple déjà trop aveugle, il allait se cachant de maison en maison. Paris semblait n'avoir plus d'évêque; mais, toujours fidèle à son devoir de pasteur, il visitait, comme au temps des premiers chrétiens persécutés, les maisons religieuses qui sollicitaient sa présence, toujours encourageant, toujours consolant, toujours répandant dans les âmes l'onction de sa charité! Il avait à se rendre, pour une Confirmation, au couvent des Dames-Anglaises. M. l'abbé Nicolle en était le Supérieur depuis l'année 1827. Il reçut le Prélat en cette qualité, et lui adressa ce peu de paroles :

« Monseigneur,

« Lorsque saint Athanase était persécuté, et que Dieu
« permettait à ses ennemis de prévaloir, il allait, dans
« les divers monastères de l'Égypte, chercher des
« consolations et porter, en même temps, à ces âmes
« chères à Dieu les dons de l'Esprit-Saint. Le jour où
« ce grand évêque apparaissait était regardé comme un
« des jours les plus beaux. La solitude refleurissait,
« selon la belle expression d'Isaïe, et tous ces pieux
« cénobites étaient transportés de joie, de ce qu'il leur
« était donné de contempler les traits, et de recevoir

« la bénédiction de leur saint patriarche. Tels sont,
« Monseigneur, les sentiments que votre présence fait
« naître aujourd'hui dans cette solitude. Non moins
« heureuses que les solitaires de l'Egypte, ces saintes
« filles qui habitent cette maison croient voir en ce mo-
« ment le grand évêque que saint Grégoire de Nazianze
« appelait : *le modèle des Évêques et la colonne de*
« *l'Église*, et elles adressent, tous les jours, au ciel leurs
« plus ferventes prières afin qu'il daigne accorder
« aux mêmes vertus les mêmes récompenses : Dieu nous
« met au cœur la douce espérance qu'elle ne nous sera
« pas refusée. La sagesse et la fermeté de saint Atha-
« nase triomphèrent des mauvaises passions : la même
« consolation vous attend, Monseigneur. L'Église de
« Paris sortira bientôt de ces épreuves, plus brillante
« que jamais, et votre Épiscopat, dont elle est fière,
« sera l'une de ses plus glorieuses époques. »

La parole du vénérable Supérieur ne tarda pas à
s'accomplir. L'Église de Paris retrouva son Pontife, et,
pour se venger, à la manière des saintes âmes, des
persécutions que son peuple lui avait fait subir, l'illustre Prélat n'ouvrit sa bouche que pour lui pardon-
ner, il n'étendit la main sur ses persécuteurs que pour
les bénir, et, quand le plus terrible des fléaux sévit sur
sa ville épiscopale, il répandit sur eux les trésors de sa
charité inépuisable, et il put dire à ses ennemis frappés par le mal : Je suis votre ami, voilà des asiles où

vous serez soignés ; et aux orphelins que la maladie avait privés de leurs familles : Je suis votre Père, voilà des maisons où vous serez élevés.

L'amitié de cet admirable Archevêque était une des douces consolations de la vieillesse de l'abbé Nicolle. Mais, quand les années s'avancent en grand nombre, qu'il est peu de consolations durables ! Toujours l'amertume s'y mêle. L'âge presse, l'infirmité arrive, la mort s'avance. On s'attache à ses amis ; mais chaque jour un ami vous manque ! Toute séparation d'ami est pour le vieillard un lien de sa vie qui se brise. Un homme d'un âge fort avancé me disait un jour avec tristesse : « On me dit que je suis un beau vieillard, on se trompe : « on devrait dire que je suis un malheureux vieillard ; « car, de tous les miens, je reste seul ! Mon cœur n'est « plus le cœur de ceux qui vivent dans la jeunesse ; « mes pensées ne sont plus leurs pensées ; ma vie n'est « plus leur vie. On me soigne, comme on soigne des « ruines d'un autre temps. Quand je mourrai, ce ne « sera que la perte d'un objet antique. » Cette pensée est triste : en toute rigueur elle a sa vérité. La foi seule peut donner à la vieillesse cet air qui respire l'immortalité ; seule elle a le sublime privilége de montrer, dans la séparation d'amis qui sont chers, des âmes qui sont dans la possession du Dieu devant qui il n'y a plus ni âge, ni position, ni douleurs : en lui la vie, et la vie qui n'a point de fin ! Cette pensée était douce au cœur du respectable abbé Nicolle : il eut besoin de

la graver fortement en son âme au commencement de
l'année 1831. Dieu le sépara de deux êtres qui l'aimaient, ou plutôt de deux anges qui furent sa consolation dans les jours de ses peines, et dont la vie sainte
ne fut qu'une longue suite de bienfaits, Madame la
comtesse de Rochechouart et Madame la duchesse de
Richelieu, sa fille. Je dois à leur mémoire de transcrire
ici les quelques lignes que M. Nicolle lui-même a
écrites, au moment de la mort de Madame de Richelieu : c'est en peu de mots le plus bel éloge funèbre
qu'il ait pu faire de femmes si profondément vertueuses.

« Madame la duchesse de Richelieu, née de Roche-
« chouart, veuve de M. le duc de Richelieu, décédée en
« son château de Courteil, a laissé d'éternels regrets à
« sa famille, à ses amis et aux malheureux. Éloignée
« d'un mari qu'elle chérissait, et que l'amitié d'un
« grand Prince a retenu dans la Russie pendant vingt-
« cinq ans, elle avait consacré toute son existence à
« une mère justement aimée. Retirées toutes les deux
« dans leur magnifique habitation de Courteil, elles
« s'étaient promis de n'en jamais sortir, et elles se sont
« tenu parole, jusqu'au moment où la mort les a sépa-
« rées : elles n'avaient qu'une âme, qu'une pensée, et
« ces deux vies ne formaient, pour ainsi parler, qu'une
« seule vie. Jamais peut-être aucune fille n'a donné à
« sa mère des soins plus tendres, mieux entendus, et
« ceux qui en étaient témoins ne savaient ce qu'ils de-

« vaient le plus admirer, ou la piété filiale de celle qui
« les rendait, ou la profonde sensibilité de celle qui les
« recevait. Il serait difficile d'exprimer le désespoir
« d'une mère, âgée de plus de quatre-vingts ans, qui
« survit à une telle fille. Toute la contrée s'est associée
« à sa trop juste douleur, et regarde avec raison cette
« mort comme une espèce de calamité publique. Ma-
« dame la duchesse de Richelieu était, en effet, ainsi
« que sa vénérable mère, l'ange protecteur de Courteil
« et des environs, par les bienfaits nombreux qu'elle
« répandait, par les recommandations qu'elle ne re-
« fusait jamais et qu'elle offrait souvent, et par les
« consolations de tout genre qu'elle prodiguait à tous
« ceux qui souffraient. Les pauvres surtout étaient
« l'objet particulier de sa tendre sollicitude : ils ont
« rendu un bel hommage à sa mémoire. Plus de quinze
« cents d'entre eux ont assisté à ses funérailles. Ce be-
« soin immense de faire le bien avait sa source dans la
« religion, dont elle pratiquait les devoirs avec une
« admirable exactitude. Aux qualités du cœur elle
« joignait l'esprit le plus délicat, l'instruction la plus
« étendue et la plus variée, la conversation la plus ai-
« mable, et on retrouvait à Courteil une partie des
« agréments de la société de Paris. »

Ces séparations si cruelles affectaient profondément
le bon vieillard. Ses amis redoublèrent de tendresse :
quelques-uns de ses vieux compagnons d'enfance ou

d'exil se rapprochèrent de lui, le consolèrent par leurs douces exhortations, lui adressèrent des lettres qui sont restées comme monuments de ces vieilles affections où tout respire la suavité du dévouement.

Monseigneur Borderies, évêque de Versailles, qui a laissé à Paris de si bons souvenirs, lui écrivait, au sujet de la mort de Madame de Richelieu, ces lignes si profondément empreintes de philosophie chrétienne et d'amitié dévouée :

« J'ai pris une part bien grande à la peine que vous
« venez d'éprouver, mon cher ami ; car, pour un cœur
« comme le vôtre, c'est un cruel déchirement que de
« se séparer de ses amis. Nous voilà conduits insensi-
« blement à l'âge où l'on n'a plus que des pertes à dé-
« plorer, sans avoir l'espérance de remplir les vides
« qu'elles laissent dans notre cœur. Tant qu'on ne
« voyait que dans l'éloignement ce triste partage de la
« vieillesse, on se croyait plein de force pour les soute-
« nir ; mais, quand enfin il faut subir la loi commune,
« on sent bien qu'on est sans courage et qu'on ne peut
« en trouver que près de Celui qui semble, durant
« toute sa vie, n'avoir songé qu'à nous offrir le modèle
« de la résignation dans la douleur. N'attendons rien
« de stable des hommes, et avouons que nous serions
« bien à plaindre si l'Évangile ne nous avait pas par-
« faitement convaincus qu'il nous faut placer plus haut
« nos espérances. Au reste, mon cher ami, si jamais

« vous formez le projet de quitter une ville où vous
« rencontrez aujourd'hui, à chaque pas, des regrets et
« des afflictions, venez avec nous, vous y trouverez au-
« tant de paix qu'il est possible d'en trouver en ce
« temps, et, quant à l'amitié, je puis vous assurer, sans
« restriction, que je vous la conserve pleine d'affection
« et de constance jusqu'au dernier jour. »

A ces tendres accents d'un ami, un autre vieil ami
ajoutait les siens, et *ils étaient*, disait M. Nicolle, *un
baume sur mon cœur*. Monseigneur Des Hons, évêque
de Troyes, lui écrivait dans la même circonstance :

« Mon cher abbé,

« Je partage bien cordialement les nouvelles peines
« que vient de vous causer la perte de deux personnes
« qui vous étaient si chères ; je vous ai plaint souvent
« des pertes d'argent que vous aviez faites, mais je vous
« plains bien plus encore de celles que vous venez de
« faire. Quoique les besoins augmentent avec les an-
« nées, je persiste à croire que les plaies du cœur sont
« plus cruelles que celles de la bourse. J'ai été comme
« vous, cher et bon ami, et plus d'une fois dans le cas
« de les comparer l'une avec l'autre. Que Dieu soit
« loué de tout ! Puisse-t-il seulement nous épargner
« dans ceux que nous aimons ! Puisque vous avez été si
« cruellement atteint dans vos affections, n'oubliez pas

« le plus ancien peut-être, et bien certainement le meil-
« leur de vos amis ; ne le faites pas languir trop long-
« temps, et accomplissez la promesse que vous lui
« avez faite de venir le visiter. J'espère que, malgré
« les brèches énormes faites au budget, j'aurai toujours
« à vous offrir un dîner d'ami, et un lit, tel quel, à
« vous donner. Mon cœur fera tous les frais de l'hos-
« pitalité que je vous offre. »

On a dit souvent que les amis sont rares : en général cela est vrai, mais, s'ils sont rares, ne serait-ce pas
que, de nos jours, on s'aime trop soi-même pour aimer
un autre avec soi? Je ne dirai donc pas que les amis
sont rares, mais j'oserai dire que rare, et bien rare, est
le dévouement qui fait les amis. Le dévouement est la
vie du cœur, et du cœur seul l'amitié peut naître. Autrefois l'intérêt propre ne dominait pas les âmes, et
chacun se plaisait à compter dans sa vie de bonnes
affections qui en faisaient le charme. Elles dataient de
l'enfance souvent, et toujours elles se continuaient
jusqu'à la tombe. M. Nicolle en eut de semblables :
il les méritait. Dans ses lettres, comme dans ses entretiens, il est toujours l'homme du dévouement et du
cœur. Qu'il est tendre quand il console ! Qu'il est
pressant quand il attire au bien ! Qu'il est persuasif
quand il engage à la pratique du devoir ! De tous les
livres que l'antiquité nous a laissés, celui qu'il préférait
était le traité de Cicéron, *sur l'amitié* : il en parlait,

même sur ses vieux jours, avec tout l'enthousiasme
d'un cœur ardent de jeunesse. Il en avait entretenu,
dans une de ses lettres, un de ses bons amis, l'abbé
Busson ; celui-ci lui répondit par ces lignes que Cicéron lui-même n'eût pas désavouées :

« Vénérable et toujours plus cher ami,

« Il y a longtemps que je ne suis plus à comprendre
« les éloges que Cicéron fait de l'amitié. Je connais par
« expérience tout ce qu'elle renferme de douceurs et
« de biens. J'ai eu, dans ma vie, de vrais amis qui ne
« sont plus ; j'en possède encore, et j'espère en possé-
« der toujours. C'est une faveur pour laquelle je dois
« à Dieu d'incessantes actions de grâces. Ce qui fait
« maintenant une partie de mon bonheur, c'est d'être
« redevable de cette jouissance et de cet espoir, à vous,
« mon ami, et à ceux qui, comme vous, m'honorent de
« leur affection.

« L'ami d'*Atticus* n'avançait rien que de vrai quand
« il disait que l'amitié a le pouvoir de rendre présents
« les absents, et de faire vivre avec les morts : *quocirca*
« *et absentes adsunt..... et quod difficilius dictu est,*
« *mortui vivunt.* A plaindre serait l'homme qui n'aurait
« jamais senti l'effet de cette admirable puissance. Oui,
« par l'amitié, les distances de la mort ne sont rien :
« les distances, elle les franchit ; d'un seul mouvement
« de ses ailes, elle peut se transporter au delà même

« de l'immensité; la mort, elle l'anime; elle va jusque
« dans la tombe réchauffer, sous les glaces du trépas, les
« cœurs qu'elle fit battre pendant la vie. Ainsi, les vrais
« amis se voient, se parlent, s'entendent, se béatifient
« à travers l'espace, et le cercueil n'est point pour eux la
« noire demeure du silence, de l'insensibilité, d'un
« sommeil éternel. Que Cicéron, après cela, s'écrie que,
« hormis la sagesse et la vertu, le plus précieux des biens
« est l'amitié, je répéterai avec transport son exclama-
« tion. Mais, qu'eût-il dit s'il avait connu cette autre
« amitié qui unit les chrétiens, qui nous unit et qui
« a pour modèle Jésus-Christ; pour but le ciel; pour
« principe l'amour même de Dieu ! Dans quels divins
« discours n'eût-il pas exalté sa céleste excellence ! Il
« me semble que, supérieur à lui-même, il aurait alors
« surpassé l'ami d'Atticus par la tendresse de senti-
« ments; le sage de Tusculum, par la sublimité des
« pensées, et l'orateur de Rome, par la magnificence du
« langage. Disciple de la Croix, la Croix eût donné à ce
« beau génie une nouvelle perfection. Votre amitié me
« console, mon ami, elle me fortifie contre les craintes
« de l'avenir. Elle est pour moi un doux bienfait de
« Dieu. »

Cette lettre, si brillante de pensées et de style, me
donne le droit de citer encore quelques mots de
M. l'abbé Busson, et sa tendre affection pour M. Nicolle
leur donne tout naturellement entrée dans le récit de

sa vie. Dans une lettre qu'il écrit à son vénérable ami, en date du mois de juin 1833, je lis ces paroles qui nous révèlent une nouvelle gloire de l'abbé Nicolle :

« Je sais, cher et respectable ami, qu'on vous a « proposé l'épiscopat : j'en bénis le Seigneur ! Mieux « que personne, vous pouvez, dans ces temps difficiles, « exercer des fonctions qui demandent des vertus à « l'épreuve, une prudence consommée, un désintéres- « sement sans bornes. Je félicite l'Église, plus encore « que vous, mon excellent ami, d'une promotion qui « peut vous apporter, avec des consolations, d'im- « menses peines et travaux, mais qui n'apportera que « de grands avantages au troupeau qui vous sera « confié. »

Quelles que fussent les propositions faites à M. Nicolle, quels que fussent aussi les biens que son administration eût produits dans le diocèse commis à sa sollicitude, son âge ne lui permit pas de se charger d'un si pénible et si pesant fardeau. M. l'abbé Busson avait eu son tour. Homme de talent, de dévouement et d'une piété douce et fervente, il avait été choisi pour occuper un siége episcopal, alors vacant. M. Nicolle, son ami et son confident, fut chargé de sonder ses intentions : il l'écrivit à son ami. Celui-ci lui répond aussitôt par cette lettre, digne des plus saints hommes de l'Église.

Elle est de la même année 1833, et datée de Bonnay.

« Mon excellent ami,

« J'aurais voulu pouvoir répondre de suite à votre
« lettre, mais cela m'a été impossible. Il est donc vrai
« que, partout et toujours, *sunt bona mixta malis*. Le
« plaisir de recevoir votre lettre n'a pas été sans mé-
« lange. Quelques lignes m'ont profondément affligé.
« J'y ai lu, permettez-moi de parler comme je pense,
« j'y ai lu la menace d'un malheur. Il est temps encore
« de détourner le coup, je vous en supplie, au nom de
« Dieu et de notre amité, d'employer toute votre in-
« fluence pour l'éloigner de moi.

« Je vous dois compte des motifs de cette demande,
« les voici : d'abord, rien n'est plus incompatible avec
« l'épiscopat, que mon caractère et mes goûts. Né dans
« un village obscur, élevé loin du monde, accoutumé,
« dès le bas âge, à une vie tranquille et sans éclat, tou-
« tes les fois que je sors de ces habitudes, je me trouve
« malheureux. Une sorte d'ennui, de tristesse, quelque
« chose de peu aimable se fait alors, même malgré moi,
« remarquer sur mon visage, dans mes manières, dans
« mes procédés, dans mes paroles, tant je suis peu
« fait pour les positions qui élèvent et qui mettent
« en vue.

« Je sais que le prêtre est un homme voué par état à
« tous les genres de sacrifice : je sais qu'il doit être prêt,
« en tout temps, à subir toutes les sortes d'immolations
« pour la gloire de Jésus-Christ ; aussi ferais-je bon

« marché de mes habitudes et de mes goûts si tel était
« le seul obstacle qui s'élevât entre moi et l'épiscopat.
« Mais que suis-je pour aspirer à cette dignité? Com-
« ment pourrais-je y procurer la gloire du Seigneur?
« Oui, mon excellent ami, on se trompe dans les juge-
« ments que l'on porte sur moi. Je mets de côté,
« croyez-le bien, toute fausse modestie. Je me connais,
« et je parle ici d'après ma conscience : je n'ai pas les
« talents qu'on me suppose. Mes connaissances sont peu
« étendues. Je manque absolument des hautes vertus
« et de la sainteté qu'exige une pareille vocation. Je ne
« reconnais en moi ni la douceur de la colombe ni
« la prudence du serpent, vertus si recommandées par
« le Sauveur à ses disciples, et aujourd'hui plus indis-
« pensables que jamais à leurs successeurs. Je trouve-
« rais ma perte dans ce redoutable ministère : m'en
« revêtir serait une usurpation, et, en l'exerçant, je
« deviendrais peut-être la désolation de l'Église.

« Plus je réfléchis, plus je vois s'agrandir l'intervalle
« qui doit m'en tenir éloigné. Pour entrer, au temps
« où nous sommes, dans le gouvernement de l'Église,
« il faut plus qu'un mérite vulgaire. Il n'y a que des
« esprits élevés, des âmes grandes, des courages fermes,
« des cœurs purifiés par le caillou de feu, qui puissent
« avec fruit s'ingérer dans ce travail divin. Quand l'édi-
« fice saint s'écroule de toutes parts, quand chaque jour
« disperse les débris du temple, quand la foi se meurt
« et que la piété va s'éteignant partout, il faut, pour

« prêter à la religion un appui réel et pour rappeler à la
« vie des cadavres gisants, que surgissent des prophètes,
« des apôtres, des hommes de Dieu. Pour moi, je ne suis
« point destiné à opérer de semblables prodiges. Je ne
« puis que prier, dans le secret, pour les succès de ceux
« qui *combattront les combats* du Seigneur, et travailler,
« dans l'obscurité la plus profonde, au salut de quelques
« amis. Voilà mon lot ; je ne suis en sûreté que là. Je
« ne me plais que dans la tranquillité qu'on goûte sous
« un toit ignoré. »

Un langage si noble allait au cœur de l'homme vertueux qui disait de ceux qui le persécutaient sans motif,
qu'ils pouvaient lui enlever toutes choses sur terre,
mais qu'il avait deux biens qu'ils ne lui raviraient jamais, Dieu et et ses amis. Bon prêtre, il fut béni de son
Dieu jusqu'à la fin, et jusqu'à la fin, bon ami, il conserva l'affection de ceux qu'il s'était attachés. Sa conversation toujours aimable, souvent enjouée, et surtout
semée de mille traits pleins d'intérêt, faisait dire à Monseigneur de Quélen, « qu'il ne connaissait que trois
« hommes qui sussent parler avec agrément et utilité,
« c'étaient Monseigneur de Bausset, MM. Borderies et
« Nicolle. »

On se plaisait à le voir et à l'entendre. La seule promesse de son arrivée chez des amis était accueillie avec
joie. Le chevalier de Bernes l'exprimait avec toute la
chaleur de son amitié :

11 février 1834.

« Vous nous laissez entrevoir, mon ami, un pro-
« chain voyage qui ferait les délices de notre solitude,
« et nous tiendrait lieu, avec avantage, de tout ce qui
« peut nous manquer, en fait de société. Oui, je de-
« manderai à Dieu, du fond de mon cœur, qu'il ne
« permette pas que je sois privé de la grâce de rece-
« voir, d'embrasser, de posséder, sous le même toit,
« l'ami de toute ma vie, le meilleur, le plus sage et
« le plus respectable des hommes . de toutes les fa-
« veurs que Dieu a pu m'accorder, votre visite sera
« pour mon amitié la plus douce et la plus sensible.
« Venez donc, mon bien cher ami, venez, pour peu
« qu'il y ait possibilité de vous mettre en route, assuré
« que vous remplirez de joie une maison entière, qui
« se joint à moi pour vous en prier avec instance. »

Mais, quand la consolation de se revoir est profondément sentie, elle rend naturellement plus amère la
séparation de ceux qu'on aime ; tel est le monde : les
jours y sont si courts ! le bonheur y est si prompt à
fuir ! Toutefois, même ici-bas, Dieu n'a pas entièrement privé l'homme des satisfactions du cœur, et, lorsqu'une de ces jouissances que la conscience approuve
n'existe plus, la Providence laisse à l'âme qui la perd
la consolation du souvenir. On la sent dans ces lignes
d'une lettre que le chevalier de Bernes écrivait à M. Ni-

colle, après les quelques jours passés près de son vieil
ami :

« Vous avez rempli Beaulieu du bonheur de votre
« présence, et je rougis d'avoir à trouver encore quel-
« ques délices dans les lieux que vous venez de quitter.
« Notre séculaire amitié, votre doux et aimable entre-
« tien, votre cœur qui semblait s'être réchauffé à notre
« soleil, votre esprit qui paraît se moquer des ravages
« du temps, si désastreux pour nous autres, voilà tout
« ce qui vous rappellera longtemps à tous ceux qui
« vous ont vu. »

La même pensée se retrouve dans l'une des lettres,
toujours si affectueuses, de Monseigneur Des Hons :

« Vous êtes à coup sûr, pour moi, l'ami le meilleur
« et le plus aimable ; s'il en est parfois autrement, ce
« n'est que lorsque vous me quittez, après m'avoir ac-
« cordé quelques instants toujours trop courts. Je n'ai
« pas, certes, la prétention de lutter avec les charmes
« d'habitations plus magnifiques ; mais je suis bien as-
« suré que, quelque plaisir qu'on ait à vous y posséder,
« celui que j'ai éprouvé, en vous gardant près de moi,
« est certes d'un aussi bon aloi. Vous portez le bon-
« heur là où vous portez vos pas. »

Toutes les lettres qui lui sont adressées respirent le
même sentiment. On entourait, comme à l'envi, sa

vieillesse d'estime et de considération. Dans sa paternelle et sage prévoyance, Dieu le veut ainsi. En l'environnant du respect universel, il a rendu vénérable la couronne de cheveux blancs qui ceint le front du vieillard. Chez les anciens, tout un peuple se levait devant l'homme, dont la tête, blanchie par les années, était comme le trophée glorieux d'une noble vie. Le christianisme a sanctifié ce respect; il a fait du vieillard une image de Dieu sur la terre. Au vieillard, la sagesse ; à lui, l'expérience des temps ; à lui, la puissance des salutaires conseils. On sent qu'il approche de l'éternité où Dieu règne, et il semble que déjà Dieu se révèle à lui. C'est là le secret de cette vénération qui attire et captive ; c'est là le charme qui attache tous les âges à la vieillesse.

M. Nicolle en faisait la douce expérience. Ses cheveux blancs, ses vertus aimables, les souvenirs de sa vie, lui avaient concilié de nombreuses affections. De tous les pays, des lettres lui étaient écrites ; elles exprimaient des vœux, de tendres paroles de gratitude, des témoignages d'une amitié toujours constante.

Le comte Alexis Orloff lui adressait, à cette époque, ces lignes où se révèle un attachement filial et dévoué.

« Monsieur et cher abbé,

« Vous serez, sans doute, étonné de recevoir une
« lettre du plus paresseux des hommes à écrire. Cet
« homme n'est pourtant pas, croyez-le bien, aussi ou-

« blieux que sa paresse pourrait le faire supposer, et,
« le fût-il, il serait assurément forcé de faire une excep-
« tion en votre faveur. Vous avez acquis des droits
« trop sacrés à son souvenir, pour qu'il ne songe pas
« à vous; je vous ai même écrit plus d'une fois en
« pensée, et, si ces lettres, toutes rédigées dans ma
« tête, n'ont pas été transmises sur le papier, c'est la
« paresse de ma main qu'il faut en accuser, et nulle-
« ment celle de mon cœur. Voilà mon excuse pour des
« temps déjà éloignés, et pour le temps présent, j'ai
« mon excuse dans un nombre si infini d'affaires et
» d'écritures d'office, que je n'avais plus à moi de
« temps pour les écritures de sentiment.

« Je profite donc, mon cher monsieur l'abbé, du
« seul moment de loisir qui m'ait été accordé depuis
« longtemps, pour réparer mes torts, en vous donnant
« de mes nouvelles, que vous recevrez, j'en suis sûr,
« avec plaisir, quels que soient les reproches que vous
« puissiez me faire. Ma santé est excellente; ma car-
« rière, vous la connaissez; mon bonheur est parfait;
« sous tous ces rapports, je n'ai que des actions de
« grâces à rendre à Dieu et à vous

« Conservez-vous, cher monsieur l'abbé, Dieu seul
« sait si la mobilité des circonstances, qui m'a jeté
« tantôt à droite, tantôt à gauche, ne me reportera
« pas un jour sur les bords de la Seine. Fasse le Ciel
« que je puisse vous y retrouver, et jouir encore une
« fois du plaisir de vous embrasser!

« Je n'attends pas ce moment pour vous embrasser
« en esprit de tout mon cœur, et vous prie de croire,
« cher monsieur l'abbé, à la sincérité des vœux que fait
« pour votre conservation et votre bonheur votre très-
« respectueux et dévoué serviteur et élève. »

Le comte Alexis Orloff fut reporté, en effet, sur les
rives de la Seine ; mais, hélas ! M. Nicolle n'était plus !
Que le cœur du maître eût éprouvé de douces consolations s'il avait pu, dans ces derniers temps, revoir, en
son ancien élève, l'homme de cœur, le négociateur
habile, l'esprit droit et conciliant, que la France accueillit avec joie. Le traité de Paris, qui termina si
heureusement la guerre de Crimée, sera, pour le nom
du comte Alexis Orloff, l'auréole de gloire qui assure
aux noms, dignes d'être conservés, l'immortalité de
l'histoire.

Rappelons encore d'autres souvenirs :

Le comte Othon Sehoppink est à Naples : il y apprend, par une lettre de celui qui forma ses premières
années, les différentes épreuves auxquelles ce vieillard
vénéré a été soumis ; il le console, il l'encourage.
J'aime les sentiments que cette lettre exprime :

« Monsieur l'abbé,

« Comment vous exprimer ma reconnaissance pour
« votre amitié, toujours si bonne pour moi ? Votre

« lettre a réveillé en mon cœur des souvenirs bien
« doux ; je suis en ce moment tout entier à mes souve-
« nirs d'enfance, époque de bonheur que je regrette
« d'autant plus, que je ne savais pas assez l'apprécier.
« Je vous remercie de m'avoir ramené, par la pensée,
« à ces années déjà si loin de moi.

« Avec quelle peine, mon respectable ami, j'ai ap-
« pris tous vos chagrins ; l'épreuve s'est appesantie sur
« vous ; il semble que le ciel se plaise à éprouver les
« âmes généreuses. Ce que vous me dites de la con-
« stance de vos amis ne m'étonne pas : qui, plus que
« vous, mérite d'en avoir de véritables? »

Ce mot d'amis véritables lui rappelle les membres
de sa famille, si dévouée à M. Nicolle : il la passe en
revue :

« Mon père, qui vous aimait, n'est plus ; ma mère,
« malgré son grand âge, vit encore et pense toujours à
« vous ; mes frères Magnus et Ernest sont heureux. »

Tous lui sont attachés ; tous lui gardent un doux
souvenir : c'est sa jeune femme, dont il sait le dévouement filial ; c'est son fils qu'il recommande à ses
prières ; c'est le comte de Stakelberg, ainsi que la comtesse, qui lui conservent une tendre affection. Il termine par ces paroles amies :

« J'espère enfin ne pas rentrer en Russie sans être

« venu vous faire une petite visite en France ; je ne
« saurais vous exprimer à quel point je serais heureux
« de pouvoir, de vive voix, vous réitérer encore une fois
« l'assurance du tendre et respectueux attachement que
« je vous ai voué pour la vie. »

Le même sentiment est dans tous les cœurs ; le
prince Cyrille Narischkin, le général comte de Benkendorf, les comtes de Saint-Priest, tous ses élèves, tous
ses amis, se rappellent avec bonheur au souvenir si bon
du maître vénéré qui forma leur enfance. Encore ces
quelques mots qui allaient m'échapper ; ils ne sont pas
de trop dans le récit de cette vie, puisqu'ils honorent
la mémoire de M. Nicolle ; et d'ailleurs, qu'il me soit
permis de le dire, ces souvenirs sont, en quelque sorte,
des monuments de famille.

La princesse Lubomirska lui répète les mille vœux
qu'elle forme, avec tous ses amis, pour sa santé et son
bonheur, et, après lui avoir parlé du prince Constantin,
son mari et l'élève du vénérable abbé, elle ajoute :

« Dieu pourrait-il ne pas vous bénir ? que de bien
« vous avez fait ! de vos mains sont sortis des chré-
« tiens et des braves, qui vous aiment tous comme
« leur père. »

Les faits suivants, que rapporte la lettre de la
princesse, sont glorieux à l'élève de prédilection de
M. Nicolle, je ne puis les cacher : ils prouvent, d'ail-

leurs, que le prince Constantin savait être à la fois *chrétien* et *brave*.

L'année 1834 avait été malheureuse dans la Russie : le froid avait été des plus rigoureux, et la disette se faisait sentir de tous les côtés. Dans sa charité inépuisable, le prince Constantin fit face à toutes les misères : il consolait, il encourageait ; sans repos, il parcourut toute la Volhynie ; sans égard à des embarras de famille, il acheta, pour la somme de soixante-dix mille roubles, des quantités de blés, qu'il fit distribuer partout où la disette imposait de grandes privations. Voilà le chrétien ; maintenant voici le brave.

La guerre avait précédé la famine, et, lorsqu'elle éclata entre la Russie et la Turquie, le prince Luboninski était à Wilna, avec la brigade qu'il commandait. L'Empereur venait de le charger du commandement de la 6e division d'infanterie, réputée alors la plus belle de l'armée.

Je cite la lettre :

« A l'affaire du 30 mai (11 juin) contre le Vizir, la
« seule grande bataille de la campagne, il a eu un che-
« val tué et une légère contusion à la jambe : ainsi il
« en a été quitte à bon marché, car c'est sa division
« qui, pendant plusieurs heures, a soutenu tout le choc
« et qui a assuré le succès, au dire du général en chef ;
« qui, le soir même, lui a adressé une lettre, déclarant
« qu'elle s'était couverte de gloire. Il a fait plus : pour

« la distinguer encore davantage, il lui a fait ramasser
« sur le champ de bataille tous les trophées de la vic-
« toire, disant que c'était à la division du prince que
« la patrie en était redevable... »

Malgré tous les vœux formés par tant de familles
amies de revoir, encore une fois, aux bords de la Néva
celui dont le souvenir était encore vivant dans les
cœurs, le vénérable abbé dut se résigner au sacrifice
que la Providence semblait déjà lui demander. Sa
santé commençait à donner des inquiétudes.

Retiré à Soisy-sous-Montmorency, dans la propriété
de M. Javon, qui fut, comme lui, élève de Sainte-
Barbe, il s'y vit comblé des soins les plus assidus et les
plus affectueux. Je me rappelle, avec le souvenir le plus
doux à mon cœur, la tendre affection que me portait à
moi-même cette famille vraiment patriarcale, et je puis
comprendre les mille attentions délicates dont elle entourait la vieillesse de mon protecteur. Qu'elle me
pardonne ces quelques mots de ma reconnaissante
amitié ! Jamais femme ne fut douée d'un caractère plus
noble, plus vertueux et plus animé de la charité chrétienne que Madame Javon. Providence de tous ceux
qui souffraient, elle fonda des asiles ; elle bâtit à Soisy
une école pour les sœurs qu'elle entretenait à ses propres frais ; elle fit don à la paroisse du presbytère pour
le curé. Dieu l'éprouva, et, dans ses profondes douleurs,

je l'ai vue digne d'être citée comme la femme forte de l'Écriture : ses enfants étaient sa couronne, et, par un heureux retour de sainte tendresse, elle en était aussi la plus chère affection. D'un premier mariage, elle eut, entre autres enfants, M. Sylvain Caubert, dont le nom se mêle à toutes les œuvres de bienfaisance, et dont le cœur n'a jamais fait défaut à qui en a réclamé la charité, au nom de sa mère et des pauvres. D'un second mariage, elle eut pour fils, et je puis ajouter pour ami, un de ces hommes rares, que Dieu forme pour le bonheur des familles, et l'édification de la société qui les entoure, M. Alexandre Javon. Magistrat intègre, chrétien fervent, il fut un des fondateurs de la société si utile et si éminemment morale de Saint-François-Régis. D'une piété simple, pleine de grâce et de suavité, il savait être courageux dans l'épreuve : sa foi s'animait dans la souffrance. Je l'ai vu aussi dans les horribles tortures d'une opération de laquelle dépendait sa vie, et de sa bouche, comme de son cœur, ne s'exhalait que ce cri sublime de résignation : Dieu le veut !

Je suis heureux de donner à sa mémoire ce témoignage de mon affectueux souvenir.

Que de douleurs ! que de larmes ! que de morts dans cette vénérable famille, depuis ces heureux temps où le bon vieillard, ému de tant de soins et d'affection, disait, avec un sourire de gratitude :

« Vous me comblez de vos bontés, je n'en suis pas

« surpris ; je suis ici comme ombragé par le souvenir
« d'un vieux camarade. »

Tant de prévenances le préparaient, avec plus de
calme, au grand jour qu'il sentait être proche. Ou-
bliant, en quelque sorte, le monde et les hommes,
il occupait les loisirs de sa solitude par la prière,
la lecture et le charme d'affectueux entretiens. Il se
plaisait en sa retraite : il y demeurait avec joie, et,
quand il s'éloignait de sa chère et pacifique habitation, il lui semblait que cet éloignement lui ravissait une partie de sa félicité. Un jour une circonstance
toute particulière le força de quitter momentanément
le sanctuaire de sa paix : il ne s'en plaignit pas, son
cœur avait retrouvé la vie.

M. le curé de Pierrefitte avait disposé les enfants de
sa paroisse à recevoir le sacrement de la Confirmation ;
une procession avait été projetée : il voulait que tous
les hommages fussent rendus à son saint Archevêque.
Monseigneur de Quélen accéda au désir qui lui était
manifesté, et cependant une crainte légitime le faisait
hésiter. C'était pour la première fois, depuis les événements de 1830, qu'il se montrait en public, et il pouvait penser que l'autorité n'approuverait pas ces
démonstrations extérieures. M. l'abbé Nicolle était présent à l'invitation que faisait à son Archevêque M. le
curé de Pierrefitte, et, après que l'illustre Pontife eut

exprimé ainsi sa juste crainte, il se pencha vers l'oreille d'un de ses amis, et lui dit avec mystère :

« Je suis soldat, et le soldat doit être là où est son
« chef. S'il y a du bruit, je dois être à côté de mon
« évêque, et partager son sort. »

Dieu avait changé les cœurs. L'autorité avait accueilli avec bienveillance la pensée de son curé, et, par l'ordre du maire, la garde nationale, sous les armes, servit d'escorte d'honneur au premier Pasteur du diocèse.

« C'est bien, dit alors le vénérable vieillard, on lui
« rend les honneurs que sa dignité demande ; il n'y a
« rien à craindre pour lui, je suis heureux. »

Aussitôt, il marche avec le Prélat vers l'église, bénissant Dieu de ce triomphe. On reconnaît à ce trait l'homme plein de foi et de dévouement. Ces sentiments prenaient chaque jour plus de force en son cœur : l'épiscopat imposait surtout à sa piété la vénération la plus profonde. On l'a vu, à diverses reprises, s'incliner, avec une respectueuse humilité, devant d'anciens amis d'enfance, élevés à la dignité d'évêques, et écouter avec joie leurs paroles et leurs avis ; il disait assez souvent ces mots qui caractérisent sa foi :

« Une soutane violette et une croix sur la poitrine

« me pénètrent de respect. L'évêque est pour moi
« comme l'image de Dieu. »

Destitué en quelque sorte de sa vocation décidée pour
l'instruction, le bon et respectable vieillard mit à profit sa retraite, et, dans le silence de ses méditations, il
repassa les longues années de son expérience. Jaloux
de laisser dans le monde un mémorial de son amour
pour la jeunesse, il fit paraître, dans le cours de l'année 1834, le *Plan d'un collége nouveau*. Dans son
avant-propos, l'auteur déclare qu'il n'a été engagé à
publier ce petit ouvrage que parce qu'il sentait s'appro-
cher le grand et tant désiré jour, où serait enfin réalisée
la promesse tant de fois renouvelée de la liberté d'enseignement. Dans cette prévision, il prenait en quelque
sorte les devants, pour offrir à l'enfance studieuse le tribut de ses cinquante années d'expérience, « heureux,
« ajoute-t-il, si cet emploi de ce qui lui reste de force
« peut être utile à son pays ! »

Dans le saint enthousiasme qu'excitait en lui une
passion, que l'âge et les chagrins n'avaient pu affaiblir,
il osait concevoir la pensée que, peut-être un jour, il
se trouverait un homme assez généreux pour faire au
bien public le sacrifice d'un million de sa fortune. Il
espérait en voir jeter les fondements ; il allait même
jusqu'à se flatter de l'espoir de le voir s'élever et fleu-
rir sous sa direction. Chimère d'un cœur honnête !
Rêve d'un homme de bien ! Illusion d'une âme pas-
sionnée pour la jeunesse !

Le prince André de Galitzin, alors à Paris, accepta la dédicace de l'ouvrage, et il adressa à son vénérable auteur ces lignes flatteuses :

« Monsieur l'abbé,

« Je vous remercie de m'avoir trouvé digne d'appré-
« cier ce magnifique résultat de vos longs travaux. Per-
« suadé comme vous que l'éducation seule forme les
« hommes et régénère les nations, je m'en suis tou-
« jours occupé, avec zèle et amour pour mon pays, et je
« serai bien heureux de puiser, dans votre livre, des ba-
« ses solides pour tout ce qui se rapporte à l'instruction
« publique. Je voudrais bien que la Russie, qui vous
« doit déjà tant, eût la gloire d'être la première à exé-
« cuter votre plan d'éducation. »

« Dieu veuille que votre plan réussisse, mon bon
« ami, lui écrivait à son tour le chevalier de Bernes! Il
« a enchanté notre bon évêque. Il s'occupe en ce mo-
« ment de reconstruire, sur une plus grande échelle,
« son petit séminaire, et il sera, dit-il, heureux de pro-
« fiter de vos lumières pour modifier et améliorer cet
« utile établissement... Le supérieur de ce séminaire
« a dû écrire pour demander au libraire un exemplaire
« de votre livre. Pour moi, cher et bon ami, plus je le
« relis, et plus je le trouve accompli, et dès lors aussi
« plus je souhaite qu'il soit promptement exécuté. Si

« vous en avez quelque espoir prochain, donnez-m'en
« la nouvelle, ainsi que celle de votre santé. Je la vou-
« drais meilleure que celle qui m'était transmise par
« votre dernière lettre, c'est-à-dire exempte de ces *si*,
« de ces *mais*, qui attristent le cœur : je la voudrais
« pure, nette, formelle enfin, et absolue comme votre
« amitié, sur laquelle jamais vous ne m'avez laissé rien
« à désirer. »

Il avait raison de craindre pour une santé si chère
aux amis du vénérable abbé : chaque jour elle devenait
plus chancelante : de fréquentes faiblesses faisaient
même appréhender un malheur non éloigné : *c'était,*
disait ce bon vieillard, *la voix de Dieu qui l'avertissait
de sa dissolution prochaine.*

Cette voix intérieure et ces signes, avant-coureurs de
sa fin, n'effrayaient pas son âme ; mais, en proie à de
continuelles souffrances, il n'avait pu se défendre d'un
sentiment indéfinissable de tristesse : sur ses lèvres
revenait incessamment le nom du Sauveur aux Oli-
viers : « Mon âme est triste ! S'il est possible, oh ! que
« ce calice passe, et cependant, mon Dieu, que votre
« volonté se fasse ! » A ce cri de sa douleur, Dieu lui
envoya un ange qui le consola, Monseigneur Des Hons.
Ce prélat vénérable était devenu le confident intime
de ses pensées et de ses peines. Pour la dernière
fois, d'une main déjà affaiblie, il lui écrit quelques
lignes :

« Mon ami,

« La terre me manque, Dieu m'appelle. J'ai entrevu
« la divine clarté de l'éternelle béatitude ; mon cœur
« est prêt ; cependant il souffre, il s'attriste, il s'afflige.
« Adieu, mon ami, adieu jusqu'au ciel ! »

Le saint évêque a tremblé ; il se hâte de lui donner
les consolations de son affection.

« Je ne suis plus occupé que d'un seul objet, c'est de
« votre tristesse : elle m'a fait une peine à laquelle je
« ne connais pas d'expression, moi qui, dans l'espèce
« d'exil auquel je suis condamné, ne trouvais de bon-
« heur que dans la douce espérance de vous revoir ; moi
« qui comptais vous devoir encore quelques jours heu-
« reux sur terre, il faut que je renonce à tout. Je vous
« avoue que ce langage m'a fait mal. Assurément, mon
« ami, à notre âge et avec les infirmités qui en sont in-
« séparables, on ne saurait mieux faire que de penser à
« sa dernière heure, et de s'y préparer par les sentiments
« de la plus entière résignation à Dieu ; mais pourquoi
« cet adieu que vous prononcez avec tant de tristesse,
« mot que je n'ai pu lire sans que mes yeux se soient
« mouillés de pleurs ? Pourquoi se séparer ainsi avant
« l'heure ? Tenons-nous prêts, mais ne devançons pas
« l'ordre divin. Je vais faire des vœux si ardents, que
« j'ose espérer que votre santé se rétablira, et que le
« bon Dieu nous accordera encore plus d'une fois le

« plaisir de vous embrasser. Je parle avec confiance, et
« peut-être suis-je moins fondé que tout autre à espérer
« ce bonheur, à cause de ma mauvaise santé; mais cette
« pensée de ne plus se revoir est plus amère que la mort
« même, et je ne puis m'y arrêter. Au nom de Dieu, au
« nom de notre vieille amitié, ne livrez pas votre âme
« à tant de pensées tristes. Mandez-moi que vous allez
« mieux. J'attends cette satisfaction de la Providence,
« et de la solitaire retraite où vous êtes allé vous sous-
« traire aux assujettissements d'un monde qui vous aime
« bien, je le crois, mais avec lequel il n'y a rien à ga-
« gner pour le ciel. »

Cette lettre fut la dernière consolation que le vénéré
vieillard reçut de ses amis sur la terre. Dieu se réserva
de remplir des consolations de sa grâce les derniers
jours de sa vie.

A cette tristesse d'un moment succéda cet état de
douce paix, qui était le caractère de sa piété et de sa soumission. Toujours le sourire sur les lèvres, il inspirait le
calme de l'espérance à ceux qui l'entouraient : souvent
même il cachait avec adresse, sous l'agrément d'une
parole plaisante, la douleur qu'il éprouvait. Ses souffrances étaient le sacrifice journalier qu'il offrait à Dieu;
une gaieté tranquille et aimable accueillait les visites
de ses amis. Il leur semblait qu'il ne devait pas mourir,
et cependant le mal s'accroissait; le moment si redouté
s'avançait rapidement

Prêtre plein de foi, M. Nicolle voulut mourir en vrai soldat du Christ. M. l'abbé Faudet, qui lui succéda dans la direction de Sainte-Barbe, et que la paroisse de Saint-Roch se réjouit aujourd'hui d'avoir pour curé, était alors le directeur de sa conscience ; il le fit appeler et lui demanda les derniers sacrements. Autour de son lit étaient sa famille et de nombreux amis : les larmes étaient dans tous les yeux ; l'émotion était dans tous les cœurs. Là encore, comme l'ange consolateur de sa vieillesse, se tenait la nièce qu'il aimait d'une tendresse si paternelle. Ses soins, sa présence, son affection, lui étaient devenus une de ses plus douces joies, et ce fut par ses mains qu'il voulut se préparer à recevoir, d'une manière plus sacerdotale, le Dieu qui devait le fortifier dans ses derniers combats. Un autel était dressé près de son lit, et il était touchant de voir, en face de cet autel, ce vieillard, à la tête blanchie par les années, au visage calme, au sourire gracieux ; il est revêtu de sa soutane, de son costume de chanoine et de son étole ; on eût dit un de ces patriarches antiques, couronnés de la vénération des siècles. A ce moment suprême, il est profondément recueilli : il écoute. C'est la voix amie de M. l'abbé Faudet qui lui parle au nom de Dieu. Sa parole est tendre, consolante, pleine d'une immortelle espérance. A ces accents, le vieillard mourant semble ranimer sa foi : l'huile sainte rafraîchit son corps fatigué ; l'adorable Hostie repose dans le sanctuaire de son âme, et la vivifie pour l'éternité. Tout le monde est dans le recueillement. Le premier, il l'interrompt. Heureux d'avoir ainsi satisfait sa piété, à son tour il se fait entendre : c'est son dernier adieu à ceux qu'il avait aimés. Sa voix est ferme ; son langage est plein d'une douce onction : ce sont de saints élans vers Dieu ; ce sont de sages conseils, de douces recommandations, de tendres et paternelles paroles d'affection pour sa famille ; ce sont enfin des prières qu'il demande, comme précieux souvenirs d'un ami qui bientôt ne sera plus ! Seul il était calme au milieu des pleurs des amis qui l'entouraient : on sentait en lui le Dieu qui règne dans l'éternelle paix.

C'est ainsi que les derniers instants de la vie du vénéré vieillard s'écoulaient sous la douce impression de la foi et de la grâce divine. Il était pacifique avec la mort, et la mort pacifique elle-même le laissait s'endormir paisiblement de son dernier sommeil, en méditant ces mots si consolants de l'Apôtre : « J'ai com-« battu les bons combats du Seigneur ; j'ai rempli ma « course et gardé la fidélité que j'ai jurée à Dieu ; main-« tenant il ne me reste plus qu'à préparer mon front « pour la couronne que j'attends de Dieu, juste juge « de mes œuvres. »

Ce jour ne tarda pas.

Le 2 septembre 1835, à l'âge de soixante-dix-sept ans, le vertueux vieillard quittait la terre pour le ciel.

NOTES

NOTES

ARTICLES

DE MM. CHARLES NODIER ET BOUTARD

SUR ODESSA ET LE LYCÉE RICHELIEU

DISCOURS DE M. CH. SICARD, LORS DE L'INAUGURATION DE LA STATUE
DU DUC DE RICHELIEU ET DIVERS PASSAGES EXTRAITS DU PLAN D'ÉDUCATION
RÉDIGÉ PAR M. NICOLLE

Le 1er novembre 1817, M. Charles Nodier faisait paraître, dans le *Journal des Débats*, l'article suivant sur
l'établissement du lycée Richelieu, à Odessa. J'en ex-
trais ces passages :

« Voici un événement qui doit faire époque dans
« l'histoire de la civilisation des modernes. Une ville
« s'est élevée, il y a à peine quelques années, entre la

« mer Noire et le désert, sur des bords à peine visités
« jusque-là par quelques tribus nomades, sans disci-
« pline, sans institutions communes entre elles, et que
« le génie seul pouvait conquérir à la société. Cette
« ville, devenue le rendez-vous des peuples, s'enrichit,
« chaque jour, de tous les avantages que lui as-
« surent la beauté de sa situation, la douce tempé-
« rature de son climat, l'étendue et la liberté de son
« commerce, la sollicitude paternelle enfin d'un grand
« souverain, qui met sa gloire à fonder des monu-
« ments et à consolider des États, au lieu de les dé-
« truire.....

« La Providence a beaucoup fait, sans doute, pour
« une contrée où les établissements agricoles et com-
« merciaux obtiennent un succès si remarquable et si
« rapide ; mais elle a laissé, comme dans toutes les en-
« treprises de ce genre, une grande influence au carac-
« tère des hommes supérieurs qui en ont eu l'initiative,
« et pourquoi ne dirais-je pas ce qu'en dira l'histoire ?...
« Il s'est trouvé, à l'époque de la fondation d'Odessa,
« un homme doué de toutes les facultés qui peuvent
« contribuer aux progrès des sociétés naissantes, d'une
« extrême pénétration, d'une prudence infaillible, et ce
« fut sur lui que se fixa le choix de l'Empereur, le duc
« de Richelieu. »

Après un éloge mérité du noble duc, M. Charles Nodier continue :

« En faisant élever le lycée d'Odessa, sous le nom du
« duc de Richelieu, à l'endroit où le duc de Richelieu
« avait fondé lui-même le premier établissement ensei-
« gnant qui ait existé sur ces bords, l'Empereur de Rus-
« sie a reconnu le plus important des services par la
« plus glorieuse des récompenses. Il a fait plus : en
« transportant, au milieu de ses États, des souvenirs
« dont la France se glorifie, il lui a accordé un nou-
« veau témoignage de sa bienveillance, et a pris plaisir
« à lier ces deux peuples par un nœud qui durera plus
« que toutes les combinaisons de la politique, et qui
« prouvera à l'avenir le plus reculé que les seules con-
« quêtes impérissables sont celles de la raison et de la
« vertu. Enfin, ce lycée lui-même est dirigé par un
« Français dont le nom, depuis longtemps célèbre dans
« l'instruction publique, renferme en lui seul tous les
« éloges que repousserait sa modestie, M. l'abbé Ni-
« colle, aumônier du roi.

« L'établissement du lycée Richelieu réunit donc
« pour nous au puissant intérêt qui s'attache à toutes
« les institutions utiles un intérêt plus immédiat et
« plus touchant. L'examen de ses statuts, ou plutôt de
« la législation complète d'enseignement sur laquelle
« il repose, peut donner lieu à quelques-uns de ces
« aperçus nouveaux, qui ne sauraient être inutiles à
« l'amélioration de nos propres théories, et que le mou-
« vement actuel des esprits vers les questions relatives

« aux diverses méthodes d'éducation, semble solliciter
« avec empressement. Je me contente de déclarer au-
« jourd'hui qu'après avoir lu, avec la plus scrupuleuse
« attention, le règlement du lycée Richelieu, que sa
« conception, résultat d'une longue et profonde étude
« de l'art d'enseigner dans toutes ses parties, me sem-
« ble offrir aussi un caractère de maturité et de force
« qu'on ne croirait pas compatible avec les institutions
« récentes, et qu'on a souvent lieu de désirer dans des
« institutions très-vantées, qui ont subi l'épreuve du
« temps. »

M. Boutard, écrivain distingué, et rédacteur des *Débats* depuis l'origine de ce journal, a fait paraître aussi dans son journal, à la date du 1ᵉʳ janvier 1818, un article sur le lycée Richelieu, à Odessa. Je n'en citerai que ces passages relatifs à M. Nicolle :

« Pour faire connaître quel génie ignoré des siècles
« passés présida à la fondation de ces colonies russes, et
« donner une idée de la simultanéité singulière de leur
« formation, il suffirait de dire que la ville d'Odessa
« comptait, au nombre de ses premiers édifices, deux
« établissements consacrés à l'éducation, et qui l'em-

« brassaient dans son entier, un Gymnase et un Insti-
« tut. Ces institutions, à l'usage des seules populations
« nombreuses et avancées dans la civilisation, ne suffi-
« saient plus déjà à la ville d'Odessa ; après quelques
« années de fondation, il fallut songer à les perfection-
« ner par de nouvelles combinaisons. Ce fut à un Fran-
« çais émigré, M. l'abbé Nicolle, qu'on dut l'idée pre-
« mière de ce perfectionnement et que l'on confia le
« soin de l'opérer.

« M. l'abbé Nicolle, élève de l'Université de Paris,
« était, lorsque vint le bouleversement révolutionnaire,
« à la tête d'une des maisons de cette Université, la
« plus renommée pour l'excellence des études et la
« force de la discipline. La persécution dirigée contre
« la religion, et l'impossibilité pour lui de prêter un
« serment qu'il n'eût pas voulu tenir, l'obligèrent à se
« réfugier en terre étrangère. Il choisit la Russie et
« s'en fut établir une maison d'éducation à Saint-Pé-
« tersbourg. Ainsi le même orage, qui déracinait l'ar-
« bre antique de Charlemagne, emportait, sous de
« nouveaux climats, ses germes féconds. Quelques an-
« nées plus tard, M. le duc de Richelieu, qui avait pu
« connaître l'abbé Nicolle dans l'Université de Paris,
« où lui-même avait étudié, l'engagea à venir à Odessa,
« pour être à la tête du clergé romain et de l'éducation
« publique.

« Telle fut l'origine du lycée Richelieu, qui se forma
« d'abord de la réunion du Gymnase et de l'Institut, Les

« statuts de ce nouvel établissement sont singulière-
« ment remarquables.

« M. l'abbé Nicolle s'est surtout appliqué à prévenir
« les inconvénients qui résultent, dans l'éducation pu-
« blique, de la réunion d'un trop grand nombre d'en-
« fants, d'âges différents, et de la communication ha-
« bituelle de ceux qui sont à demeure dans la maison
« commune avec ceux qui s'y rendent du dehors pour
« l'heure des leçons. L'architecte a dû dès lors coor-
« donner ses plans au système des précautions voulues
« par l'instituteur...... »

DISCOURS

PRONONCÉ A ODESSA, LE 22 AVRIL (4 MAI) 1828, PAR M. LE CONSEILLER
DE COMMERCE CH. SICARD, A L'OCCASION DE L'INAUGURATION DE LA STATUE
DU DUC DE RICHELIEU.

Messieurs,

L'inauguration de la statue du duc de Richelieu dé-
voile à vos regards, empressés et attendris, le monument de reconnaissance et de gloire que la Russie méridionale, par élan et souscription unanimes, a élevé à
celui qui l'administra avec tant de talent, de sollicitude

et de succès ; à celui qui naguère encore reçut cette contrée immense, alors nomade, et la porta si rapidement et si loin dans la carrière de la civilisation. Le premier, il sut appeler et fixer sur la terre du Scythe, sur les bords redoutés de la mer inhospitalière, la population, le commerce et les arts ; et, le premier, il en reçoit aujourd'hui le glorieux hommage.

Étrange et brillante destinée ! Un jeune seigneur français, le duc de Richelieu, est entraîné loin de sa patrie par la Révolution ; il ne lui reste que son nom, sa belle âme et son grand cœur. Déjà, dans des temps plus heureux pour lui, au début de sa carrière militaire, alors que les murs d'Ismaïl tombaient sous les coups audacieux de Souvoroff, la Russie avait distingué le duc de Richelieu parmi ses braves ; il retourne sous ses drapeaux d'adoption ; mais les tzars ont déposé l'étendard de la victoire. Pour eux, ce n'est pas assez que de réunir quelques provinces à leur vaste empire, ils veulent encore fonder leur bonheur, peupler les déserts, fertiliser les steppes, fixer le nomade, le former à l'agriculture, aux arts, le civiliser en un mot ; ils veulent que la mer Noire et la mer d'Azoff, trop longtemps asservies à la domination exclusive du Croissant, soient enfin ouvertes à toutes les nations. La nature n'aura pas établi cette imposante et magique communication entre ces mers et la Méditerranée pour qu'un bras de fer croisé sur les deux Bosphores, semblable au dragon de la fable, en défende impitoyablement le passage aux navigateurs. Ce que créa la nature pour le bonheur des hommes, les tzars veulent le rendre à sa véritable destination, et les eaux du Pont-Euxin reverront avec orgueil les pavillons de toutes les nations civilisées.

Cette haute mission, Alexandre le Magnanime et le Béni, de glorieuse mémoire, la confie au duc de Richelieu, qui la reçoit avec confiance et courage, s'y dévoue tout entier, et bientôt l'habitant indigène, des bords du Don aux bords du Dniester, a changé de mœurs. Il est sous l'empire des jouissances sociales et du travail pour y satisfaire; et, à la voix paternelle du duc, par son administration éminemment créatrice et affectueuse, une immense contrée se constitue dans le court espace de dix années, et forme une masse de créations en tout genre, qui, par sa rapidité, présente un ensemble imposant et unique dans l'histoire de la civilisation.

C'est ainsi qu'au milieu des steppes, Odessa — nouvelle Thèbes — s'élève, comme par enchantement, aux accents paternels de son Amphion.

C'est ainsi que sur ce lieu même, où naguère encore l'on n'entendait que la redoutable voix d'un pacha, dictant ses volontés à quelques malheureux, errants sur ces plages sous les haillons de la barbarie, vous entendez aujourd'hui ma faible voix célébrer les bienfaits immenses d'une administration bienveillante et prospère.

C'est ainsi, Messieurs, qu'au milieu des chétifs débris de la turque Kodja-Bey, encore épars sous vos yeux, s'élève ce monument que le génie de Martos a paré des beautés de son art sublime, pour embellir notre hommage aux yeux de la postérité. Honneur au duc de Richelieu, qui sut faire et préparer tous ces prodiges de la civilisation ; gloire à celui qui, du haut de son trône auguste, sut les lui inspirer !

Le duc de Richelieu jouissait déjà de ses travaux dans les jours de prospérité qu'il avait tissus pour nous tous, lorsque de grands événements le rappellent dans sa patrie. Il nous quitte avec douleur et regret ; mais, dès que la France est rendue à ses Rois, le duc de Richelieu lui appartient ; son nom et ses hautes qualités l'appellent au poste le plus éminent, et bientôt il a mérité que son Roi et la France entière, sans nuance d'opinion, lui décernent une récompense nationale entourée de toute la pompe législative. Alors il peut tourner pour un moment ses regards paternels vers le pays de sa création ; il va le revoir pour quelques instants, et c'est alors que l'impitoyable mort le frappe dans la force de l'âge !

Nous l'avons tous pleuré..... l'Europe entière lui donne des regrets..... mais, aujourd'hui que les douleurs se calment, le duc de Richelieu ne nous appartient plus : ce monument le transmet à la postérité qui le réclame. Consolons-nous, il vit encore ; son âme, à travers l'immensité, s'est élancée dans le sein de l'immortalité céleste, et son nom, à travers les siècles, vivra dans la mémoire des hommes.

Et vous, ses illustres successeurs, vous avez continué

sa mission ; vous la remplirez dignement. Vous saurez ainsi mériter la haute approbation et la bienveillance du Souverain auguste que le ciel orna des plus rares vertus pour agrandir et consommer le bonheur de la Russie ; et, lorsque vos destinées seront accomplies, pour vous aussi nos enfants laisseront tomber la larme de la douleur et poseront la pierre de la reconnaissance et de la gloire !

EXTRAITS

DU PLAN D'ÉDUCATION OU PROJET D'UN COLLÉGE NOUVEAU

Dans le chapitre Ier, section Ire de son ouvrage, M. l'abbé Nicolle expose ainsi le *but de ce collége* :

« Le but spécial du collége sera d'offrir une école
« qui réunisse tous les avantages de l'éducation publi-
« que et de l'éducation particulière, sans avoir les in-
« convénients ni de l'une ni de l'autre.

« Un établissement de ce genre est réclamé par un
« grand nombre de pères de famille qui redoutent les

« colléges, mais qui sentent vivement l'insuffisance
« de l'éducation domestique ; ils voudraient qu'on bâtît
« tout exprès un collége particulier, où l'on ne reçût
« point d'externes, autant pour soustraire les élèves
« aux influences étrangères que pour assurer dans la
« maison une constante uniformité de principes et
« d'exemples ; un collége où la discipline ne souffrît
« pas du trop grand nombre des élèves, et cependant où
« ils fussent assez nombreux pour que l'émulation, qui
« est la vie des études, y fût suffisámment entretenue ;
« un collége où l'on n'admît les enfants qu'au moment
« où cesse l'éducation des mères, afin que leur édu-
« cation classique commençât et finît dans la même
« maison ; un collége qui fût divisé en deux colléges
« distincts, l'un pour les enfants de huit à treize
« ans, l'autre pour les jeunes gens de treize à dix-
« huit, afin que ces deux âges si différents, et dont
« le mélange offre tant d'inconvénients, fussent con-
« stamment séparés l'un de l'autre ; un collége enfin
« où le chef et les principaux fonctionnaires concou-
« russent tous, dans une proportion déterminée, aux
« actes de l'administration et formassent une associa-
« tion dont tous les membres seraient puissamment
« unis par une heureuse communauté d'intérêts....

« Tel sera le collége projeté. »

Les dernières lignes de la Ire section de ce Ier chapitre offrent une idée peu commune et qui est digne d'attention.

« Le collége ne sera formé que successivement. Il ne
« comprendra, la première année, qu'une seule classe,
« celle de huitième. On en ajoutera une chaque année,
« jusqu'à ce que l'établissement soit parvenu à son en-
« tier développement. Cette organisation progressive
« offrira un grand avantage. Les trente élèves, admis
« tous les ans, suivront les exemples de ceux qui les
« auront devancés. Les professeurs et les maîtres qu'on
« appellera chaque année, et pour le choix desquels
« on aura eu tout le temps nécessaire, entreront avec
« empressement dans un ordre de choses qu'ils trou-
« veront établi. Ainsi le collége croîtra et s'affermira
« sous la constante influence d'un même esprit ; ainsi
« se formera cette tradition de doctrines, de sentiments,
« d'usages, qui fait la prospérité des maisons d'éduca-
« tion. »

Dans la section IIe de l'enseignement littéraire, art. 1er, *Des préparations*, M. Nicolle émet un sentiment qui me semble être d'un grand avantage pour les enfants. Voici comment il s'exprime :

« La préparation des auteurs est surtout nécessaire
« dans les classes inférieures. Cette préparation se fait
« ordinairement avec le secours des dictionnaires. Sans
« doute cette méthode ne serait pas sans utilité, si elle
« était exactement suivie, parce que, laissant les élèves
« aux prises avec les difficultés du texte qu'ils doivent
« préparer et du lexique qu'ils appellent à leur aide,
« elle pourrait avoir pour résultat d'exercer leur juge-
« ment et leur pénétration. Mais, d'une part, combien
« peu d'élèves luttent contre le double obstacle qu'ils
« rencontrent! Et, d'une autre part, le temps, qui ne
« sait pas se plier aux exigences d'une mauvaise mé-
« thode, les enlève à leur préparation, avant qu'elle soit
« parvenue à un terme encourageant pour leur zèle ou
« pour leur amour-propre; il arrive de là que, ne pou-
« vant atteindre un résultat sûr, ils en chercheront
« un plus rapide, et que, dans leur esprit comme en
« réalité, ces préparations ne sont que trop pour la
« forme.

« A ces préparations trop difficiles, rebutantes, illu-
« soires, il faut substituer, dans les classes inférieures,
« un procédé plus facile, plus agréable, et tout à la
« fois plus efficace. On remplacera, pour cela, les dic-
« tionnaires par des traductions imprimées séparément
« du texte, et cela, tant pour les auteurs grecs que
« pour les auteurs latins. Au moyen de ces traductions
« bien faites, ces élèves, au lieu d'une préparation in-
« suffisante ou nulle, apporteront en classe la connais-

« sance non-seulement du sujet, mais encore du sens
« et des mots. Ce travail aura été pour eux un plaisir,
« et la classe n'y gagnera pas moins en utilité qu'en
« agrément.

« Ce procédé sera commun à toutes les classes du
« petit collége. En outre, pour que les secours soient
« proportionnés aux besoins de l'intelligence, le texte
« des auteurs, dans les classes élémentaires, sera divisé
« en petits chapitres qui devront être chacun la matière
« d'une explication. A la tête de ce chapitre, se trou-
« veront tous les mots nouveaux avec le sens dans le-
« quel ils y seront employés. Cette liste de mots sera
« une espèce de dictionnaire particulier, qui, fait et
« placé comme on vient de le dire, aura le double
« avantage de ne point faire perdre le temps aux élèves,
« et de ne pas les induire en erreur. A partir de la
« septième, ils n'auront plus pour aide que les traduc-
« tions, car il est hors de doute que deux années suffi-
« sent complétement pour leur faire connaître toutes
« les racines, ainsi que tous les dérivés et composés,
« ou du moins la manière de les former et d'y parvenir
« facilement.

« Mais, dira-t-on, ces secours ne laisseront plus rien
« à faire aux élèves, et on n'évite un inconvénient que
« pour tomber dans un autre. L'objection a quelque
« chose de spécieux, sans doute, mais la réponse est
« facile. D'abord les élèves devront, outre la traduc-
« tion en bon français, connaître la traduction littérale,

« et, par conséquent, la construction. Or, pour arriver
« à cette connaissance, il faudra qu'ils comparent sans
« cesse la traduction avec le texte, les procédés de la
« langue française avec ceux de la langue latine ou de
« la langue grecque. Cette comparaison forcée sera un
« travail éminemment propre au développement des
« facultés de l'esprit, et où la mémoire, la pénétration
« et le jugement auront continuellement à s'exercer.
« D'ailleurs, la peine véritable, celle qui oblige à faire
« de grands efforts, doit être réservée pour les devoirs
« dictés par les professeurs.

« Pendant le temps de la préparation, ceux des élèves
« pour qui le secours des traductions imprimées serait
« insuffisant pourront se faire aider par le maître d'é-
« tudes, ou, avec sa permission, par les premiers de
« chaque division.

« A mesure que les élèves avanceront en âge, les
« idiomes anciens leur deviendront plus familiers, et le
« secours des traductions moins nécessaire. En consé-
« quence, dans le grand collége, les préparations se
« feront sur le texte pur des auteurs : les élèves rédige-
« ront avec soin une analyse des passages qui devront
« être le sujet des explications.

« Ces analyses offriront un moyen sûr de constater
« la réalité de la préparation, toujours indispensable
« pour mettre les élèves à portée de profiter de l'ensei-
« gnement du professeur. En outre, elles forceront les
« jeunes gens à se rendre compte des pensées d'un au-

« teur, à embrasser une série de faits, un enchaîne-
« ment d'idées ; elles les habitueront de bonne heure
« à réfléchir et favoriser le développement de leur
« raison.

« Pour assurer la bonne rédaction de ces analyses,
« et, par suite, leur succès, on les remettra, au com-
« mencement de la classe, au professeur, qui en fera
« toujours lire quelques-unes avant l'explication. »

———————

Ce que dit l'abbé Nicolle de la simultanéité des langues grecque et latine (§ II, art. 3, page 78) est également plein d'intérêt. Ces observations d'un homme
aussi consommé dans la science de l'enseignement ne
doivent pas passer inaperçues.

Les voici :

« Dans les colléges, le grec, loin d'être commencé
« avec le latin, est ordinairement renvoyé à la cin-
« quième, et encore, pendant le reste du cours d'étu-
« des, n'est-il l'objet que d'un petit nombre de leçons.
« Aussi la plupart des élèves, au sortir des classes, ou-
« blient-ils promptement ce qu'ils ont appris de grec ;
« et, à ne considérer qu'un si mince et si fugitif résul-

« tat, c'est trop même du peu de temps consacré à cette
« langue ; mais c'est trop peu, si l'on veut la savoir
« réellement. Il faut, ou renoncer à l'étude de la langue
« grecque, ou l'apprendre aussi sérieusement que la
« langue latine. Si cette dernière a pour elle l'analogie
« des mots avec la langue française, la première a en sa
« faveur l'analogie des tournures, sans compter que les
« sciences lui sont redevables de presque tous leurs ter-
« mes. La même raison qui fait de la langue latine une
« condition indispensable de toute bonne éducation
« s'applique donc également à la langue grecque, qui
« même, sous le rapport littéraire, offre plus de riches-
« ses que sa rivale. Mais, dira-t-on, n'est-ce pas sur-
« charger les esprits des enfants que de réunir, pour
« un âge si tendre, l'enseignement de trois langues ?
« On peut répondre d'abord que, sous le rapport de la
« mémoire, faculté dominante à cet âge, les faits de
« trois langues ne sont guère plus difficiles à retenir
« que les faits de deux seulement. D'un autre côté, ces
« trois études se prêtent réellement un secours mutuel,
« tant dans la grammaire proprement dite que dans la
« syntaxe ; et, si l'enseignement marche d'abord moins
« vite, il n'en deviendra bientôt que plus rapide et plus
« sûr. La simultanéité de l'enseignement de la langue
« latine et de la langue grecque est donc nécessaire ; elle
« est également possible, et c'est ce que démontre
« l'exemple de ce qui se faisait autrefois chez nous, et
« de ce qui se fait encore dans d'autres pays. On voit en

17.

« effet, dans l'ancienne Université de France, un Henri
« de Mesmes réciter, comme Rollin le raconte, Homère
« par cœur d'un bout à l'autre, et près de deux mille
« vers grecs faits par lui. On voit les Universités d'Alle-
« magne et d'Angleterre présenter le même spectacle
« que la nôtre offrait jadis, et il ne nous est pas permis
« de rester inférieurs ni à nous ni à nos voisins.

« En conséquence, l'enseignement de la langue grec-
« que commencera avec celui de la langue latine, et
« chacune de ces deux langues aura une part égale dans
« la distribution du temps réservé aux langues ancien-
« nes. Le lundi, le mardi, le jeudi et le vendredi de
« chaque semaine, les classes du matin seront consacrées
« à la langue latine, et celles du soir à la langue grec-
« que. »

Les pages que, dans son *Plan de collége*, M. Nicolle
consacre aux auteurs qui doivent être expliqués dans
les classes, et le jugement qu'il porte sur ces auteurs,
sont dignes d'attention. On y reconnaît l'homme d'expérience et l'homme ami de la jeunesse. Ces pages

sout en trop grand nombre pour être transcrites dans des notes; mais le livre est facile à trouver, et le lire tout entier sera d'un véritable intérêt pour les hommes capables d'apprécier un semblable travail.

Je me contenterai de citer encore deux autres passages remarquables.

A la section II*, art. 4, *des langues allemande et anglaise*, M. Nicolle s'exprime ainsi :

« Les langues sont les liens des hommes. Autrefois,
« lorsque les communications de peuple à peuple
« étaient aussi rares que difficiles, l'enseignement des
« langues vivantes ne faisait point et ne devait point
« faire partie d'un plan d'études. Maintenant que les
« diverses nations ont autant de facilité que de pen-
« chant à se rapprocher, toute éducation qui n'offrirait
« pas le moyen le plus efficace de communication serait
« nécessairement incomplète. D'ailleurs, l'étude d'une
« langue vivante, faite d'après la même méthode que
« celle des langues anciennes, ne peut que contribuer
« puissamment au développement général de l'intelli-
« gence.

« Parmi le grand nombre de langues vivantes, on a
« dû choisir l'allemand et l'anglais, tant à cause de leur
« importance littéraire que de leur utilité pratique.....

« Cet enseignement commencera dès la sixième, afin
« que les élèves, encore tout jeunes dans cette classe,
« puissent prendre une bonne prononciation; il ne

« finira qu'avec la rhétorique, afin que l'étude de ces
« deux langues ne devienne pas illusoire par le peu de
« temps qu'on y consacre; car il vaudrait mieux ne pas
« les apprendre que de les apprendre imparfaitement et
« de manière à les oublier bientôt après.

« Les ouvrages qu'on expliquera seront un recueil
« de prose pour les classes de sixième, cinquième et
« quatrième, et un recueil de poésies pour les classes
« de troisième, seconde et rhétorique.

« Les poésies seront analogues aux poésies latines et
« grecques expliquées dans les différentes classes. Des
« *Géorgiques* de Virgile, on pourra, par exemple, rap-
« procher les *Saisons* de Thompson. L'étude de Pope
« se liera naturellement à l'étude d'Horace et de Boi-
« leau. Les beaux passages du *Paradis perdu*, de Mil-
« ton, et de la *Messiade*, de Klopstock, seront placés
« en face de quelques passages de l'*Iliade* et de l'*Énéide*.
« Les créations dramatiques de Shakespeare et de Schil-
« ler seront opposées aux conceptions d'Eschyle, de
« Sophocle et d'Euripide, de Corneille et de Racine. De
« cette manière, l'étude des langues vivantes ne sera
« plus isolée dans l'enseignement. En établissant de
« nouveaux moyens et des termes nouveaux de compa-
« raison, elle agrandira le cercle des études littéraires
« et y répandra autant de variété que d'agrément. »

A ces règles si sages M. Nicolle ajoute cette pratique,
qui n'est pas sans avantage :

« Les élèves, depuis la sixième jusqu'à la rhétorique,
« seront obligés, quatre jours par semaine, de parler
« l'allemand et l'anglais pendant tout le temps qui
« suivra le dîner, savoir : l'allemand, le lundi et le
« mardi; l'anglais, le jeudi et le vendredi. »

Le dernier passage qui me reste à citer regarde l'*Enseignement spécial des sciences* (art. 3, § 2, page 132).

M. Nicolle consacre à ces études spéciales les deux années qui suivent le cours des lettres : dans la première année se renferment les cours d'arithmétique, de géométrie et quelques éléments d'algèbre et de trigonométrie rectiligne; dans la seconde sont enseignées les sciences physiques, comprenant la physique proprement dite, la chimie et les éléments de la géologie.

« Cet enseignement, ajoute M. Nicolle, renferme l'en-
« semble des connaissances exigées pour l'admission à
« l'École polytechnique. On trouvera peut-être qu'il ne
« doit pas être appliqué à tous les élèves sans distinc-
« tion, qu'il convient seulement à ceux pour qui les
« mathématiques doivent être un moyen d'avenir, et
« que, pour les autres, une grande partie de cette in-
« struction scientifique est superflue. Pour répondre à
« cette objection, il suffira peut-être de dire que ce su-
« perflu était, dans l'ancienne Université, regardé
« comme nécessaire. En effet, le livre qui servait de
« base à l'enseignement des mathématiques était le

« cours de la Caille, augmenté par Marie, ouvrage fort
« étendu, où se trouvait même compris le calcul diffé-
« rentiel et intégral. Tous les élèves étaient obligés de
« suivre ce cours en entier. Pourquoi ce qui se faisait
« à une époque où l'étude des sciences venait de com-
« mencer dans les colléges ne se ferait-il pas lorsqu'elle
« est arrivée à un si haut degré de perfection? On doit
« vraiment regretter que l'Université nouvelle, par l'é-
« trange distinction des mathématiques élémentaires et
« des mathématiques spéciales, ait établi des catégories
« dans l'enseignement des sciences exactes, et que la
« réalité de cet enseignement ait été réservée pour les
« candidats à l'École polytechnique, tandis qu'il n'en
« reste plus que l'apparence pour les jeunes gens qui se
« destinent aux fonctions civiles. C'est aujourd'hui sur-
« tout qu'un fort enseignement scientifique, commun
« à tous les élèves, n'est pas moins indispensable qu'un
« fort enseignement littéraire. Les connaissances ac-
« quises dans ces deux dernières années du cours d'é-
« tudes doivent être pour tous d'une utilité réelle, et
« d'une fréquente application dans les diverses circon-
« stances de la vie.

« On objectera peut-être aussi que, l'enseignement
« littéraire une fois terminé, il sera difficile de retenir
« au collége les élèves impatients d'en sortir. Cette ob-
« jection ne paraît pas très-fondée, car les élèves, à la
« fin du cours des études littéraires, n'auront encore
« que seize ans, et ils ne peuvent pas raisonnablement

« demander qu'une éducation soit finie à cet âge. Si
« aujourd'hui les jeunes gens répugnent à faire les
« deux années des sciences, c'est qu'ils sont, pour l'or-
« dinaire, âgés de dix-sept à dix-huit ans au sortir de la
« rhétorique. Il n'en sera pas ainsi dans un établisse-
« ment où l'époque de l'entrée des élèves est fixée de
« telle manière, que celle de leur sortie ne dépassera pas
« dix-huit ans. On peut donc espérer que si quelques
« élèves avaient assez peu de raison pour demander ce
« qu'ils regretteraient un jour d'avoir obtenu, les pa-
« rents auraient assez de courage pour résister à l'im-
« patience mal entendue de leurs enfants..... »

QUELQUES VERS

SUR M. NICOLLE

Dans une pièce de vers, composée après la mort de
M. Nicolle, se trouvent quelques strophes qui résument
son caractère et sa vie.

Elles méritent de clore cet ouvrage consacré à sa
mémoire.

Un vieillard au cœur noble, à l'aspect vénérable,
A l'accent doux et grave, à la parole aimable,
Près de notre foyer souvent venait s'asseoir.
Il mêlait, pour charmer nos heures solitaires,
Les récits attachants aux conseils salutaires,
Et l'hiver, près de lui, n'avait pas de long soir.

Il avait rapporté de ses lointains voyages
La douceur et la paix des chrétiens et des sages :
Il s'affligeait du mal et ne s'irritait pas.
Sans haïr les méchants, il pleurait leur misère,
Et le zèle fervent du plus saint ministère
Laissait la charité diriger tous ses pas.

Il avait eu jadis, sans former de vains rêves,
De grands Rois pour amis, des Princes pour élèves.
Son cœur était resté simple, pieux et pur.
Sans souillure, il passait au travers de ce monde,
Comme un fleuve, gardant la clarté de son onde,
Dans un lit étranger roule des flots d'azur.

TABLE DES MATIÈRES

LETTRE DÉDICATOIRE. I

PRÉFACE. . . . . ᴠ

CHAPITRE PREMIER

Sa naissance. — Ses premières études. — Son arrivée à Sainte-Barbe. — Ses succès. — Troubles de la France. — Constitution civile du clergé. — Refus de serment. — Départ de l'abbé Nicolle pour l'Italie avec le jeune Raoul de Choiseul. — Lettres de l'abbé Nicolle et de l'abbé Septavaux. — Lettre de la duchesse de Brissac. — Nouvelles affligeantes de la France. — Départ pour la Grèce. — Arrivée à Constantinople. — M. de Choiseul cesse ses fonctions d'ambassadeur de la France, et part avec l'abbé Nicolle pour la Russie. . 1

CHAPITRE II

Lettres de l'abbé Nicolle à l'abbé Septavaux. — Sa mission providentielle en Russie. — Commencement de l'Institut. — Nouvelles lettres des deux amis. — Arrivée de l'abbé Septavaux à Saint-Pétersbourg. — Épreuves. — L'abbé Septavaux à Moscou. — Noble conduite de M. de Schoppinck. — Joie de M. Nicolle. — Naissance de Nicolas. — Nouveaux succès de l'Institut. — Examens mensuels. — M. de Plescheyeff et la grande-duchesse.— Nouvelle épreuve, et fermeté de M. Nicolle. — Dieu le protège dans un danger. — Événements de Dresde. — Les Français en Allemagne. — Mesures de prudence du gouvernement russe. — Retour de l'abbé Septavaux à Saint-Pétersbourg. — Sa maladie. — Sa mort. — Succès toujours croissants de l'Institut.— Lettre de l'impératrice Marie. — Lettre de Bernardin de Saint-Pierre. — Départ de l'abbé Nicolle pour Moscou. 20

CHAPITRE III

Monseigneur de Juigné. — Sa correspondance avec M. Nicolle. — Générosité de la cour de Russie. — Démarches de M. Nicolle pour le soulagement des prêtres proscrits. — Conduite du Directoire en France. — Serment de haine à la Royauté. — Meilleurs sentiments du gouvernement français. — Retour des prêtres émigrés. — Nouvelles démarches de M. Nicolle près de l'Empereur, en faveur de monseigneur de Juigné. — Bienveillance de l'Empereur.— Retour de monseigneur de Juigné à Paris. — Sa lettre à M. Nicolle. — Estime générale de M. Nicolle. — Lettres de ses élèves. — Mission de M. l'abbé Nicolle dans la Russie méridionale. — Quelques mots sur le duc de Richelieu. — Mot du prince de Ligne sur le comte Roger de Damas. — Commencements d'Odessa. — Colonies allemandes. — Succès de la visite de M. Nicolle. — Messe au Caucase. — Projet d'un collége à Odessa.. 54

CHAPITRE IV

Lettre de l'abbé Surugue sur l'incendie de Moscou. — Sa mort édifiante. — Générosité de l'abbé Nicolle. — Lettre de madame de Swetchine. — Peste à Odessa. — Courage du duc de Richelieu et de son ami. — Piété du duc de Richelieu. —Lettre du comte de

Maistre. — Quelques opinions de différents écrivains sur le duc de Richelieu. — État de la France. — Richelieu obéit à l'ordre du roi, il se rend à Paris. 76

CHAPITRE V

Lettres de Richelieu sur l'état de la France et de la cour. — 1815-1816. — Ses ennuis. — Ses fatigues. — Michel Orloff. — Les armées étrangères. — Avantages accordés par Alexandre au lycée d'Odessa. — Bienveillance de ce Prince pour M. Nicolle. — Arrivée de l'abbé Nicolle en France. — Charles Nodier. — Fondation du collége de Sainte-Barbe. — Départ de France. — Accroissement et succès du lycée d'Odessa, en Russie. — Prospérité de Sainte-Barbe, en France. — M. de Chabrol, préfet de la Seine, lui accorde des bourses de la ville. — Nouvelles lettres de Richelieu sur l'état de la France. — 1817-1818. — Aix-la-Chapelle. 105

CHAPITRE VI

Bienveillance d'Alexandre envers le duc de Richelieu et M. l'abbé Ni-colle. — Prospérité du lycée. — Lettre de M. de Berdiaeff. — Épreuves. — Arrivée d'un archimandrite au lycée. — Divisions. — Accusations faites contre M. Nicolle. — Il s'en justifie. — Lettres du duc de Richelieu. — Départ de l'abbé Nicolle pour Saint-Péters-bourg. — Regrets de ses élèves; lettres qui les expriment. — Son retour en France. — Il est nommé membre du Conseil d'instruction publique et chevalier de la Légion d'honneur. — Banquet; Vers sur son retour.—Rectorat de Paris.— Le roi le nomme Recteur.. 133

CHAPITRE VII

Belles paroles d'un des statuts de la fondation de l'Université. — Suc-cès de Sainte-Barbe. — Esprit irréligieux de l'époque. — Lettre du cardinal de Bausset. — Heureuses réformes dans l'enseignement.

— Zèle du Recteur.— Ses pensées sur l'enseignement des lettres. Enseignement religieux. — Enseignement philosophique. — Son discours au concours général. — Ma visite chez M. Nicolle. — Confiance universelle qu'il inspire. — Il restaure la Sorbonne. — Détails historiques sur cette maison. — Mort de Richelieu. — Discours de M. Nicolle à S. A. R. le duc d'Angoulême à son retour d'Espagne, et au Roi, à l'époque du premier jour de l'année 1824. — Ordonnance du Roi qui supprime le rectorat de Paris.— Lettres de consolations adressées à M. Nicolle.. 164

CHAPITRE VIII

Générosité de M. Nicolle à l'occasion de la nomination de M. ... au titre d'Aumônier du roi. — Translation des cendres du duc de Richelieu à la Sorbonne. — Cession à la ville de Paris du collège de Sainte-Barbe. — Sentiments de piété de M. Nicolle. — Son discours avant et après la première communion des enfants de Sainte-Barbe. — Sa soumission dans de nouvelles épreuves. — Sa confiance dans la Providence. — Lettre de Monseigneur de Quélen à M. Nicolle. — Il est nommé Vicaire général de Paris. — Mort subite de M. Henri Nicolle (1829). — Lettre de M. de Vatimesnil, Grand Maître de l'Université, sur cette mort.— Lettres des professeurs de Sainte-Barbe au Conseil général et à la Commission administrative de Sainte-Barbe. — Réponse du Conseil. — Dévouement de M. Nicolle. — Dussault. — Le docteur Roux. — Instructions religieuses faites par M. Nicolle à sa petite nièce. 201

CHAPITRE IX

Quelques mots de Chateaubriand sur la mort du duc de Berry. — Naissance du duc de Bordeaux. — Discussion sur le mode d'éducation à donner au jeune Prince. — M. Nicolle est chargé d'instruire le Prince et Mademoiselle de France. — Révolution de 1830. — Épreuves de M. Nicolle. — On lui retire sa place de Membre du Conseil d'Instruction publique. — Raisons de cette conduite du gouvernement. — Continuation des épreuves. — Lettre de M. Ch. de Montalembert à M. Nicolle. — Visite de M. de Quélen au couvent des Dames-Anglaises. — Discours de réception de M. Nicolle. — Mort de madame la duchesse de Richelieu et de madame la comtesse de Rochechouart, sa mère. — Lettres de monseigneur Borderies, évêque de Versailles, et de monseigneur Des Hons, évêque de Troyes.—Sentiments de M. Nicolle sur l'amitié. — Lettre de M. l'abbé Busson à ce sujet. — M. Nicolle refuse l'épiscopat, et il propose M. Busson. — Lettre de refus de cet ecclésiastique. — Caractère de la vieillesse de M. Nicolle. — Lettre d'Alexis Orloff à M. Nicolle, et souvenirs d'anciens élèves de la Russie. — Retraite de M. Nicolle à Soisy-sous-Montmorency. — Monseigneur de Quélen à Pierrefitte. — Plan de collége et lettre du prince de Galitzin à ce sujet. — Lettre de monseigneur Des Hons. — Maladie de M. Nicolle. — Il reçoit les derniers sacrements. — Sa mort. 228

NOTES. 275

MÊME LIBRAIRIE

VIE DE SAINT FRANÇOIS DE SALES, évêque et prince de Genève, d'après les manuscrits et auteurs contemporains; par M. le curé de Saint-Sulpice, auteur de la *Vie du cardinal de Cheverus*. *Deuxième édition, revue, corrigée, enrichie d'une carte de l'ancien diocèse de Genève et d'une table analytique.* 2 beaux vol. in-8, avec portrait. 12, 00

Nous n'insisterons pas sur le mérite littéraire de l'œuvre de M. le curé de Saint-Sulpice. Sa réputation, sous ce rapport, a été établie par sa *Vie du Cardinal de Cheverus,* couronnée par l'Académie française. Nous nous bornons à donner ici le jugement porté sur la *Vie de saint François de Sales* par Mgr l'archevêque de Paris :

« Ce travail complet, achevé dans toutes ses parties, est d'un très-vif intérêt. On vit avec le saint, on l'entend parler ; son âme, ce chef-d'œuvre de la nature et de la grâce, est mise à nu. On admire son zèle, sa douceur, et ce mélange d'onction, de simplicité et de fine fleur d'esprit qui le distingue....

« On connaît bien toutes les œuvres du grand évêque quand on a lu votre ouvrage. Vos analyses sont rapides et pleines de justesse. On sait du livre dont vous parlez tout ce qu'il faut en savoir pour désirer de le lire et de le connaître à fond. »

VIE DE SAINT FRANÇOIS DE SALES, évêque et prince de Genève, par M. le curé de Saint-Sulpice, auteur de la *Vie du cardinal de Cheverus;* édition abrégée. 1 beau vol. grand in-18 jésus. 2, 00

« Le désir de populariser la vie de saint François de Sales nous a inspiré la pensée de donner en un volume in-12 un abrégé de la vie plus étendue que nous avons fait paraître en 2 volumes in-8. Sans doute les abrégés ont des inconvénients ; ils diminuent bien des traits d'un tableau dont la beauté ressort surtout de son ensemble ; mais aussi, par le retranchement qu'on y fait de tout ce qui surpasse un esprit moins cultivé, ils ont l'avantage d'être plus à la portée de toutes les intelligences, comme par la diminution du volume ils ont celui d'être plus accessibles à toutes les bourses. Sans cet abrégé, saint François de Sales demeurerait, pour un grand nombre, comme perdu dans un nuage lumineux où l'on sait qu'il brille d'un magnifique éclat, mais où l'on ne discerne aucun trait pratique et imitable ; par cet abrégé, saint François de Sales ira montrer jusqu'aux plus humbles classes de la société tous les charmes de la vertu bien comprise, toutes les beautés de la religion bien entendue. Son histoire pourra être donnée en prix à la jeunesse par tous les instituteurs et toutes les institutrices ; et ainsi le bien se propagera, la vertu rayonnera en tous sens. Tel est du moins notre espoir, tel est notre but. » *(Préface de l'Auteur.)*

MONSEIGNEUR FLAGET, évêque de Bardstown et Louisville. SA VIE, SON ESPRIT ET SES VERTUS; par l'abbé Desgeorge, secrétaire du prélat pendant les voyages qu'il fit en Europe pour l'œuvre de la Propagation de la foi. *Édition augmentée de documents authentiques sur plusieurs guérisons extraordinaires.* 1 vol. in-8, avec portrait. 4, 00

Cette biographie perpétue une sainte mémoire, et fournit à la piété un aliment solide. Le biographe, admis pendant dix-huit mois dans l'intimité journalière du prélat dont l'Église d'Amérique pleure encore aujourd'hui la perte, a pu étudier à fond cette âme si pure ; il fait entrer le lecteur avec lui dans l'appréciation de l'esprit du pontife-apôtre.

La sainteté de cet humble évêque missionnaire était si manifeste, que, de son vivant, plusieurs guérisons miraculeuses lui furent attribuées. On trouvera dans cette nouvelle édition l'histoire édifiante des principaux faits sur lesquels l'opinion publique a cru remarquer le sceau du miracle. Des lettres où respire la foi la plus vive, des relations qui portent avec elle le caractère de la vérité, plusieurs pages de Mgr Flaget lui-même, forment les éléments d'un chapitre entièrement neuf, le plus important de tout le livre. Les rapports des médecins ont été insérés comme pièces justificatives.

PARIS. — IMP. SIMON RAÇON ET COMP., RUE D'ERFURTH, 1.